虚实之间

侯晓辉 著

BETWEEN FICTIONALITY
AND
SUBSTANTIALITY

企业金融化的缘起、模式与影响研究

陕西新华出版
陕西人民出版社

图书在版编目（CIP）数据

虚实之间：企业金融化的缘起、模式与影响研究 / 侯晓辉著. — 西安：陕西人民出版社，2023.11
ISBN 978-7-224-15190-9

Ⅰ. ①虚… Ⅱ. ①侯… Ⅲ. ①企业管理－金融管理－研究－中国 Ⅳ. ①F279.23

中国国家版本馆 CIP 数据核字（2023）第 227177 号

责任编辑：金倬名　田　媛
整体设计：白明娟

虚实之间：企业金融化的缘起、模式与影响研究
XUSHI ZHIJIAN: QIYE JINRONGHUA DE YUANQI、MOSHI YU YINGXIANG YANJIU

作　　者	侯晓辉
出版发行	陕西人民出版社
	（西安市北大街 147 号　邮编：710003）
印　　刷	广东虎彩云印刷有限公司
开　　本	787 毫米×1092 毫米　1/16
印　　张	20
字　　数	286 千字
版　　次	2023 年 11 月第 1 版　2023 年 11 月第 1 次印刷
书　　号	ISBN 978-7-224-15190-9
定　　价	68.00 元

序言

  企业金融化是经济金融化的微观表现，一般是指非金融企业的金融化过程。对企业金融化问题加以深入研究将有助于从微观视角出发考察经济金融化的具体影响。同时，实体经济与虚拟经济活动之间应保持结构性平衡，微观经济主体的"脱实向虚"问题如果未被密切关注和及时引导，就可能造成系统性风险的积聚，给一国经济高质量、可持续的平稳健康发展埋下隐患。党的二十大报告提出，坚持把发展经济的着力点放在实体经济上。这就需要进一步坚持金融服务实体经济的宗旨，提升金融服务与实体经济的匹配性，引导金融资源更好地支持经济社会发展的重点领域和薄弱环节。

  研究表明，企业金融化由于其缘起动机不同、具体表现不同、国家与地区经济环境不同等，对于企业、行业和整体宏观经济都有不同层面的影响。对于这些影响本身的积极意义与消极意义也存在争议。换言之，根据讨论对象的不同，其影响偏向于积极或者消极方面的程度也有所不同。对企业金融化的深入研究将有助于对其内涵的清晰界定，以及对其具体开展模式和影响效果的厘清与测度。特别是企业金融化所涉及的实体行业与金融部门日渐广泛、深远，必然将对经济整体与金融系统产生影响。加强对企业金融化的研究，能够进一步为所涉及的企业、行业的管理优化和政府管制政策的实施与改进提供有针对性的建议。

因此，深入研究企业金融化的缘起、模式与影响作用，对于构建实体经济与现代金融协同发展的产业经济体系、有效促进金融服务实体经济的能力，以及助力国民经济的高质量、可持续发展等，都具有重要的理论价值和现实意义。在企业金融化影响的实证分析方面，围绕党的二十大报告中提出的"坚持把发展经济的着力点放在实体经济上"的要求，以及历次中央经济工作会议强调的"要改进金融服务质效"，发挥"金融在支持实体经济高质量发展"方面重要作用的会议精神，本书将主要就金融化与企业主业发展、金融化对企业投资效率的影响及企业金融化对技术创新的影响这三个层面展开分析与讨论。

本书的主要内容包括以下几个部分：

第一章为导言。首先明确界定了本书中企业金融化的内涵，亦即企业金融化是企业采取的一种资本运营导向的资源配置方式，表现为企业资产更多地用于金融交易而非传统的生产经营活动。本章第一节阐述了企业金融化研究的有关背景，第二节重点阐述企业金融化的缘起与发展进程。

第二章为企业金融化研究回顾。企业金融化是由金融化衍生而来的一个派生性概念，其发展离不开经济、金融理论的支撑。第二章第一节阐述了金融化的内涵，第二节分别阐述了国内与国外对企业金融化内涵认知的演化和发展，第三节总结了企业金融化的缘起动机和影响因素，第四节阐述了企业金融化所带来的部分相关影响。

第三章阐述并梳理了企业金融化的缘起与发展模式。企业金融化的缘起与发展模式呈现出多元化的特点。第三章第一节阐述了企业金融化的起源和发展模式，第二节将国内外企业金融化的发展历程归结为融合—分离—融合的过程，第三节介绍了一种典型的企业金融化模式，第四节列举了我国多个企业金融化实践中的典型模式，第五节对数据资产金融化、碳资产金融化等新兴资产金融化的发展现状与远景进行了总结和展望。

第四章展开了金融化对企业主业发展的影响研究。近年来，我国的实体企业投资于金融资产、房地产市场的资金越来越多,金融化程度不断加深,经济运行风险也因此而不断增加。金融、房地产和实体经济的失衡已经成为我国面临的重要结构性失衡问题,"脱实向虚"使得企业的主业发展难免受到影响。

基于这一背景,第四章对金融化和企业主业发展之间关系进行研究分析。第一节对企业金融化与主业发展的现状进行分析;第二节针对金融化对企业主业发展的影响开展了理论研究,分析了委托代理理论、优序融资理论、预防性储蓄理论和金融深化与金融约束理论,并根据这些理论提出研究假设;第三节将金融化对企业主业发展的影响开展了实证研究,选取2007年—2018年中国沪深两市A股上市非金融、非房地产公司为研究样本,构建固定效应模型进行实证检验,研究企业金融化与主业发展之间的关系、政府干预和宏观经济政策不确定性的调节效应以及研发投入的中介作用,并进行区域和行业的异质性研究。实证结果显示,企业金融化的"挤出"效应占主导地位,金融化会严重抑制企业主业的发展;政府干预程度的增加和宏观经济政策不确定性的上升会强化企业金融化的挤出效应;相比于东部地区,中部和西部地区金融化程度的提高对企业主业发展的抑制作用更强;从产业差异角度,第二产业的企业金融化对主业业绩的负向作用最为强烈;第三产业的金融化对企业主业业绩的负面影响较小;第四节基于上述分析,为政府引导金融化合理发展、促进金融服务实体经济提出相应的建议。

第五章是企业金融化对企业投资效率的影响研究。产融结合是企业金融化的阶段性代表形式之一。自国务院国有资产监督管理委员会明确支持具备条件的企业进行产融结合后,随着我国经济的发展和政策支持,许多企业开始引入金融资本,通过持有金融机构股权等形式实现企业金融化。现阶段,融资难、融资贵的问题在我国企业中普遍存在,引起企业偏离有效投资水平,投资效率低下,而产业资本与金融资本结合最直接的影响在于给企业带来了融资便利,有利于缓解企业存在的融资约束。

基于此，第五章将深入剖析企业金融化对企业投资效率的影响。第一节对产融结合与企业投资影响相关文献进行梳理。第二节对企业金融化与企业投资效率的关系进行了理论分析并根据这些理论提出相关研究假说。第三节以 2008 年—2019 年我国沪深 A 股上市公司作为样本构建面板数据模型，实证分析上市公司持有金融机构股权对其投资效率的影响。实证结果表明：产融结合可以显著提高企业的投资效率，一方面有助于缓解企业的投资不足，另一方面可以抑制其过度投资。只有持股银行可以改善非效率投资，但是持股其他类型金融机构无显著性影响。与国企相比，企业金融化更能提高民营等非国有企业的投资效率。与市场化水平较高的地区相比，市场化水平较低地区的实体企业引入金融资本更有利于提高投资效率。第四节从企业和政府两个角度提出相关政策建议。

第六章为制造业企业金融化对技术创新的影响研究。随着实体经济与金融行业出现的发展的失衡，面对低迷的实体经济较低的收益率，部分实体企业通过将资金投入金融资产配置中来追求金融市场的超额回报，导致金融资产在企业总资产的比重不断上升，挤占了企业用于发展主业和技术创新的资源，实体企业开始出现金融化的趋势。制造业企业在我国经济中举足轻重，制造业转型在复杂的国内外背景下刻不容缓，转型须依靠创新，创新引领企业的发展。一方面金融化带来的"脱实向虚"会挤占企业研发创新的资金；另一方面，企业研发风险大、周期长，需要大量的资金支持。

在此背景下，第六章对企业金融化对于技术创新的影响展开了研究。第一节梳理了制造业企业金融化对技术创新的影响的相关文献。第二节对制造业企业金融化与技术创新的关系进行理论分析。第三节选取了 2013 年—2019 年沪深两市 A 股的上市制造业企业相关数据，采用双向固定效应模型实证分析了制造业企业金融化对技术创新的影响。实证结果表明：制造业企业金融化会抑制技术创新水平的提高，产生挤出效应；制造业企业持有短期金融资产并未促进企业的技术创新水平的提高，相反是抑制作用；长期金融资产会更加强烈地抑制企业的技术创新；对企业高管不同的激励方式对金融化的后果有调节作用，合理的激励制度安排可以有效降低金融化对技术创新的抑制作用，货币激励不利于减弱企业金融化的负面影响，而股权激励则对金融化的抑制作用有显著的削弱效果，这一点在非国有企业尤为明显；在国有企业和非国有企业中，金融化均抑制了技术创新，且这一抑制效果在非国有企业中更加显著。第四节将基于以上分析，对政府和企业提出具有针对性的建议与展望。

第七章为结语。本书系统阐述并深入探究了企业金融化的内涵、缘起、发展模式及其对企业的有关影响。第七章的第一节简要概括了本书的主要研究内容与结果。第二节对未来可能的研究方向加以展望和总结。

本书学术研究的创新性主要体现在以下几个方面：

首先，在深入发掘企业金融化新内涵的基础上，梳理、总结出了既有一致性，又有差异化的企业金融化演进、发展模式，并且将数据资产金融化、碳资产金融化等新兴资产金融化也纳入本书的研究视野之中。

其次，紧密围绕党的二十大报告中提出的"坚持把发展经济的着力点放在实体经济上"的要求，以及历次中央经济工作会议强调的"要改进金融服务质效"，发挥"金融在支持实体经济高质量发展"方面重要作用的会议精神，基于多维度的企业金融化界定及指标构建，针对金融化与企业主业发展间的关系、金融化对企业投资效率的影响及企业金融化对其技术创新的影响等展开机制分析与实证研究。

最后，在具体研究过程中，本书将企业金融化与其他研究主题联系起来协同探讨，例如与信息经济学、金融管制理论、投资效率分析、交易成本理论、技术创新理论、可持续金融等深度结合，从理论交叉的视角出发，协同开展研究工作，丰富了金融经济学、管理经济学中有关企业金融化问题的研究思路。通过系统分析企业金融化的缘起、发展模式与现实影响，不仅可以为企业推动金融化发展战略规划、优化有关方面的经营管理行为提供微观层面的决策支持和学术借鉴，也能够为有关管理部门主动监管企业金融化的经济后果、有效防范重点行业企业金融化的潜在风险等提供宏观层面的监管指引和决策依据。

  本书的完成也有赖于研究团队的集体努力。笔者组织了企业金融化缘起、模式演化与相关影响的深入研究并作为主要撰稿人完成了本著作。团队其他成员也参与了相关研究及撰写工作。各章研究、撰稿的具体安排如下：第一章、第二章：侯晓辉、赵亦璋；第三章：侯晓辉、赵婧雯、熊妮；第四章：马慧宇、侯晓辉；第五章：李昭颖、侯晓辉；第六章：宋鹏、侯晓辉；第七章：侯晓辉、杨蕊。杨蕊还负责了后期文字格式的编辑和参考文献的订正等工作。最后，西安交通大学金融学相关课程选修学生在课堂内、外与笔者的交流与讨论对本书的构思与研究工作也颇有助益，在此一并对他（她）们表示感谢！

  本书相关内容涉及现代金融经济学诸多研究领域，时间匆促，疏漏之处在所难免，尚祈读者诸君不吝指正，是所至盼。

侯晓辉
2023 年 3 月 1 日

目录

第一章 导言

第一节 研究背景 1

第二节 企业金融化进程概述 7

第二章 企业金融化研究回顾

第一节 金融化的内涵 18

第二节 企业金融化内涵的演化发展 19

第三节 企业金融化的动机和影响因素 22

第四节 企业金融化的影响 27

第三章 企业金融化的缘起与发展模式

第一节 企业金融化的起源和发展模式 35

第二节 国内外企业金融化的发展历程：融合—分离—融合 37

第三节 以GE为代表的美国企业金融化模式 39

第四节 国内企业金融化实践中的典型模式 42

第五节 新兴资产金融化的发展与展望 66

第四章
金融化对企业主业发展的影响研究

第一节　企业金融化与主业发展的现状分析　103

第二节　金融化对企业主业发展影响的理论分析　110

第三节　金融化对企业主业发展影响的实证分析　122

第四节　结论与展望　144

第五章
企业金融化对企业投资效率的影响研究

第一节　产融结合与企业投资影响相关文献　152

第二节　企业金融化与企业投资效率的理论分析与研究假说　165

第三节　金融化对企业投资效率影响的实证分析　176

第四节　结论与展望　213

第六章
制造业企业金融化对技术创新的影响研究

第一节　制造业企业金融化对技术创新影响的相关文献　219

第二节　制造业企业金融化对技术创新影响的理论分析　225

第三节　制造业企业金融化对技术创新影响的实证分析　237

第四节　结论与展望　263

第七章
结 语

第一节　主要研究内容与结果　272

第二节　未来研究展望　275

参考文献　277

后　记　305

―― 第一章 ――

导　言

【本章小结】

企业金融化是企业为获得更多的资本增值，提高企业资产在金融交易上的分配比重。本章第一节阐述了企业金融化研究的有关背景。第二节重点阐述企业金融化的缘起与发展进程。

第一节
研究背景

一、现实背景

自 2020 年初新冠疫情暴发以来，各国为维持与促进经济发展，大量依靠印钞及低利率政策刺激经济活动。尽管受到城市封锁、企业关停破产数量大幅增加，以及供应链断裂等不利因素的影响，2021 年全球主要国家或区域的 GDP 仍迎来了难能可贵的低速增长。

表 1-1-1　国家或区域 GDP 的增长率

GDP（%）	2021 IMF	2022 MS	2022 IMF	2023 MS	2023 IMF
世界产出	6.1	4.7	3.6	3.8	3.6
发达经济体	5.3	4.4	3.3	2.9	2.4
美国	5.7	4.6	3.7	3.7	2.3
欧元区	5.3	4.6	2.8	2.5	2.3
英国	7.4	4.6	3.7	1.6	1.2
中国	8.1	5.5	5.4	4.8	5.6
印度	8.9	7.5	8.2	7.3	6.9
巴西	4.6	0.5	0.8	1.8	1.4
日本	1.6	2.9	2.4	1.6	2.3

数据来源：彭博、Haver Analytics（《哈沃分析》）、国际货币基金组织（IMF）、摩根士丹利（MS）研究部计算或预测

而另一方面，为遏制生活及生产成本快速上涨，以美国为代表的一些国家开启了金融紧缩性周期。2022年1月27日，美国联邦储备系统（美联储）公布1月FOMC（美联储公开市场委员会）会议决议，美联储3月加息已基本确定，5月或6月大概率会启动缩表，鲍威尔称："不排除每次会议都有可能加息"，鹰派程度超出市场预期。会议过后，利率期货隐含的全年加息次数由4.0次升至4.6次。此外，2022年2月3日，英国央行（Bank of England）宣布加息，将基准利率从0.25%上调至0.5%，这已是3个月内第二次利率上调。

2021年12月8日至10日，我国中央经济工作会议在北京举行，基于当前中国经济发展仍然面临的三重压力——需求收缩、供给冲击、预期转弱，中国将继续实施稳健的货币政策和积极的财政政策。2022年1月20日，中国人民银行将1年期与5年期LPR（贷款基础利率）分别下调10个及5个基点。截至2022年2月6日，美国十年期国债收益率快速攀升至1.912%，而中国的十年期国债收益率下降到了2.730%。

基于未来几年全球面临的 GDP 低增长态势，我国与欧美主要国家着手实施不同的宏观金融政策，这势必会给作为经济活动主体的企业带来资源配置方面的差异化影响。企业金融化是企业采取的一种资本运营导向的资源配置方式，从企业金融化发展的角度出发，复盘其缘起轨迹，探究其发展模式及对于企业经营活动的深刻影响，并思考当下及未来我国企业金融化的发展方向等，均具有重要的理论价值与现实意义。

二、 理论背景

与企业金融化相关的宏观层面及微观层面的主要理论背景可概括如下。此处主要阐述有关其发展外部环境的理论大背景。企业金融化所涉及的概念界定和直接理论回顾将在第二章内详细展开论述。

（一）宏观层面

1. 宏观杠杆率理论

根据达里奥（Dalio，2013）的观点，宏观杠杆率是指债务收入比。宏观经济层面的度量可使用部门债务与 GDP 之间的比例。该指标也可反映债务的可持续性。作为经济体金融稳定性的衡量指标，宏观杠杆率与债务程度成正比，每年偿还利息和本金支付也随着宏观杠杆率的提高而增加，并且经济增长的波动也容易引发债务危机。一般来说，实体经济的杠杆率是通过住宅、企业和政府部门的杠杆率相加来计算的。

2. 供给侧结构性改革理论

供给侧结构性改革旨在解决经济管理体制机制中的结构性问题，其目标导向是以全要素生产率（TFP）的提高来改善经济发展质效，作为投入的转化率的重要指标，全要素生产率的提高可以围绕质量、效率、动力三个方面实行变革。质量变革是要以改善供给体系质量为主要方向，增强产业体系国际竞争力，大幅度提升我国经济质量优势；效率变革是通过生产要素的优化配置，通过企业并购和产业转型的方式，来提高经济的投入产出效率；动力变革是要增强劳动力、各类人才、企业和事业单位等微观主体的创新能力和市场活力，通过多层面的变革加快权力结构的转变。

3. 主权信用货币制度

建立于二战后的"布雷顿森林体系"，虽然采用"双挂钩"制度，本质也是"金本位"。而1971年美国总统尼克松宣布美元与黄金脱钩也正式标志着美元放弃了以黄金为本位的货币制度，随之采取的是"主权信用货币制"。当货币的发行量与经济增量相匹配，则保持经济的健康增长和物价的稳定。但如为了刺激经济，推进财政赤字货币化，则该主权货币在未来大概率会发生大幅贬值，甚至触发本国的金融危机。

4. 经济周期理论

依据发生的频率、幅度和持续时长，经济周期可分类为康波周期、库兹涅茨周期、朱格拉周期和基钦周期。

（1）50至60年的超长周期——康德拉季耶夫周期（亦称技术或资源周期）

康德拉季耶夫从资本过度投入的角度来解释经济波动，其发现资源品价格在长周期内会有规律性波动，即过度投资会导致市场生产过剩、资源价格和边际产出走低，从而造成随之而来的衰退，直到技术革命带来新一轮投资的井喷才能推动经济进入下一个周期。例如，蒸汽机时代（1782年—1845年）、铁路时代（1845年—1892年）、电气时代（1892年—1948年）、自动化时代（1948年—1990年）以及信息时代（1990年— ）。

（2）15至25年的中长周期——库兹涅茨周期（亦称地产或建筑周期）

经济周期理论发现许多生产部门，尤其是基础工业部门的经济增长率每隔15到22年便会呈现有规律的波动，其中建筑业和地产业表现得特别明显，因此人们又习惯于将其称之为地产周期或建筑周期。此外，由于地产的周期变化往往与人口迁移有密切关系，因此库兹涅茨周期和人口周期也有明显对应性。

(3) 8至10年的中短周期——朱格拉周期（亦称投资周期）

朱格拉周期主要基于设备投资维度进行分析（因此人们也称其为投资周期），将经济周期划分为繁荣、危机和清算三个阶段。经济会随着设备的变化而变动，当设备进行更换时，投资处于顶峰，经济迅速扩张，当设备结束投资时，经济收缩。

(4) 3至4年的短周期——基钦周期（亦称库存周期）

其认为存货的变化能够体现出市场供需和市场预期的变化，并将库存的周期性变化进一步分为四个阶段，即，主动去库存（供给由高转低和需求较低）、被动去库存（供给较低和需求由低转高）、主动加库存（供给由低转高和需求较高）、被动加库存（供给较高和需求由高转低）。

5. 经济货币化理论

经济货币化是指货币交易在经济活动中的比重稳步提高的过程，量化为M2（广义货币）与GNP（国民生产总值）之比。作为衡量一个国家经济市场化程度和金融增长水平的重要指标，经济货币化程度可以反映经济中的潜在可利用资源的程度和就业程度，货币化程度高，则潜在未使用资源就较少，就业程度也会随之提高。反之，则说明资源未被充分利用（张文，2008）。

6. 储蓄到投资的转化理论

由于存在融资约束问题，在企业项目的融资约束进一步影响投资活动时，企业的实体生产规模就受到了内部资金量的限制，最终影响整体社会经济的发展，无法形成规模经济。银行资本和银行信用，则可以通过货币乘数效应，成倍数扩张原始存款的货币数量和信用总量，银行通过对企业和个人投资及提高贷款,最终促进了储蓄向投资的转化率。以证券公司和投资公司为代表的资本市场主体,可以进一步促进储蓄向投资的转化。由于资本市场可以缩短供需双方的距离,并且可以提供更为便捷的投资渠道和投资途径,因此资本市场可以帮助企业从内部集资到外部融资的转换,一定程度上为融资约束问题提供了缓解方案,促进了储蓄向投资的转化。

(二) 微观层面

1. 融资约束理论

导致融资约束的原因是多方面的,其中信息不对称和融资选择是主要因素。其中,金融市场的信息不对称是根本原因,而融资选择是在发展经济时面临的现实问题。

(1) 信息不对称

在一个完美假设中,金融市场是信息完全对称、没有摩擦成本的,投资与融资是两个互相独立的行为。判断企业项目是否值得投资的依据主要是通过财务方法和金融方法,对目标企业项目的预期净现值(未来一段时间内现金流入和流出之间的平衡)进行计算来决定是否值得投资。而当企业本身的投资方存在资金不足的问题时,再进一步考虑是否通过金融市场进行融资,以市场均衡的资金成本获取外部融资。此时,投资决策与融资决策无关。而在实际情况下,金融市场存在种种缺陷,金融机构和非金融企业都对对方的实际情况无法完全了解,因此存在着信息不对称问题和代理成本。

信息不对称是指由于各方的信息差异,在市场运作中拥有更充分信息的一方能够做出更好的决策。在企业金融化的场景下,对于金融机构而言,很难足够了解企业的经营状况和财务水平。而对企业而言,由于金融机构会对企业进行逆向选择,进一步导致了企业在融资时面对融资难和融资成本高的问题,总体对企业的融资过程起到了削弱作用,进而影响了正常的投资活动，导致了融资约束问题（屈文洲等，2011）。

（2）融资选择问题

基于社会稳定和宏观调控的目的，政府会对国有企业进行扶持和担保，使得国有企业相对于民营企业在信贷获取上更有可及性，降低了国有企业的信贷违约概率。因此，国有性质的商业银行倾向于国有企业提供信贷，中小企业则由于规模小，发展时间短等因素，缺乏可信赖的抵押物，经常面临融资难、融资贵的困境。

2. 公司治理理论

从狭义角度上理解，公司治理理论是对职业经理人在企业经营过程中履行职务行为加以监督、约束的科学。从广义角度理解，是研究如何对企业权力、资源有效配置的理论。伯利和米恩斯（1932）以及詹森和梅克林（1976）认为公司治理的关键在于，基于所有者和经营者一致的利益导向，来分离所有权和控制权。法马和詹森（1983）又进一步提出委托代理理论，在两权分离的基础上来探讨代理人问题的解决途径，降低代理成本。

第二节
企业金融化进程概述

一、 经济金融化进程

（一） 金融业在 GDP 中占比

图 1-2-1 反映的是 2005 年—2021 年我国整体 GDP 和金融业的国内生产总值变化情况，是以 10 亿人民币为单位的年度统计数据。国内生产总值是按照市场价格计算的中国国内在一定时期内的生产活动的总值，数据来

源为国家统计局。我国的 GDP 增长在 2007 年—2019 年都处在 10% 左右的增速水平上，直至 2020 年，由于新冠疫情的影响，GDP 增速下降为 2.74%。在 GDP 增加的同时，金融业的国内生产总值也在不断提升。

金融业的国内生产总值反映了从 2005 年开始到 2021 年截止的我国金融业国内生产总值的变化。在 2007 年以前，我国的金融业生产总值一直在 1 万亿人民币以下。2007 年之后，我国的金融业国内生产总值的总量超过 1 万亿人民币。在增速方面，2005 年以前，我国的金融业国内生产总值环比增长率小于 1.1%，在 2005—2015 年间，金融业生产总值环比增长大于 1.1%。2007 年的增长为上一期的 1.52 倍。而在 2016 年之后，我国的金融业生产总值的增长速度以环比指标衡量下降至 1.1% 以下。总而言之，金融业生产总值在不断增加，其增速经历了先增加后降低的过程，并且始终保持在 7%~20% 的区间范围内。特别在 2020 年后，受到疫情影响，金融业的国内生产总值增速超过了 GDP 的增速。

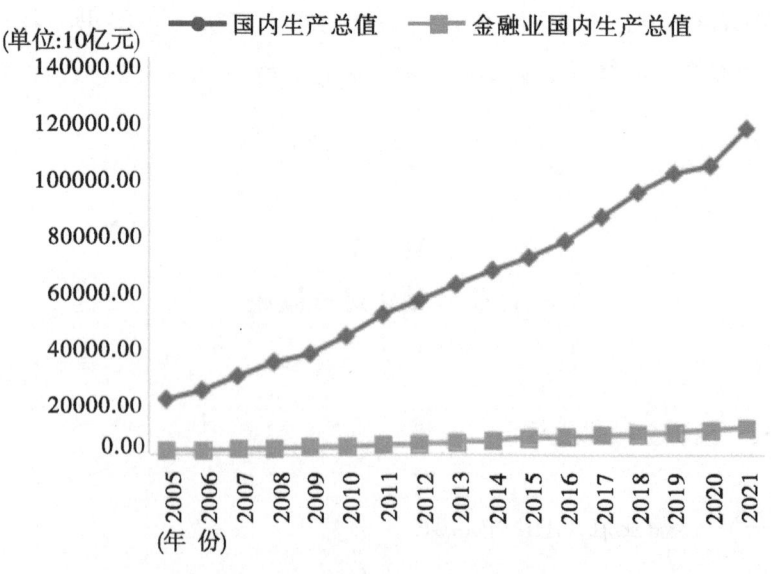

图 1-2-1　国内生产总值和金融业国内生产总值

根据图 1-2-1 中数据可以计算金融业生产总值占国内生产总值的百分比，2006 年该数值为 4.54%，在 2006 年—2009 年，占比不断增加至

6.27%，从 2010 年—2016 年，占比增加到了 8.03%，并且在经过 2017 年—2019 年的短暂降低之后，在 2020 年达到 8.25%。由此可见，我国经济体的金融化程度也在不断增加。

(二) 国内上市公司市值占国内生产总值的百分比

图 1-2-2 反映了 2003 年—2020 年的国内上市公司市值占国内生产总值的百分比的变化情况，数据选取自 CEIC（中国经济数据库）数据库。从 2005 年开始到 2007 年，国内上市公司市值占比逐年增加，甚至在 2007 年达到了 126.15% 的比值。在 2008 年金融危机后，市值占比下降为 38.72%。在之后的 2009 年—2019 年，国内上市公司市值占比一直在 40%~80% 的区间内波动，并且在 2020 年增加到了 82.96%。

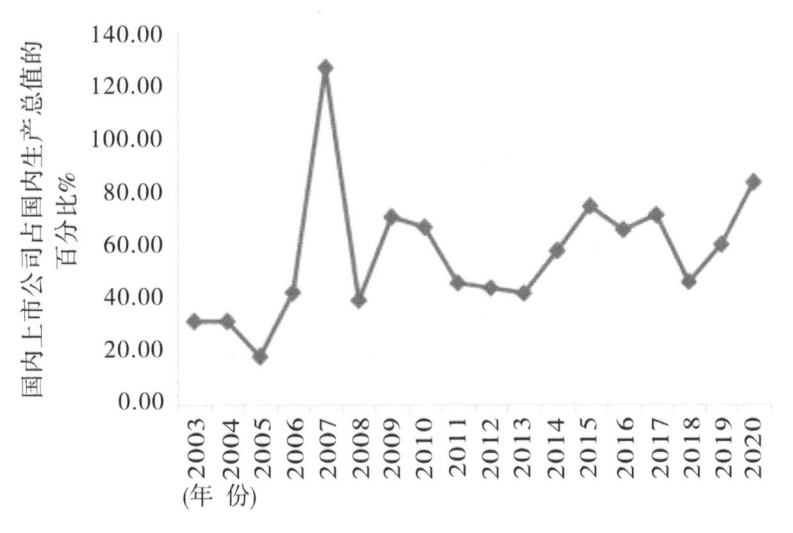

图 1-2-2 国内上市公司市值占国内生产总值的百分比

(三) 股票交易总价值占国内生产总值的百分比

如图 1-2-3 所示，根据 World Bank（世界银行）的统计数据，1996 年—2020 年的股票交易总价值占国内生产总值的百分比在上涨的同时表现出了持续波动的态势。股票交易总价值占国内生产总值的百分比由 1996 年的

35.63%上涨到2007年的最高点177.60%。在2008年的金融危机之后，占比下降至85.00%。在2009年—2012年，占比由153.49%下降至58.92%。而在2012年—2015年，占比则逐年增长至355.52%。而在一个三年（2015年—2018年）占比逐年下降和接下来两年（2018年—2020年）的占比逐年提升后，截至2020年我国的股票交易总价值占国内生产总值为214.50%。总之，股票交易总价值占国内生产总值的百分比整体呈现增加的趋势，我国经济整体金融化的程度确实是在不断增加之中。

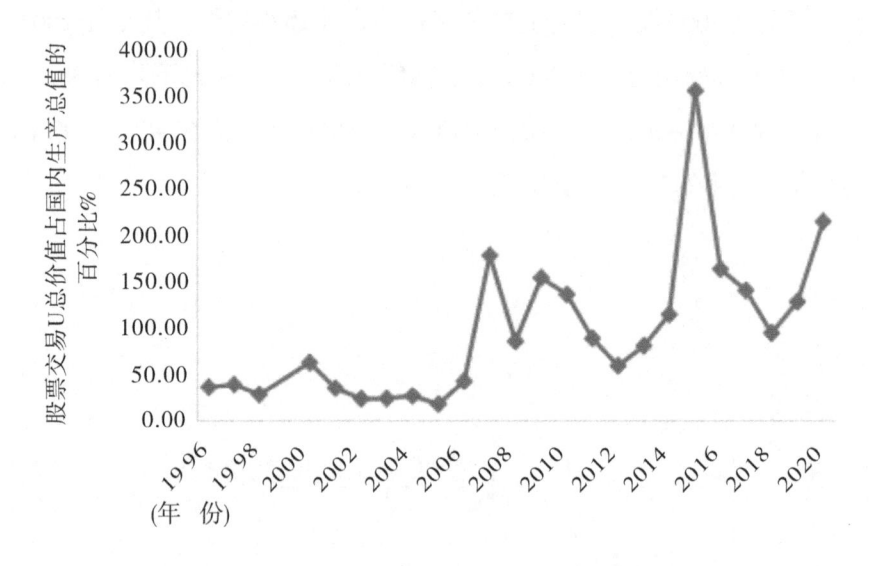

图 1-2-3　股票交易总价值占国内生产总值的百分比

二、 企业金融化进程

（一） 融资占比

非金融企业的两种融资方式分别为债权融资与股权融资。债权融资是实体企业通过与资金提供者建立债权债务的关系，以提供固定的利息来换取资金的行为。一般而言，实体企业会从银行等金融机构获得贷款或通过发放债券等方式获得资金。然而，对于国内的实体企业来说，债券融资面临的融资成本高、融资审批难的问题制约了很多实体企业的实体生产，并且进一步为实体企业的金融化提供了动机。

在我国，2008年的金融危机之后，大量的中小型实体经济企业涌现出债务融资的需求，又由于融资成本高融资困难的问题，一些影子银行应需而生。影子银行主要分为两种：一种是专门从事提供融资服务的金融机构，另一种是相较于中小银行更容易获得银行贷款或者更易于发放债券的大型实体企业。影子银行体系的大量涌现，一方面增加了我国的债权融资规模，另一方面增加了整个金融体系的不稳定性。

而股权融资指的是实体企业通过发行股票的方式利用金融市场进行直接融资。我国的股权融资在一定程度上提高了全体社会的资金运用效率，增加了经济货币化的程度。徐云松（2017）认为这与我国近年来的推动股权融资经济举措和"去杠杆"的经济政策有着密不可分的关系。

最后，在债权融资和股权融资的占比方面，根据我国近年来的债权融资与股权融资总体体量比率，我国的债权融资与股权融资的规模在不断变化之中。这一比例也显示了实体企业对于资金的需要和债权的重要性。对于企业而言，进一步凸显出了实体企业为缓解资金压力而产生的企业金融化动机。对于整体的经济行业来说，实体企业对于债权的依赖也给整体的金融系统带来了风险性和脆弱性。

（二）金融投资占比

根据王红建（2017）和安邦咨询报告数据的统计显示，2013年以国务院国有资产监督管理委员会直属企业为例，从事金融行业投资的企业超过了90家，占全部企业的77%以上；在2014年，我国上市公司中有412家投资金融行业；2015年增长到550家企业，并且总金融投资额超过了4000亿元。根据王国刚（2017）的统计，在上市公司中，有767家公司投资于金融行业和购买理财产品等，其总投资额达到了约7268亿元。

（三） 国外企业金融化水平

在美国，戴维斯（Davis，2016）统计分析了从1950年—2014年非金融行业美国企业的固定资产和金融资产的相对比例。从1950年—2014年，美国企业的固定资本与销售收入的比例一直维持在18%左右，总体比率从1950年—2014年下降了2%左右。而金融资产与销售收入的比例，则从1986年的25.6%上升到2014年的47.4%。据此可以初步推断，美国的非金融企业金融化程度在逐年增加。此外，从1950年—2015年的美国非金融行业公司的其他金融资产一直在不断增加，而总现金收入则一直波动幅度不大。

在法国的非金融企业中，根据阿尔瓦雷斯（Alvarez，2015）的统计，1978年—2012年的非金融企业的金融资产占总资产的比例从36%增加到了59%。而在整体的金融资产中，股票的占比份额也在逐年增加，而现金和银行存款占比则逐年减少。综上所述，可以看出一些发达国家的企业金融化水平也在不断增加。

三、 企业金融化的研究意义和展望

（一） 企业金融化的研究现状

概括言之，现有企业金融化的研究内容主要涉及其内涵、动机和影响等几个方面。

1. 企业金融化的内涵

不同理论与学派的国内外学者分别针对企业金融化提出了不同的内涵界定。国外学者们提出的界定标准可概括如下：根据企业是否上市进行定义，根据企业对金融活动的投资比例大小加以界定，以及基于金融活动相关的企业现金流比例和股东价值观引起的企业金融化的界定标准等。国内

学者们提出的定义大多是根据企业对金融资产的使用和投资来界定的，并且也有从产融结合的角度来探索企业金融化问题的研究文献。综合国内外的定义和不同学者发出的理论，企业金融化可以被概括为企业的资产和资本更多投资于金融行业，企业融资更加依赖创新性的金融工具或产品的一系列企业战略与行为的总和。

2. 企业金融化的动机

企业金融化的动机分为内因和外因两类。内因主要包括：流动性储备、企业的逐利动机、股东价值最大化和企业整体战略规划等四种；而外因主要包括企业融资困难、实体行业不景气，金融业的高利润率和经济政策的影响这几个方面。

3. 企业金融化的影响

第一，考虑对非金融类企业本身的影响，其积极影响主要表现为：非金融企业和银行的产融结合可以提高企业的声誉，企业能够更方便地了解银行相关政策进而更易于获得相关的金融支持，同时与银行合作可以减少交易费用［Morgan，2000；Charumlind（查鲁姆林德），2006；许天信，2003］；企业金融化可以通过对生产相关的金融产品进行对冲投资，降低企业的经营风险，也可以通过对其他高利润的金融产品进行投资，提高企业的经营业绩［德米尔（Demir），2009］。其消极影响则为：企业金融化有挤出效应，对金融业的投融资会挤出实体生产，也会挤出创新行为，并会进一步恶化整体的经济情况，这一现象在世界许多国家都得到了经验验证［Demir，2009；托里（Tori）和奥纳兰（Onaran），2016］；企业金融化会恶化非金融企业的劳工福利，由于企业金融化的程度深化，企业会倾向于挤出雇员的工资，进而减少劳工福利（Alvarez，2015）。

第二，对于整体行业和宏观层面而言，有利影响主要表现为：企业金融化通过为非金融企业提供投融资便利，进一步促进整体经济的发展［格兰加（Gehringer），2013]；在产融结合方面，企业能够降低信息成本和交易成本，进而提高实体经济的效率（张文，2008）；在宏观层面，企业金融化也能够通过对资金的充分利用，提高经济的货币化水平和使用率。而其消极影响为：企业金融化涉及影子银行，而影子银行是次级贷款形成的主要途径，会引起系统风险的聚集，同时会诱发整体金融行业的系统性风险的增加（巴曙松，2009；王永钦，2015）；企业金融化包含了对金融行业的投资倾向，在对房地产行业的大量投资过程中，容易引发房地产泡沫，对整体经济的稳定性产生了一定程度的破坏[亚科维埃洛（Iacoviello），2005]；产融结合在和银行合作的企业提供便利的同时，也相对地给其他未合作的企业造成了融资歧视，在此基础上，会影响宏观政策的实施和引发信用膨胀等问题（姚宏高，1994）。

（二）企业金融化的研究意义

认识企业金融化的研究意义，首先应对企业金融化的学术研究与现状加以总结和分类，再根据所涉及的行业与外部政策等因素进行深入的讨论。

截至目前，围绕着企业金融化仍存在许多争议。企业金融化由于其缘起动机不同、具体表现不同、国家与地区经济环境不同等，对于企业、行业和整体宏观经济都有不同层面的影响。对于这些影响本身的积极意义与消极意义也存在争议。换言之，根据讨论对象的不同，其影响侧重于积极或者消极方面的程度也有所不同。因此，对企业金融化的深入研究将有助于对其内涵的清晰界定，以及对其具体开展模式和影响效果的厘清与测度。特别是企业金融化所涉及的实体行业与金融部门日渐广泛、深远，必然将对经济整体与金融系统产生影响，加强对企业金融化的研究，能够更进一步为所涉及的企业、行业和管制政策提供有针对性的建议。

目前常见的企业金融化可以分为以下几个类型：对金融产品和金融行业进行投资；非金融企业和银行等金融机构的参股合作（不同国家的政策不同，参股的方向和比例也不同）；盘活金融资产协同强化实体主业经营。

再者，可以将企业金融化的动机简要划分为逐利动机、储备动机、股东价值观念和企业整体规划等四种。其中，逐利动机会受到实体经济行业与金融行业利润率趋势的影响和经济政策的影响，并进而对实体部门产生影响，也对行业和整体的经济情况造成冲击；储备动机则主要指流动性储备和其衍生出的预防性储备。流动性储备是出于对风险的厌恶和预期收益的不确定性进行的风险应对措施，而预防性储备则是在此基础上针对企业的金融化投资行为的一种解释。储备动机会受到金融市场稳定性的影响，同时也会影响企业的经营状况。而在现有的学术研究中，普遍认为处于储备动机的企业金融化行为对支持实体经济的发展有积极作用。股东价值观动机是由于近年来的股东价值最大化逐渐成为企业经营的核心目标，为使股东价值最大化企业往往会通过金融化行为追求短期利益。最后，企业整体规划主要出现在一些大型公司和集团中，由于企业和集团的发展需要，企业内会设立一些金融部门或者拓展金融业务的机构。

企业金融化目前存在的问题主要涉及实体企业、银行等金融中介机构、其他产业部门等，它也可能会影响整体经济表现和经济政策的实施效果。具体阐述如下：

第一，对非金融企业而言，实体经济行业的利润下降和融资困难是导致企业金融化的主要原因之一。根据实体经济的生产理论，技术是在资本和劳动力不变的前提下，企业生产函数的重要决定因素。因此，通过政策手段和金融支持提高企业的创新能力，扩大企业的创新机会是重要的政策措施。我国已通过政策手段引导支持中小型企业和科技企业创新活动，提高实体经济的利润率。具体举措包括降低特定企业的税率、放宽特定类型企业的贷款条件和降低贷款利率等。这些政策举措对于实体企业而言，有利于企业开展生产经营和提高企业的利润率。企业金融化对于支持实体经济行业企业的发展具有重要的意义和作用。

第二，对银行等金融机构而言，企业金融化则涉及银行对实体企业的融资选择问题和企业获得信贷资金后的使用问题。中小企业获得银行信贷的难度比起国有企业更难，融资成本更高，这就促进了中小型企业的金融化进程；而大型企业和国有企业则更易于获得融资和贷款，但这些企业在后续使用融资和贷款过程中则存在着投资金融领域或者成为影子银行的现象，从而催生了房地产泡沫的产生。针对以上问题，在银行的借贷政策方面，戴赜（2018）认为应该定向支持中小型企业，同时定期监控大型企业的贷款资金使用流向。而在银行的监管政策方面，对贷款审批指标和业绩指标的测定可以尝试从单纯的贷款数额指标转变为以支持实体经济为导向的多维度指标。

第三，对金融、经济体系而言，企业金融化和整体经济的"脱实向虚"关系密切。针对企业金融化的覆盖范围日益增长、企业金融化类型日渐复杂的现象，一些学者认为金融体系可以建构针对金融投资流向的跟踪警示制度（康文峰，2013），通过对金融体系涉及的资本流向的定期监督，能够为非金融企业、实体经济行业提供有效的金融信息，进一步为国家宏观调控提供有力的信息支撑。由于企业金融化涉及影子银行和经济"脱实向虚"问题，其在整个经济体系内形成了潜在的系统性风险。因而，在金融市场中形成更有效、更广泛的金融防范机制也非常重要；同时，由于经济政策的不确定性导致的企业金融化问题也可以通过实施明确与稳定的经济政策来应对。最后，在对整体金融体系的监管方面，针对我国现在的多层次金融体系，形成多层次的监管制度和监管机构，针对金融体系和实体经济的资金流向形成有效的监管措施，也能够预防金融体系和实体经济之间的不平衡发展和抵御系统性风险的冲击。

（三）对企业金融化研究的总结

在学术研究和实践操作层面对于企业金融化问题仍然存在许多争议，在我们的研究过程中，基于企业金融化问题研究的现状和特点，主要围绕着以下几个方面开展进一步的分析和阐释。

第一，在企业金融化研究中，企业金融化内涵的界定仍然没有统一，企业的一些现象和行为是否属于企业金融化仍有待厘清，企业金融化包含的类型也不够明确。大体上来说，企业对金融行业的投资和利用金融工具开展资本运营属于金融化行为，但是对于具体的投资程度和金融业务融入程度等都没有准确的限定范围，对金融行业这一概念的定义也不够明确。学界普遍将购买金融产品归为金融化行为，但对于房地产投资、企业放贷和银企合作等是否属于金融化行为却莫衷一是。因此，随着金融、经济的发展，对企业金融化定义的不断扩展和动态厘清也应作为研究的一个主要目标。通过对企业金融化内涵的深入探讨，可以窥见企业金融化的缘起动机。

第二，企业金融化的模式与相应的影响仍不明确。企业金融化的动机主要包括流动性储备、企业的逐利动机、股东价值最大化思想，以及企业整体战略规划等。针对不同的企业类型应当梳理、总结出差异化的企业金融化模式。在企业金融化的影响作用方面，仍然存在着实证分析深入性和精准性不足的情况。因而，需要进一步对不同类型企业金融化的实现模式与具体影响作用机制等展开详细梳理或严谨的实证分析。

第三，企业金融化的数量化分析较为匮乏。在现有的学术研究中，对企业金融化的数量化衡量和企业金融化相关问题的数量建模仍具有很大的探索空间。在企业金融化程度的精准测度及金融化对企业各方面的影响程度等方面，都值得进行深入、细致地探讨。

第四，随着数据资产金融化、碳资产金融化等新兴资产金融化的蓬勃发展，企业金融化本身也可以与其他研究主题联系起来协同探讨。例如与复杂经济学、互联网金融、可持续金融等领域现象与问题深度结合，从跨学科的角度出发，协同其他问题的探讨一起开展研究。

第二章

企业金融化研究回顾

【本章小结】

企业金融化是由金融化衍生而来的一个派生性概念，其发展离不开经济、金融理论的支撑。本章第一节阐述了金融化的内涵。第二节分别阐述了国内与国外对企业金融化内涵认知的深化和发展。第三节总论了企业金融化的动机和影响因素。第四节论述了企业金融化的影响。

第一节
金融化的内涵

企业金融化是由金融化衍生而来的一个派生性概念，因此要理解企业金融化应该从金融化含义入手，然而对金融化含义的界定也存在着多种角度。具体而言，金融化可以从三个理论层面分别加以阐释：第一类是基于马克思主义经济学的定义，第二类是金融化的宏观层面定义，第三类是基于企业的金融化的微观层面界定。

在马克思主义经济学的理论中，在马克思主义经济理论中，金融化被描述为资本主义的演化，主要目的仍是维护其垄断利益和全球主导地位。

货币化和金融化是息息相关的，希尔弗丁（Hilferding，1910）阐释了产业资本与银行资本的关联，阿锐基（Arrighi，1994）则认为金融化是主导全球经济的国家和资本权力分配的结果，认为金融化指的是利润并非通过生产与流通商品而产生，而是通过金融资本增值而产生。

在宏观经济层面，戈德史密斯（Goldsmith，1969）认为金融化的程度可以由 M2 与 GDP 的比重来衡量。斯德歌哈莫尔（Stockhammer，2004）提出金融化可以被理解为非金融产业对金融投资的增加和金融收益在经营利润中比重的提升。爱泼斯坦（Epstein，2005）金融化是指金融相关行业、领域和专家的地位，在经济环境中提高的过程。克瑞普纳（Krippner，2005）从总体占比的角度出发，认为金融化可以看作金融投资相比于实体生产在利润中的占比不断增加的现象。从宏观角度看，金融化也可以定义为国内生产总值中资本投资的比例不断提高的现象，张成思（2019）就是基于这个角度将金融化定义为：随着泛金融业以及金融业的深入发展，金融业与国民经济的关联性不断加深。

在微观经济层面，金融化的内涵是指大企业在世界经济周期性波动中，企业资本不断积聚的过程。随着金融业和经济产业的发展，学界对于金融化这一词汇的定义也更加宽泛，福斯特（Foster，2007）认为金融化指企业利润更依赖于金融交易而非实体生产；这一定义也为企业金融化概念的提出做了铺垫，奥尔汉加济（Orhangazi，2008）也从企业的角度出发，指出非金融企业固定投资的减少和金融投资的增加之间呈现出的显著的正相关关系。帕利（Palley，2010）则指出，过度金融化导致了 2008 年的经济危机，进而导致家庭和企业负债率的增加。

第二节
企业金融化内涵的演化发展

关于非金融企业金融化的定义，国内外学者意见不一，但主要集中在两个方面：非金融企业的利润积累模式和非金融企业在金融市场的参与程度。

一、国外理论发展

Arrighi（1994）和 Krippner（2005）基于投融资和利润积累的角度，将企业金融化定义为企业通过改制上市后，首次在资本市场中发挥力量，进而影响社会资金流向。Stockhammer（2004）将企业金融化定义为非金融企业以积极参与金融活动的形式改变自己的利润模式，这种参与度的提升在利润表上表现在股票回购和分红的增加、企业负债率的持续上升、通过金融市场投融资的比例上升等方面。科蒂（Cotty，2005）则认为，与金融相关的现金流量与总现金流量的比率可用于定义公司金融化，其中现金流囊括了净利息支付、股利分配和股票回购。

Orhangazi（2006）认为非金融企业的金融化主要体现在金融投资、支付、收益三个方面，在其后续研究中又纳入了金融支出这一考虑因素。米尔贝格（Milberg，2008）指出，非金融企业金融化会促使企业从生产型到金融控股集团的转化。森等（Sen，2015）也是从非金融企业对金融投资的偏好（相比于实体资产投资而言）与金融市场融资两个角度展开对非金融企业金融化的阐述。克星曼（Kliman）和威廉姆斯（Williams，2015）认为，企业金融化是指企业金融资产占总资产的比重提升。随着股东价值理论的发展，徐（Seo，2016）等也从股东的价值观念方面，将企业金融化定义为一些非金融公司的股东更注重股东价值最大化，因此会通过改变企业的金融支出和收入，进而改变公司的管理结构。

二、国内理论发展

在我国较早的学术文献中，就已经出现了企业金融化这一概念，而这一概念的含义和现在学界谈及的企业金融化是有差别的。根据张晋元（1993）等学者的观点，企业金融化包含了将企业对金融资产进行投资和使用金融资产进行实体生产这两种行为。实际上，我国的深圳市，早在1993年就出现了一些非金融公司通过金融市场进行盈利的情况，盈利方式主要包括参与投资证券市场、商品标准化合约和外汇市场盈利等。在这个定义中，融资租赁、补偿贸易、土地抵押贷款等也被看作企业金融化经营的范畴。如果按照这个定义，我国的非金融企业金融化程度较高，同时金融化的非金融企业比例也较大。

姚宏高（1994）提到产融结合这一概念，梳理了世界各国中银行与企业的各类结合方式，并指出了在当时的情况下，产融结合的成熟度还不够，银行和整个市场都存在不完善、不成熟的情况。他还列出了产融结合的一些具体方式，包括企业通过建立银行持股公司，最终实现产融结合；一些企业内部设立金融机构；金融机构通过不断投资控制工业资本（美国的摩根财团模式就是通过金融资本控制工业资本），最终形成金融寡头。而中国的产融结合的主要形式为工商企业参股商业银行，以及银企深度融合等。

在此基础上，张文中（2004）提出了企业金融化的内涵为产业资本和金融资本的结合，并首次对企业金融化的动机、方式等做出了系列研究，指出对于中小企业、规模较大企业和集团公司等不同规模企业的企业金融化发展模式应有不同。

在企业金融化的基础上又衍生出了企业"脱实向虚"的概念，康文峰（2013）提出"脱实向虚"指的是实体经济的资本投入和生产力要素在减少，而转向对产生于虚拟经济的利润追求。蔡明荣和任世驰（2014）将企业金融化定义为，非金融企业将实体经济的投资比重转向金融资产投资的趋势。戴赜（2018）等认为由于经济衰退，实体经济的利润逐渐降低，而金融业的利润率则相对提高，许多非金融企业将大量的资产、资源从实体生产倾斜到虚拟资产的投资上，从而抑制了实体经济的发展。而产融结合则作为企业金融化的一种形式，能够将产业资本和金融资本加以有机整合。

综合国内外对于企业金融化的讨论，现有理论对企业金融化内涵的界定仍存在争议，企业金融化的内涵还是比较模糊和宽泛的，涵盖了企业行为的许多方面。同时，企业金融化的界定还存在不少需要商榷之处，例如企业金融化包含了企业对金融市场的投资与支出两个方面，分别属于资金运用与筹资和利润分配两个不同方面，并不能笼统界定。

在本书中，企业金融化的概念可以从行为和结果上概括如下：首先，从行为上看，企业金融化是企业以资本运作为中心的资源配置方式，企业将资产更多投向金融交易而非传统的生产经营。其次，从结果上看，企业金融化意味着，企业更积极地通过投资活动和资本运营行为追逐资本增值，而非通过传统生产经营业务产生利润。该定义可以更清晰地阐释企业金融化的过程和后果，具有内涵界定上的概括性与可延展性。

第三节
企业金融化的动机和影响因素

企业金融化的动机和影响因素，区分点在于影响企业金融化的因素是来自于企业内部或者外部，其中动机主要指由企业内部因素推动的企业金融化，而影响因素则是指外因所促使的企业金融化。

一、关于企业金融化动机和影响的国外研究

（一）内部动机

国外在研究的早期阶段，对企业金融化动机的研究主要有流动性储备学说和预防性储蓄行为理论两个大类。有关理论认为企业金融化的导致因素是内部原因，企业因为预期风险和预期收益的考量而实施金融化，具体表现为企业积极储备资金和高流动性的金融资产。

企业金融化的主要动机之一是出于对风险的厌恶和风险管理的需要，这一动机来源于凯恩斯（Keyne，1936）提出的预防性储蓄理论，风险厌恶

的消费者储蓄的动机是预防未来的不确定性，比如消费水平的下降等。在费舍尔（Fisher）和弗里德曼（Friedman）的早期研究中，也认为在未来风险较大的情况下，消费者会更多地进行储蓄以备未来使用。

在非金融企业金融化的理论研究中，认为企业由于防范风险的动机而进行金融化的早期理论是流动性储备学说。菲力克斯（Felix，1998）和昂克泰德（Unctad，2001）提出了流动性储备学说，他们认为非金融企业由于风险厌恶和未来预期收益的需要而储备资金和高流动性的金融化资产以备不时之需。流动性储备学说指出企业会基于对未来收益和成本的不确定性，比如国际资本、汇率、利率和经济周期的影响等，来配置金融资产。金融自由化会提高国际资本的流动性，进而导致企业收入大幅波动；汇率和利率受资金流动影响不断波动，使得企业成本不确定性成比例上升，产业周期和经济周期也会增加市场风险。企业将通过金融化和金融产品投资的方式来分散风险组合，降低经营风险。

在流动性储蓄学说的基础上，学者们又进一步提出了企业也会有预防性储蓄行为的理论解释。阿尔梅达（Almeida，2004）认为企业会为可能的未来投资，即为预期可能存在的更高的投资收益率而在现在储备货币和资金，而这样的结果就是企业金融化。

除此之外，在国外的理论研究中，公司治理观念的转变也是一个重要的因素，由于20世纪盛行的功利主义与企业制度的变化，股东价值的重要性被逐步提高。拉佐尼克（Lazonick，2010）认为由于股东价值最大化观点的普及，美国的企业金融化受到极大推进。其在2012年发表的论文中指出，受到功利主义的影响，一些企业主更加在乎通过短期利益，使股东价值最大化，因此，也导致了管理层乐于通过短期内进行金融资产投机，而非长期的实体经济生产来获得更多利润。并且，即使在两者收益率相似的情况下，企业也更偏好于短期内获得收益，而这样的生产模式，也在某种程度上影响了传统理论中企业"生产—留存—投资"的资本积累与配置模式。

（二）外部影响

随着市场经济的发展和金融业的繁荣，企业金融化的推动因素也包括了外部因素的影响。当世界经济处于下行阶段，实体行业的利润率也在下降，而逆周期金融业的利润率则可能不降反升。出于对国家经济发展和市场稳定的需求，各国出台的经济政策也在影响着非金融企业的金融化决策。

塞尔法蒂（Serfati，1999）认为，实体行业愈演愈烈的竞争和经营挑战促使企业增加金融投资，减少实体投资，开始在金融市场上追逐高回报，加剧了实体行业的发展困境。实体行业利润率的下降作为外在因素，也影响了非金融企业的金融化（Krippner，2005）。

Orhangazi（2008）和 Demir（2009）基于实体利润率下降的背景，提出了投机和投资替代理论，企业出于利润最大化的经营导向，当金融投资的平均利润率大于实体经济的平均利润率时，企业将放弃对实际经济的投入，转而投资金融资产。

列（Le，2006）和扎克（Zak，2006）认为，经济政策不确定性是指政府经济政策的未来内容和实施方向未知。帕斯特尔（Pastor，2012）和韦罗内西（Veronesi，2013）则认为经济政策的不确定性会导致企业金融化，具体的影响过程是经济政策不确定性的增加不仅会影响企业的生产性投资和技术创新行为，也将增加金融市场和银行业的系统性风险，影响企业金融资产的投资行为。

二、关于企业金融化动机和影响的国内研究

（一）关于企业金融化的内部动机

张文中（2004）指出，企业金融化的内部动机主要包括追求利润、资金约束、企业理财和企业内部的战略调整这四个方面，企业理财和战略调整都会导致企业对金融的需求。其中，在企业的战略调整方面，指的是由

于一些大型企业规模的扩大和运营业务的复杂度逐渐提高,对资金管理和现金流管理的要求也逐渐提高,因此,这些企业可能会通过和专业的金融机构进行合作,例如:银行、证券、保险、信托等满足其复杂度更高的金融需求。一般这样的企业特点是定位准确、发展战略清晰和资金实力较强。我国现有的产融结合行为,很大程度上是由于这样的动机而促成的。

谢家智(2014)也认为投机替代是影响企业金融化的一大因素。对于我国的经济而言,由于经济处于转型期,制度与法律的不明确,为金融行业的高利润率提供了良好的环境。谢家智认为由于经济发展的不平衡,实体经济与金融的利润率差异,企业金融化即大量的金融投资的动机为利润最大化。而出于投机动机的金融化企业大多数为企业定位不清、发展战略不明确的企业。

在国外的流动性储备学说的基础上,我国的学者对这一理论的理论研究和实证研究得出的结果则是多样性的。张成思和张步昙(2016)否定了预防性储备理论在国内企业金融化中的作用。他们根据国外的预防性储备理论、早期的流动性储备理论和经营风险等理论,提出了金融化的企业持有货币和高流动性资产是出于风险管理和未来投资的动机这一假设,并在这个假设基础上对我国的实体经济公司进行了实证研究。如果满足预防性储备理论的假设,那么实体经济与金融投资应该成正相关比例。由于实体经济发展越稳定、发展程度越高,持有金融资产的比例就应该更高,以便有效预防流动性风险。两位学者通过实证研究发现,我国企业金融投资与实体经济投资是负相关的,因此,可以得出国内企业的金融化行为并非出于流动性储备动机的研究结论。

在此基础上,国内其他学者又提出了解决财务压力和分散风险的动机,为流动性储备学说增加了论据。胡奕明(2017)等提出了非金融企业的金融化动机是出于解决财务压力这一理论,即通过对经营活动中可能使用的原材料或者汇率等进行风险对冲或者通过扩充盈利途径,来解决财务的压力。金融资产相比于固定资产有更高的流动性,企业在面临资金压力时,可以通过出售金融资产迅速获得流动性，缓解由此产生的财务困境。戴赜等（2018）基于这个观点做了进一步实证研究。研究发现出于分散风险、缓解融资约束为目的的企业金融化行为能够提升企业的经营效率，从而促进经济发展。

（二）关于企业金融化的外部影响

1. 融资歧视问题

首先，我国学者提出了基于银行融资歧视与实体中介的企业金融化理论，信（Shin，2013）和赵（Zhao，2013）认为一些国有企业由于国家和政府的背书和担保，银行更倾向于向他们提供贷款和融资资金，即银行存在融资歧视问题。

而实际上，重资产型的企业生产效率较低，他们在从银行借贷资金后，一部分企业会作为"实体中介"将资金转借给中小型企业。即在受到银行的融资歧视后，中小型企业不得不去寻找其他的融资渠道，例如资本市场、影子银行、其他大型企业等。从微观的视角出发，戴赜等（2018）认为：因银行信贷歧视和资产价格泡沫而导致的企业金融化，会破坏金融稳定并阻碍经济增长。由于融资约束和融资歧视的存在，一些中小型企业需要通过利用金融手段和绕过制度约束，为企业的经营活动进行融资，包括利用虚假担保和信用获取银行贷款、直接控制金融机构等。

2. 经济政策的影响

根据国外文献所提到的经济政策的不确定性对企业金融化的影响理论，我国学者研究了经济政策本身对于国内企业金融化的影响，以及经济政策的不确定性对国内企业金融化的影响。陈国金和王少谦（2016）的研究表明：经济政策的不确定性会通过影响企业的运营成本和利润率，进而影响企业的投资运营，这种效应还具有逆周期性和行业非对称性。

最后，经济政策的不可预测性导致了企业对宏观政策的反应方面达不到预期，进一步会影响宏观政策的效果（郭豫媚，2016）。从金融市场的角度来看，经济政策的不确定性会导致金融市场风险的上升，金融资产质量将持续下降。而金融资产的质量又与公司金融化正相关，金融资产质量的下降导致企业金融化程度被抑制。从投资的角度来看，经济政策的不确定性也会导致投资方的资金规模变小和利息率增加，对于企业而言，融资的难度增加也会抑制企业金融化程度。根据彭俞超（2018）的实证结果，根据区域经济和行业的不同区分，企业金融化会受到行业竞争水平和地区经济发展程度的影响，具体表现为行业竞争水平愈高，地区经济发展水平愈落后，企业金融化程度就越低。随着经济政策不确定性的提高，企业金融资产由短期投机性资产转向了长期稳定性资产。因此，彭俞超（2018）认为：经济政策不确定性会对企业金融化产生抑制作用的原因在于企业金融化在我国现阶段的主要动机是投机和投资，而非风险管理。并且，企业金融化会受到区域金融发展程度、行业竞争水平、市场成熟度等因素的影响。

第四节
企业金融化的影响

国外的理论研究发现企业金融化的影响包括了消极影响和积极影响。消极影响主要是从宏观层面的挤出效应出发，在房地产层面研究挤出效应的结果，发现企业金融化推动了房地产泡沫，而微观层面的挤出效应主要表现为影响了劳工的福利等。

一、关于企业金融化影响的国外研究

（一）有关消极影响的国外研究

随着越来越多的非金融企业转向企业金融化，这种行为从个体企业蔓

延到整体实体经济企业，其影响也从微观的个体企业层面延展到了对宏观行业、对整体国家经济政策和经济发展态势的影响。越来越多的学者开始研究企业金融化对宏观经济层面的各种影响。

1. 挤出效应

Orhangazi（2008）和 Demir（2009）首次提出，企业持有金融资产将会"挤出"甚至"取代"传统的固定资产投资。这种由于整个行业的金融化趋势，导致本该流向实体经济的资金流向金融行业的现象，被称为"挤出效应"。

Orhangazi（2008）通过对美国非金融企业的实体产业投资率和金融化程度的分析，得出金融化对实体产业投资有相当大的负面影响的结论。在进行投资选择时，企业经理会更倾向于投资回报率更高的金融活动而不是实体行业。这种金融投资资本取代实体经济的现象，被称为金融化的"挤出效应"。Lazonick（2010）发现公司金融化在微观层面对公司内部的创新行为产生影响，过度金融化会导致持续创新被挤出，但是适当的企业金融化可以促进持续创新，该研究表明可以从新的角度来理解企业金融化和创新的关系，以更好地帮助实体经济的发展。

Demir（2009）、Tori 和 Onaran（2016）分别利用阿根廷、墨西哥、土耳其和英国的非金融企业证明了"挤出效应"的存在。通过实证分析，全哲洙（2013）发现金融业务的平均利润率为22%，远远高于工业6.4%的平均利润率，纺织业的平均利润仅为4.7%。由于利润率差异使得大量资金从实体流入金融行业。徐等（Seo，2012）与艾克米克（Akkemik）和厄赞（Özen，2014）分别使用来自韩国和土耳其的数据证实了"挤出效应"，企业金融化加剧了实体经济投资的下降，并阻碍了经济增长。即在现有情况下，挤出效应是普遍存在的。

而在最近的研究里，巴拉达斯（Barradas，2017）认为金融化导致实体企业从实体投资转向金融投资，这也会进一步加剧金融支付的压力和限制了实体投资的可用资金,并且通过对葡萄牙1979年—2013年的实体经济企业的实证分析,验证了企业金融化通过盈利和负债两个渠道,在很大程度上阻碍了实体投资的数量。

2. 对房地产泡沫的影响

在挤出效应的基础上,企业对于金融化的追求,即资金从实体企业转向于金融的投资在房地产层面的反应也是学者的关注内容之一。对于企业而言,金融化的其中一种行为即是对房产进行投资。亚科维埃洛(Iacoviello,2005)和苗(Miao,2015)的研究表明,企业能够利用房地产市场繁荣发展和房产价格上升的经济优势,更好地从银行和信贷机构申请投资和获得融资。甘思(Gan,2007)和钱尼(Chaney,2012)的研究认为金融企业对于房地产的投资是对企业有利的。企业能够利用房地产进行抵押担保,一定程度上为企业的融资难、融资贵问题提供解决方案。

而企业对房地产投资的最终结果是:在房产市场行情上行阶段,企业投资存在着投机效应,企业会对房地产过度投资而减少其他生产部门的投资。布勒克(Bleck)和刘(Liu,2018)的研究表明:对于整个金融市场和经济环境来说,当房地产市场处在繁荣阶段,银行和其他投资机构的资金也会更多地流向房地产市场,银行等机构对于房地产公司的资金支持形成了正反馈效应。即银行等机构的资金加速了房地产价格的上升和房产泡沫的形成,这样的价格上升又形成正向反馈,使更多资金流向房产市场,最终形成了信贷挤出效应。企业金融化在一定程度上对房地产泡沫的形成也起到了推波助澜的作用。

3. 对劳工福利的影响

Alvarez(2015)认为企业金融化同时也会影响企业劳工的福利。通过使用2004年—2013年的非金融类公司数据,得到了法国公司的金融化和非金融部门收入分布的关系,Alvarez认为企业金融化发展会降低非金融企业对实体经济的投资，公司会降低员工的工资占比，并且会进一步削弱劳工对工资讨价还价的能力。最终，针对金融化的现象，Alvarez（2015）指出，只有技术的进步可以平衡这种企业金融化的不利影响。

（二）有关积极影响的国外研究

相关研究表明，在经济扩张期，银行会扩大信贷投放，而在经济收缩期，银行会减少放贷。金融体系的信贷扩张会顺周期进行，这种性质会使得本就受到融资约束的企业既无市场又无资金。

对于微观层面的实体企业而言，摩根（Morgan，2000）认为参与产融结合的企业能通过合作金融机构向外界传递积极的质量信号，提升其在信贷市场上的声誉，关系银行还可为其提供隐性担保，提高其信用评级。企业的金融化战略是实施资本参股银行或其他金融机构，而当公司拥有的银行股权达到一定比例时，它可以任命董事进入银行董事会，进而直接影响银行的信贷决策，或者更便利地了解相关政策要求，使企业更容易获得关联贷款。Charumlind（2006）等认为关联贷款可以维护市场环境，这样可以减少信息不对称，获得更优惠的关联贷款条件，增强政策执行效果。

除此之外，帕伦特（Parente）和普雷斯科特（Prescot，2000）、班纳吉（Banerjee）和迪弗洛（Duflo，2005）、雷斯图怡（Restuccia）和罗杰森（Rogerson，2008）认为企业金融化能够优化资源配置，使资金在各个企业之间通过市场作用更好地进行配置和提高使用效率。谢（Hsieh）和克列诺（Klenow，2009）认为由于银行本身的风险控制和投资偏好问题，银行更容易对传统企业、重资产企业进行投资，而中小企业则易于面临融资难、融资贵的困境。企业金融化可以通过各个企业之间的融资借贷行为，令资金更有效率地进行分配，其缓解了由于融资歧视导致的资源约束，提高了经济体的运行效率。但目前对这个观点仍然存在争议，由于风险聚集的作用，影子银行容易对风险进行放大和聚集，企业金融化可能会影响银行的风险管理，加剧系统化风险，但对非金融企业本身而言，金融化能够在一定程度上缓解企业的融资难问题，同时降低企业整体的经营风险。

根据 Demir(2009)的研究，企业金融化有助于分散非金融企业的风险，通过在金融市场上打造多元化的投资组合，企业可以在经济繁荣时获得高投资回报，在经济低迷时也能获得收益，从而更有效地规避风险，并且获得更高的经营利润。此外，通过多元化投资组合，企业可以对冲风险。例如，上游原材料成本和国际市场汇率的波动，也会对企业盈利产生重大影响。针对这种金融需求，采取套期保值、远期定价、远期合约等金融服务能够有效减少损失，规避长期风险。Gehringer(2013)认为企业金融化不但在微观层面上对实体企业的融资途径和融资成本提供了便利，使企业能够参与更多的生产投资，同时，也对整体的经济发展提供了积极的作用。

二、企业金融化影响的国内研究

（一）关于企业金融化消极影响的国内研究

在早期对于产融结合的研究中，姚宏高（1994）在当时的经济环境下提出产融结合可能会带来融资的歧视，并进一步影响市场经济的公平，进而会影响整个银行的宏观调控水平和国家宏观政策的实施，此外，还可能会带来信用膨胀的问题。

张文中（2004）也对企业金融化展开了初步研究，他通过对不同企业金融化动机进行区分，研究了不同动机导致的其对金融业的影响效应。研究发现与企业金融化伴生的投机需求会引起金融泡沫和市场风险。而企业金融化如果采用企业资本参股的方式，则会导致企业资本对金融机构职能发挥的阻碍等结果。

自 2008 年金融危机之后，影子银行在全球市场中占据了重要的位置，这一问题已被学界和业界广泛关注。影子银行指的是不受银行业监管限制的金融部门进行信贷活动的行为。一些便于获得贷款和融资的企业会对其他中小型企业进行贷款，而大量的贷款公司的出现就形成了影子银行体系。

巴曙松（2009）发表的论文提出了影子银行会聚集系统性风险这一问题。影子银行是进行次级贷款的主要途径，并且金融系统的关联和影子银行之间的交互作用会进一步加剧系统性风险的威胁。胡进（2012）和徐军辉（2013）认为非金融企业在影子银行活动中同时充当"融资者"和"投资者"的身份，从而导致影子银行金融风险积聚。由于我国的融资歧视问题，大中型企业更容易获得投资，因此可以作为投资者参与中小企业的融资运作。面临融资困境的中小企业也可以充当贷款人，从包括贷款公司在内的影子银行获得贷款。王永钦（2015）认为：基于影子银行的风险积累，企业金融化的持续发展将导致影子银行规模的持续扩张，从而积累更大的金融风险，并侵蚀金融体系，降低金融稳定性。

李建军和胡凤云（2013）进一步发现，金融化在影子银行的作用下引发了企业融资成本的上升，加重了企业的债务负担。两位学者通过实证研究得到，影子市场的平均融资成本为18.28%，而40.6%的样本企业依赖影子信贷融资。实际上，企业作为"实体中介"的资金提供者，可以依靠自身的融资优势，以低利率获得银行信贷，或者凭借良好的信誉从资本市场融资。在获得资金后，企业利用影子银行系统将资金贷给有需要的企业，以分享资本收益，但是这样会使得社会的融资成本大幅提升，从而损害到整个社会的福利水平。刘珺（2014）等学者认为：影子银行的利率已经高达新兴企业的资产收益率，直接导致了新兴企业较高的融资成本。用"融资贵"代替"融资难"，可能会在较短时间内减缓企业的财务困境，但从长远来看会增加企业的债务负担。

而随着企业金融化的深入发展，金融化对微观层面的影响已经逐渐累积为对整个行业的影响。根据国外对挤出效应的研究，我国学者也对挤出效应进行了探讨。在对房地产行业的影响方面，张成思（2014）针对中国市场的企业金融化和房地产市场之间关系的研究也发现了和国外同样的结论，企业金融化将助长房地产价格泡沫。首先，根据资本密集度、市场杠杆率、资产流动性、价格波动和过程稳定性等指标，房地产本身可以归类为高度金融化的商品。因此，企业房地产投资是企业的一种金融化行为。该研究进一步证实了企业金融化中普遍存在的房地产投资问题，并最终推动了房地产泡沫的形成这一结论。

张成思和张步昙（2016）基于对2006年—2014年我国上市公司样本，进行实证分析后得到以下结论：一是由于企业金融化的不断深入，企业在"挤出效应"的影响下，会减少对于实体生产的投资。二是企业金融化削弱了货币政策对实体经济的积极影响，并且这种弱化效应随着金融化程度的提升而增强。

许罡和朱卫东（2017）基于个体企业的业绩创新层面，指出企业金融化同样会对企业的创新研发产生挤出效应，并且长期金融投资相比较短期会对企业的创新造成更显著的挤出后果。许志勇等（2020）的研究发现，金融化降低了企业风险承担水平，并且随着市场成熟度的提高，企业金融化对企业风险承担的负面影响会逐渐减小。

（二）关于企业金融化积极影响的国内研究

许天信（2003）认为采取产融结合形式的企业，会与合作的金融机构有一致的利益导向，通过降低金融机构和企业的信用风险、违约风险，可以进一步减少融资行为中的风险，从而减少交易费用。许天信（2003）认为，贷款的收益率与安全性是金融机构最看重的部分，而融资的成本与成果则是其他企业最为关心的方面。因此对于企业而言，与银行等金融组织进行交易，存在着交易费用，其中包括谈判费用（为融资需要与银行等金融机构进行协商等产生的谈判费用）、信用风险（由于利益冲突或者投机主义的影响，金融机构会对企业断供）等。对于金融机构而言，交易费用则涉及了经营风险和信用风险。金融机构可能会因为企业的经营问题和违约、欺诈等行为承担风险，遭受无法收回投资本金利息的损失。此外还有企业违约后的成本问题。由于金融机构难以在企业破产或蓄意欺诈之后追回本息，即使通过担保或者赢得诉讼，都需要金融机构本身承担很大的追回成本，所以企业违约造成的成本也是金融机构与企业之间借贷活动存在的交易费用。

张文（2008）认为从宏观角度看，产融结合可以减少信息不对称性，减少交易成本，提高企业的信用水平，从而提高实体经济的效益和效率。产融结合也可通过增加市场交易的货币使用量和提高货币周转速度来提高货币化比率和经济的货币化水平，从而提高社会的储蓄转化率和资源使用率。

万良勇等（2015）通过实证进一步证明，在控制其他因素的情况下，参股银行的公司所面临的融资约束程度远低于没有参股银行的公司，参股银行可以有效缓解上市公司的资金限制。研究表明，这种由于参股银行而带来的融资约束缓解现象，在非国有企业和小规模企业中表现得更为明显，在市场竞争较为激烈的企业中也经常出现。在货币政策收紧期间和金融不发达地区，这种由于参股银行而缓解融资约束的效果也被明显放大，这也阐明了银企结合缓解融资限制的实现机制与途径。由于中国金融市场的不成熟和不完善，资金短缺问题在中国新兴企业中更为普遍。总体来讲，企业可以通过与银行合作的产融结合形式，提高信贷可得性，缓解企业的资金压力。

第三章

企业金融化的缘起与发展模式

【本章小结】

企业金融化的缘起与发展模式呈现出多元化的特点。本章第一节阐述了企业金融化的起源和发展模式。第二节将国内外企业金融化的发展历程归结为融合—分离—融合的过程。第三节介绍了一种典型的企业金融化模式。第四节列举了我国多家企业金融化实践中的典型模式。第五节对新兴资产金融化的发展进行了展望。

第一节 企业金融化的起源和发展模式

企业金融化源于发达国家企业集团的规模化发展:一方面,企业集团在产业链上下游交易过程中,产生了旺盛的金融需求,这些需求通过外部金融机构难以高效解决;另一方面,自有资金的限制也使得企业很难实现快速扩张和多元化经营,企业内部资金也在寻求投资渠道,来平衡风险收益,优化资产结构。在种种因素下,大型企业集团开始涉足金融业务,在支持核心业务发展的基础上,不断拓展相关领域的金融业务,以企业里的产业资本增信金融资本,又用金融资本反过来哺育核心产业的发展,产资本和金融资本得以实现在业务和财务上的协同优势，金融服务逐渐成为传统实业的利润增长亮点。

企业金融化具有明显的跨期资本配置特征，可以显著提高企业的现金流量，减少未来现金流的不确定性，缓解未来的融资约束，增加研发资金的投入从而有效提升企业的创新能力，是企业实现多元化经营、产业跨界升级转型、互联网工厂的有效途径，不仅有助于降低中间交易费用和扩展融资渠道，也有助于实现规模经济效应和协同效应。世界500强企业中，有80%以上都成功地实施了企业金融化的经营策略，在我国资本市场日趋完善的大背景下，我国也有更多的大型企业积极进行由实体产业到金融产业的运营转化（如房地产金融、汽车金融和互联网金融等），企业金融化已经成为优化营运资金管理、提升营运资金管理绩效的必由之路。

从全球进行金融化的普遍企业案例来看，企业金融化是产融结合形式中"由产及融"的进一步演变。"由产而融"是指产业资本通过参股、直接投资等方式进入金融业的企业集团发展模式。通用电气公司（GE）是该模式下最具代表性的企业。而与之相对应的"由融及产"，是指金融机构通过参股、直接投资等方式进入生产领域的企业集团发展方式，在该模式下最具代表性的是美国摩根财团（Morgan Financial Group）。

企业金融化的发展路径主要围绕两个协同效应展开，即经营协同与财务协同。经营协同包括规模经济和范围经济，增值优势来源于产业支持下的金融业务经营成本的降低，例如美国卡特彼勒（Caterpillar，CAT）的"设备制造+设备金融"模式降低了违约成本，美国联合包裹运送服务公司（United Parcel Service，UPS）所采用的"物流+供应链金融"模式，降低了信用风险控制成本，沃尔玛（Walmart）的"零售+消费信贷"模式节约了营销与管理成本；金融协同（又称财务协同）的增值收益，则是通过企业金融化后的稳定现金流所节约的资金成本来获得的。金融服务可以借助包括公司债券、应收账款融资、应付账款融资等在内的金融工具，在金融市场上开展具有成本效益的金融业务，为参与者提融资、交易结算等业务，帮助企业实体合作伙伴及其自身获得低成本的运营资金。

从我国目前的实践经验来看，虽然我国市场中各种形态的资金越来越具有资本特征，也形成了少数颇具实力的金融机构。但从总体上来看，我国金融业的发展滞后于产业资本的发展，我国多层次资本结构还不够成熟，直接融资市场制度仍需完善，金融市场的这些特点也决定了在我国产业资本才是企业进行产融结合实践的主体。从金融机构的角度，作为间接融资的主体，银行受到《中华人民共和国商业银行法》的限制不能进行分业经营，目前我国大型集团企业的发展方向主要集中在产业集团向金融领域的主动型投资。

第二节　国内外企业金融化的发展历程：融合—分离—融合

一、国外企业金融化发展历程

19世纪末，欧美国家建立了以自由竞争思想为发展导向的市场经济制度，政府对企业和金融机构之间的跨业经营和相互持股活动不做限制。在当时的经济环境下，产业的整合运作依赖于银行等金融机构，一批以摩根（Morgan）为代表的从金融转向实体经济投资的企业集团逐渐形成，如美国的洛克菲勒、花旗、杜邦，还有日本的三井、三菱等。

但是这种高度金融化也产生了经济泡沫，经济体稳定性大大降低，直接导致了20世纪30年代的大萧条。基于这种情况，美国制定了一系列法律法规，对金融机构与实体企业之间的市场准入、相互持股、投资等行为进行严格限制，金融业竞相投资实体企业的发展势头遭到遏制。与此同时，以通用电气（GE）为代表的"由产到融"模式则开始起步，产业集团开始尝试金融化，在集团内部成立金融部门甚至金融公司。这些创办于企业内部的金融公司不仅赋予了内部财务管理职能，负责企业内部的资金周转，而且像金融机构一样开始吸纳资金，提供各种金融服务。

1980年以来，以美国为代表的西方国家放松金融管制，混业经营模式又开始盛行，金融资本重新进入产业资本，以收购企业为目的发行垃圾债券。20世纪90年代后，市场竞争的激烈与并购的增加，使得美国较大规模的公司都开始进行金融投资，"由产而融"的现象愈演愈烈。这种现象持续到2008年金融危机的爆发，部分产业集团才开始从金融业务中收缩、撤离、回归主业。

二、 国内企业金融化发展历程

我国大型企业的企业金融化实践根源于政府发展大型企业集团的宏观战略，企业金融化在20多年内逐步蓬勃发展，1987年5月东风汽车工业财务公司的成立被认为是中国企业开始金融化的标志性事件，1992年首都钢铁公司成立的华夏银行，昭示着企业集团投资于金融行业，也即企业金融化的实践正式拉开了帷幕。

从1980年—1990年初，这一段时间被视为国内企业金融化的起步阶段。在该阶段，60多个企业集团依托发展大型企业集团计划的政策背景，在集团内部发展了非银行金融机构——财务公司，利用财务公司从事信托、租赁、证券等金融业务。该阶段企业金融化的首要动因是资本扩张，表现为工商企业在金融企业中的持股比例逐渐增加。

在20世纪90年代中期，企业金融化进入了治理阶段。金融业涌入了大量金融资本，造成了严重混乱，在规则不明确的环境下滋生了大量非法勾当，危害到经济体的稳定。1994年国家颁布了《关于向金融机构投资入股的暂行规定》，对投资于金融领域的企业资质和持股方式等进行了规定，遏制了产业资本的参股热情。在这个阶段，企业投资金融最显著的特点是，在法律规章制度尚不规范、不明确的环境下，实体企业是为了追求金融资本的高额利润，而盲目进入金融行业。

1990年代末至2003年，我国企业金融化开始了曲折发展期。在这个阶段，我国资本市场逐渐完善，各项政策日臻成熟，上海证券交易所与深圳证券交易所于1990年末先后成立。具有资本野心的企业开始涉足资本市场，企业的资金开始大规模流向金融领域。多元化经营需求是现阶段企业金融化的主要动力，海尔、新希望等企业实现了快速增长。与此同时，投资风险开始显现，2003年下半年开始，德隆、复星等借助投资金融而快速成长的企业集团，面临一系列严重危机。

随着资本市场和制度框架的日益成熟，中国的企业金融化发展在2004年后进入蓬勃发展期，引发新一轮通过产业布局投资金融的热潮。在现阶段，企业集团在巩固原有金融产业布局的基础上，也通过各种金融运作，包括参股、控股等加入证券、银行、保险公司等金融机构。目前，针对在金融业的布局大小，我国已经形成三类不同发展模式的企业：第一类是以金融为主业的企业集团，如中信集团、光大集团等；第二类是以实业经营为主业的国有企业集团，如招商局、海尔、红塔、中粮等集团公司；第三类是以实业经营为主业的民营企业集团，如东方集团、泛海集团、万向集团、新希望集团等。

第三节
以GE为代表的美国企业金融化模式

通用电气（GE）作为全球最大、功能最齐全的多元化服务性公司之一，在全世界100多个国家都有业务开展，实体产业领域涉及能源、设备制造、高新材料、基础设施、医疗等实体产业，金融服务领域则涉及消费金融、商业金融、保险等金融服务产业。GE的企业金融化实践始于20世纪30年代初，是许多欧美乃至中国企业实施企业金融化的模板，是研究国外企业进行金融化实践的典型案例。

GE对于开展金融业务的总体设想是：采用"产业组合+综合银行"的

模式，在制造业产生的巨额现金流基础上，与金融创新结合起来。GE 金融以大规模的并购和金融运作支撑着 GE 的高增长，在集团中的地位不断提升。2000 年，GE 金融收入与净利润的比重已经达到 51% 和 41%，资产达 3700 亿美元，如果将其从 GE 的业务中剥离出去，其市值及规模将在美国银行中位列前十。

一、GE 金融业务发展历程

GE 金融业务前后 20 多年经历了从起步到壮大再到衰退的过程，服务范围也从对内服务发展到对外服务为主，再回归到对内服务。

GE 的前身是爱迪生电力照明公司（Edison Electric Light Company），GE 历史悠久，早在 1896 年道琼斯工业指数榜成立的时候，通用电气公司就是其名单上的 12 家公司之一，也是唯一一家留下来的公司。GE 早期金融活动始于 1905 年开始的零星商业信贷，1933 年为应对大萧条，GE 进入消费信贷服务市场，目的是以分期付款的形式协助经销商推广 GE 的冰箱、电炉等电器产品。1960 年后，银行等纷纷推出分期付款业务使得 GE 金融业务面临巨大压力，将经营范围扩大到设备租赁。20 世纪 70 年代后期，通用电气的金融业务扩展到住房制造、工业贷款和个人信用卡融资，呈现出更加多元化的发展趋势。GE 金融从辅助销售集团产品的服务定位，逐步转向提供专业化的金融服务，并成立了一家独立的金融公司，但规模仍然不大，业务范畴还是集中在辅助集团内部实体业务部门方面。

20 世纪 80 年代后，美国金融管制放松，GE 进入高速发展期，1981 年韦尔奇接任 CEO 后，通过支持企业收购兼并，GE 金融实现了飞速发展，金融业务重视度大大提高，成为 GE 的主营业务，定位也由最初的为母公司辅助提供消费信贷业务，逐步转化为利润到导向的投资活动，90 年代后，则由以制造业为主导的经济变为以服务业为主体的经济，金融服务集团也细分为商务融资集团、消费者金融服务集团、设备管理集团和保险集团。

到 2001 年新任董事杰弗里·伊梅尔特（Jeffrey R. Immelt）掌权时，

通用电气已经从注重内部增长和技术创新的实体企业，转变为相当成熟的、财务驱动的、注重短期利润的多元化公司。与以往的高管不同，Immelt 认为创新和技术才是公司创造力的核心。他扩大了研发支出，并保留了前任杰克·韦尔奇（Jack Welch）的多项发展计划如 GE 金融的持续扩张等，将 GE 的金融业务全部转到通用电气金融服务公司（GE Capital Service Inc., GECS）。在金融危机到来之前，GE 金融的营业利润占集团总营业利润的一半以上，通用电气的金融业务主要分为商业贷款与租赁、能源、航空、消费金融和房地产 5 个板块，GE 企业金融化最明显的标志是，与 GE 核心业务联系不紧密的消费金融（GE Money）和房地产（Real Estate）等板块，开始在公司收入中占据越来越大的份额。据统计，2007 年，消费金融和房地产合计占 GE 金融总收入的 48%，GE 金融总利润的 30%。

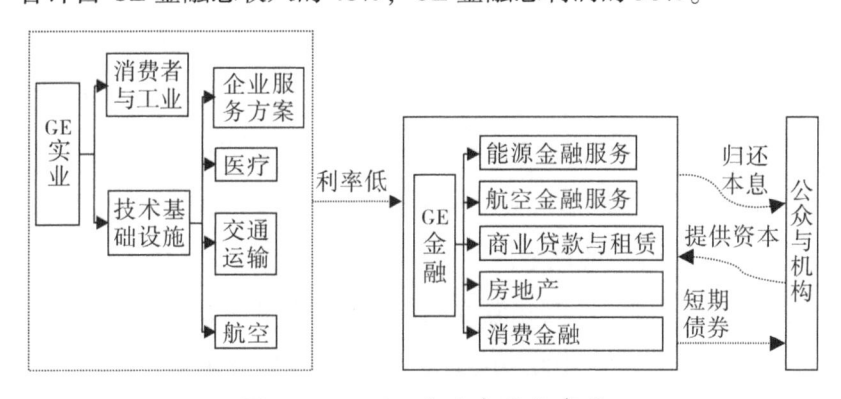

图 3-3-1　GE 企业金融化布局

2008 年金融危机爆发后，GE Capital 的商业地产、消费信贷等业务都暴露出过大的商业风险，金融业务盈利拉低了 GE 当年盈利的 15%。在此背景下，为减轻金融危机的负面影响，GE 在 2008 年对其业务进行了重组，主要措施包括整合金融业务，将分布于其他业务板块的金融业务整合为单一的资本金融板块。与此同时，GE 金融进行了战略调整，通过收购美林资本公司、花旗集团北美商业贷款和租赁公司的大部分业务，出售日本、德国、爱尔兰和芬兰等国价值 900 亿美金的部分业务，使 GE 金融只在具有核心竞争力的租赁和借贷业务、银行业务领域发展，将金融业务的利润贡献控制在30%左右，并开始重返金融对内服务之路，将资本从低回报的金融服务业务转到高回报的GE工业业务。

二、GE发展经验

GE金融因为其成立背景，在一开始就有强大的资金来源，观看其发展历程，其崛起也主要得益于GE主营产业的支持下，才能获得高信用评级和低成本资金，这就使得GE金融具有比花旗、汇丰等百年银行巨头更大的成本优势。在金融杠杆的作用下，几个百分点的资金成本优势呈十几倍甚至几十倍的放大，这也是GE金融的核心竞争力。

在这种产业主导的背景下，GE的企业金融化具有以下的特征：第一，为支撑产业开展金融服务。GE金融服务业务起源于服务内部产业，在很长一段时间内也是作为GE制造业的衍生领域而存在的。20世纪80年代后期，增值驱动力逐步转移到下游服务和融资活动上。GE在该时期也提出了"全套解决方案"的口号，将多种产品与服务尤其是金融服务进行连带销售，在这种捆绑组合下，金融增值潜力被传输到GE产业的各个环节。第二，GE的产业板块始终以稳定的现金流对GE的金融业务提供支持，在发展后期，GE金融逐步脱离产业，呈现出独立的金融发展趋势，在财务上展示对现金流消耗巨大。以2004年—2007年为例，这三年年均资金缺口为200亿美元。而与之相反，GE产业部门年均保持140亿美元的自由现金流，这些现金大多进入了GE金融的现金池。此外，GE还将富余的经营现金用于购买GE金融的短期商业票据，这也是GE金融短期融资的最主要工具。

第四节
国内企业金融化实践中的典型模式

随着我国经济进入高质量发展阶段，企业金融化成为现代企业做大做强、实现全球化等企业战略的重要方法。这些企业中，有最早开始企业金融化实践的民企先驱"德隆"，有曾经辉煌无限的巨无霸企业"海航"，也有能源央企领头兵"中石油"等。接下来本文选取在各行业如能源、服务、地产、医药、航天等，进行过或者正在进行企业金融化实践的代表性公司进行模式案例分析。

一、德隆：国内企业金融化的"先烈"

靠彩扩业务掘得第一桶金的德隆集团是曾经中国金融市场上不可忽视的角色。从一开始收购多家上市公司、进行产融结合，收购参股进入多家金融公司，到最后股价大跌、掌舵人入狱而倒闭，德隆集团是中国企业金融化进展中的代表性案例。在最辉煌的时候，德隆构建了庞大的产业帝国和金融帝国，产业横跨"红色产业"（番茄酱）、"白色产业"（棉花及乳业）、"灰色产业"和"黑色产业"（汽车制造和机电业），资产高达222亿元，足迹遍布新疆、上海、北京、深圳等地，"德隆"似乎成了无所不能的代名词。德隆存续期间短短12年，最终以掌舵人入狱，集团各项业务被收购为终结，成为中国产融结合的"先烈"。

（一）德隆发展历程

1992年德隆成立，开始进入产业整合阶段，最开始从事工商业和农业经营；1995年—1997年，德隆确定了从"做企业"到"做产业"的发展转变，在这几年，德隆先后控股三家上市公司："新疆屯河""沈阳合金"和"湘火炬"，这也成为德隆的"三驾马车"，助力德隆实现企业并购。德隆在之后陆续进入水泥、番茄酱、电动工具、草地园林机械、清洗机械生产、中兴卡车生产、军用越野车生产等众多领域。

1999年，德隆开始进军金融，聘请罗兰贝格（Roland Berger），逐步构建企业金融化的发展生态，确定"以资本运作为纽带，以产业整合为核心"的金融发展战略。1997年起，德隆先后通过收购参股进入证券、保险、信托、银行、租赁等各金融行业。2000年1月德隆以5亿的注册资本在上海成立德隆国际战略投资有限公司，并且随之控股新疆德隆集团。在这两家公司的加持下，德隆形成了权责清晰的金融组织结构，德隆国际成为类金融机构投资者，专注于外部投资；新疆德隆集团则专注于企业内部资产整合，管理各类子公司。2000年，德隆成立按照国际标准搭建的金融控股管理平台"友联管理研究中心"，负责投行业务，组建一支由"经济研究所"掌控的掌舵人亲自主抓的委托理财队伍，其方向是"在中国现有的环境下，探索出不违法、不违规的金融混业经营模式，为中国企业提供新的、更加高级的金融服务"，目标是"培育一个中国的摩根士丹利"。此后德隆利用种种金融手段搅动大半个中国产业，一度成为"德隆金融帝国"，鼎盛时期德隆资产达到222亿。

然而，德隆在实施大规模并购的过程中，规模过大导致了资金链断裂，德隆此时已经有财务危机的苗头，再加上德隆没有GE那样可以支撑并购的主业，产业政策和发展导向都不清晰。2001年4月郎咸平发布了《德隆系：中国独特的"类家族企业"敛财模式》，文章指出德隆会以"控制性股东"的身份"操控市场"，通过"湘火炬"等股价的上涨获取暴利。金融机构和监管部门对德隆提高警惕，德隆融资渠道缩窄，随后股市进入"熊市"，德隆金融机构回购股票，消耗巨大资金成本，资金筹措环境进一步恶化。在2004年，德隆资金链断裂的消息被财经杂志报道出来，无数媒体竞相转载，德隆信任危机加速。银监会开始转达关于德隆存在巨大不良贷款的风险隐患，各级银行闻风收缩，德隆旗下任何一家企业再也没有获得一分钱贷款，股票价格加速下跌，德隆系崩盘，最终掌舵人入狱。

(二) 德隆发展经验

德隆在整合不同产业的同时，也积极参与资产证券化，开发不同类型的金融产品并将其投向融资市场。德隆控股的企业集团大致可分为四类：上市公司（湘火炬、合金投资、天山股份和屯河投资）、金融机构（含三家信托、两家融资租赁、三家证券公司）、非上市产业公司和投资平台企业，德隆由此形成了产业与金融的双翼模式。德隆用先进的管理手段和资本运作方式，将不同类型的企业进行整合，获取超额收益，取得了惊人的发展。德隆在对公司的投资上，选择了不同的产业发展方式：在投资非上市公司时，主要以公开募股（IPO）融资为导向采取行业整合的形式，成功上市后再引入一系列融资和扩股策略，如果 IPO 融资不可行，则置换到当前版图里的上市公司，作为增资扩股融资的助力；而在投资上市公司时，可以整合企业，输出产业发展战略，进而提升产业价值。

德隆金融机构包括证券公司、保险公司、信托公司、商业银行、金融租赁公司、投行及类金融控股公司以及研发机构，形成深层次的金融网络体系。作为探索"产融结合"的先驱，德隆与现在中国企业重视金融化的大环境密不可分，德隆也许是极少数领悟到产融结合真谛的中国企业。尽管是失败案例，但德隆企业金融化的实践仍是许多中国企业选择性借鉴历史性标杆。

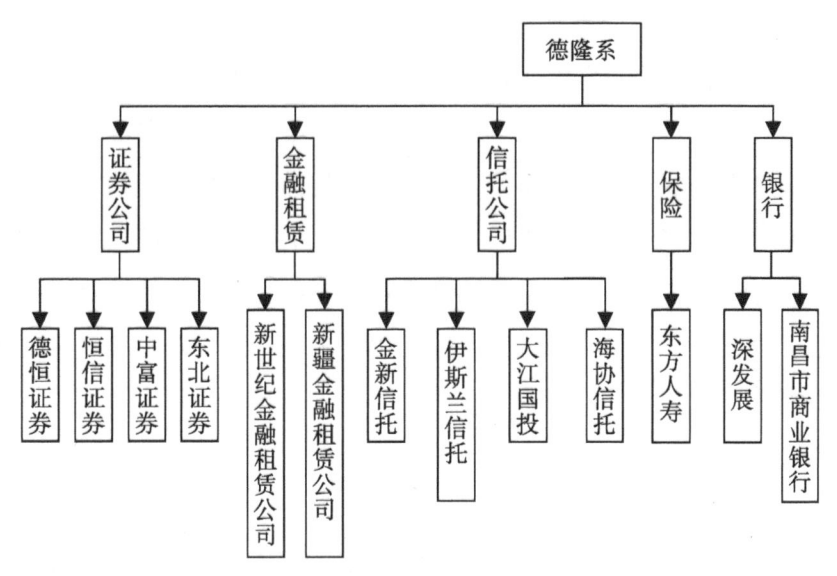

图 3-4-1 德隆金融体系

德隆的教训有很多，比如在产业的布局上是遍地开花的布局，整合步子太快，并没有在集团内部形成互动和协同，没有形成良性现金流；有

"短融长投"等错误操作，体现在投融资结构和节奏安排不当，同时银行贷款额度高（200亿—300亿元）且大多数采取高风险的担保方式获得，将大量的贷款挪作股权认购，导致后期贷款难的困境，最终引发资金链断裂，使得整个集团崩盘。在德隆的失败教训中，不可忽视的还有民营企业的先天局限性，体现在对宏观政策面的把握不足、资金出现危机后难以得到政府的充分救助，以及在工商联、银监会等政府机构表示支持自救的情况下未能很好地把握住机会等。

二、华润：多行业整合的金融化"先驱"

华润的前身是于1938年在香港成立的"联和行"，作为一家在香港注册的多元控股集团，2003年华润成为归属国资委管理的央企。华润集团的业务从最初的代理贸易为主，历经向自营贸易转型，再经过不断的经营发展实践，转向多元化经营，形成当下的"集团多元化、利润中心专业化"的业务格局。华润当下的业务布局，已经涉足七大产业，囊括以啤酒饮料为代表的消费品零售、电力、地产、水泥、燃气、医药、金融等与中国人衣食住行息息相关的七大板块，被称为"七彩华润"。华润用产品与服务与大众发生紧密联系，有许多国人耳熟能详的品牌，如华润怡宝、雪花啤酒、华润万家、华润置地、华润燃气等。华润基于多元化的产业基础，着力发展金融业务，借助银行把终端客户资金集中起来，为华润旗下行业及客户提供金融支持或信贷服务，并通过企业金融化的实践，最终实现七大板块的战略协同。

（一）华润发展脉络

华润集团可追溯至1938年，中国共产党为了方便采购抗战物资，在香港成立了"联和行"。1948年"联和行"作为新中国与世界进行贸易沟通的首座桥梁，被改组为"华润公司"，蕴含"中华大地，雨露滋润"的寓意，自成立伊始就带有官方背景。20世纪50年代缓解内地粮食危机，60

年代开行三趟快车保证香港民生，70年代救助香港石油危机，80年代促进内地与香港经贸交流，这些耳熟能详的历史都有华润集团的参与。

1978年改革开放后，华润首创"三来一补"模式并在大陆广泛推广，随后华润在20世纪80年代开始由代理贸易向自营贸易转型，并开始投资零售、房地产、电力、基础设施等领域，借此发展中长线投资项目，向着实业多元化转型。1992年，华润旗下公司华润创业在香港上市，开创了中资企业进军资本市场的先河，20世纪90年代中后期华润旗下五丰行、北京华润置地、励致国际等企业先后成功上市。在这个阶段，华润作为中国企业的代表，积极开展和国际资本的接触，借助资本市场的力量发展壮大。

2001年，在贸易业务优势不断减弱的情况下，华润董事长审时度势地开始了"进军内地，五年再造一个新华润"的战略转型，通过大规模并购的形式，形成了房地产、啤酒、零售等产业的内地布局，华润掌门人也因此被誉为财技过人的"红色摩根"。自2001年—2004年末华润掌门人赴中粮集团任董事长前，华润的资产规模、营业额、经营利润都上升了两倍，目标已全面实现。2006年10月，华润斥资17.4亿元获深圳国际信托投资有限公司（简称"深国投"）51%的股份。2008年12月将"深国投"更名为"华润深国投信托"。国信证券之外，华润深国投信托还持股51%投资了华润元大基金。随后华润深国投信托频繁活跃在信托和基金市场，并参与四川灾后重建等政府基建工程，业务规模高速扩张。

华润集团在2009年2月，花费共计25亿元，以75%的股份比例成功控股珠海银行。成立于1996年的珠海银行，是珠海唯一一家由当地政府控股的银行，发展潜力巨大。2011年4月，华润将珠海银行更名为珠海华润银行，开始真正催生华润以银行为核心的打造金融服务平台的战略布局。2012年9月，华润银行"e润通"产品上线，并于当天完成了首笔"e润通"全流程受理业务，依据华润零售所提供的应收账款和货款等信息，"e润通"对信息进行整理后，对供应商提供应收账款融资、应收账款贷款池和订单融资等，对零售业租户提供业主贷，对建店工程项目提供保付通、保函等电子供应链融资业务。该电子供应链融资方案实现了华润万家、供应商、华润银行的三赢局面。

除信托和银行两大主力之外,华润金融平台还有一部分投资和资产管理业务,该部分业务是由华润的企业发展部转型而来。早期,这一部门专注于投资业务,投资领域涵盖能源、地产、酒店、电力和工业制造等,遍布中国香港、澳门、中国内地及泰国、印尼、加拿大、法国等地区和国家,为今日华润集团的整体格局打下了坚实的基础。其中华润金融控股有限公司于2009年11月正式成立,作为战略业务单元对集团旗下全融资产进行整合与管理。2014年,华润保险顾问有限公司、华润租赁有限公司并入华润金融控股有限公司。

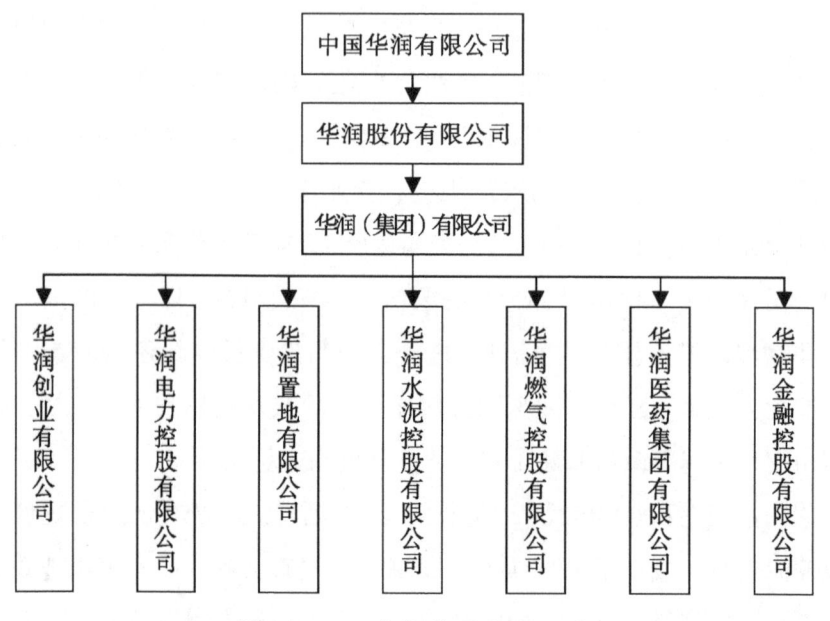

图 3-4-2 华润集团上市公司

（二）华润发展经验

作为一家多元化企业集团,华润除了金融板块之外的六大行业,为金融板块提供了庞大的财务资源,而这些财务资源的背后又是庞大的客户资源,所以客户资源及财务资源是华润发展金融业务的最大的优势。华润集团将多元化实体经济作为发展金融的背景依托，在"利润最大化"的发展导向下，对资源进行协同配置，打造集团层面的金融平台。在华润企业金融化实践中，始终践行"以实业支撑金融，以金融服务实业"的资金运作导向，把发展金融平台作为集团未来的运营方向，助力集团的整体上市。

在奠定金融格局的道路上，公司总体发展思路与德隆是一致的，即通过并购实现产业整合，进而使企业成为行业领导者。而华润金融业务的有序扩张起源于华润先后入主的深国投信托和珠海银行，再注入原有的投资、资产管理及私募业务，形成了今日的华润金融格局。简言之，在金融平台的运作下，把华润集团过渡成控股平台，除了正常的利润之外，金融平台还会通过提供金融服务实现资本增值。

三、海航：里程碑式的"现代服务业综合运营商"

在A股市场，海航集团是讨论企业金融化的经典样板，海南航空自1990年组建起，从"连一个飞机翅膀都买不起"的1000万元起家的航空公司，到成为中国航空业排名前四，并跻身世界500强的国际化金融控股集团，只用了二十几年。海航在实现航空业务的初步拓展后，通过一系列的资本运作和融资实现了快速发展，通过收购进入了旅游、商业、金融、房地产、酒店等多个产业，打破了传统航空企业的经营现状，成为国际巨型企业集团。但面对短债长投导致的偿付压力以及突如其来的新冠疫情，这家全球资产最大买家之一的"巨无霸"于2021年1月破产重整，也直接成为中国历史上最大规模的破产案例，是中国金融历史上里程碑式的事件。

（一）海航发展历程

破产重整之前的海航也并非一帆风顺，在其发展中经历了多次生死危机，但也正是这些危险中的机遇让海航从一家航空公司，快速成长为集航空旅游、现代物流、现代金融服务三大产业链条为一体的国际金融控股集团。

1989年，海南省航空公司在海南省挂牌成立，自1992年国企股份制改革开启后，海航通过各种方法筹集资金进行股份制改造，1993年5月海南省航空公司正式开航运营，1997年6月A股上市，2000年1月海航集团有限公司正式成立并实体运作，但就在同年7月，海航遭遇了第一次大危机，中国民用航空总局开始部署以国航、南航、东航三巨头为中心的重组计划，令当时业务布局集中在海南地区的海航，有随时被吞并的压力。在压力的刺激下，海航选择抢先做大自己，采取"融资、重组、再融资"的方针，通过并购或重组的形式，控股新华航空、山西航空、长安航空、金鹿公务机等8家公司，并开始通过并购、整合等方式涉足信托、证券等金融行业。在这次危机中，海航从一家区域性的航空公司，成长为面向全国，业务遍布多领域的航空公司。

在2003年的"非典"影响下，由于人们受疫情影响，大大减少了出行次数，海南航空现金流出现亏损至10亿余元，海航开始经历第二次大危机。认识到航空业现金流敏感度高、利润率低的缺点，极易陷入经营不稳定状态，海航开始围绕航空主业进行上下游产业链延伸。2003年收购"西安民生"，开启了海航收购商业零售类公司的先河，商业零售业除原有航空旅游业务的关联性之外，还具有自身周期性弱、现金流稳定的特点，对整个集团发展起到平衡的作用。在2007年组建了海航资本这一金融领域的公司，开始了与保险、证券、银行等传统金融行业的合作，至此，海航贯彻这一理念，开始了组建跨产业金融控股集团之路。

2008年前后的次贷危机，开启了海航的第三次转型，海航海外收购步伐开始大举加快。海航系触角早在2008年以前就已开始伸向全球，随着次贷危机的加深，2007年，海航收购比利时Sode、Edipras、Data Wavre酒店；2008年以700万美元收购土耳其ACT货运航空公司，成为中国民航"走出去"的里程碑事件。2015年前后，海航成为全球最激进和最令人瞩目的国际买家，踏上了"以多方融资为支撑、以快速并购为主要手段的"多元化战略扩张之路，先后控股英迈（Ingram Micro）、希尔顿酒店（Hilton）和德意志银行（Deutsche Bank）等名企，海航的总资产也在这段时期内暴涨，从2015年年末的4000多亿元到2017年年末的1.3万亿元。回顾海航在这个时期的并购策略，可以看出其并购主要围绕海航的主业，也就是航空、酒店和旅游等领域展开，并充分利用了次贷危机中海外资产贬值的机遇。酒店收购除了与航空业的互补效应外，加强具升值潜力的资产储备可能也是其重要目的。而旅游资产的收购，可整合海航集团航空、旅游的丰富资源，提供覆盖"吃、住、行、游、购、娱"旅游6大要素的综合服务。

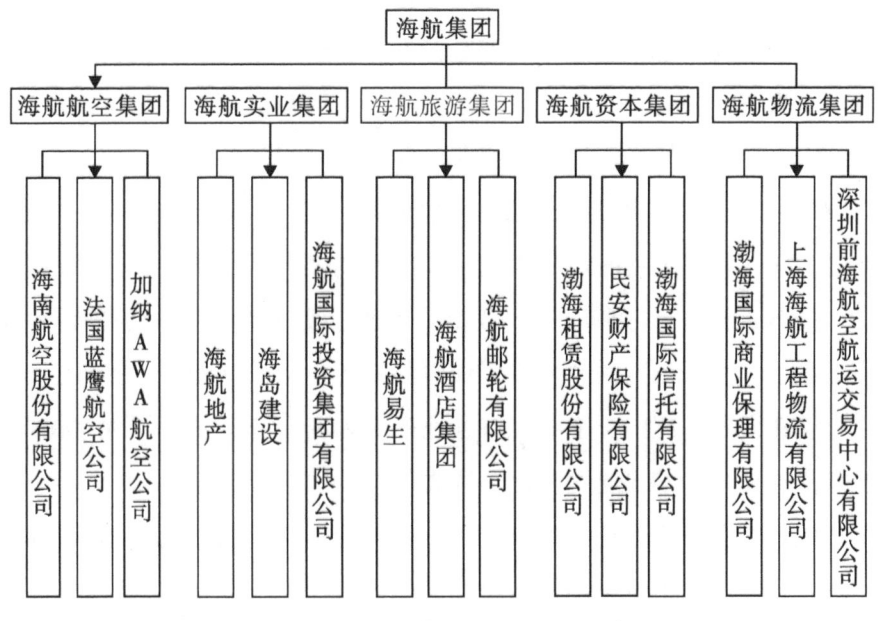

图 3-4-3　海航集团企业金融化布局

海航集团在金融领域的发展也风生水起，在海航的巅峰时期，旗下有10家A股上市公司和6家港股公司，如海航控股、海航基础、供销大集、海航科技、海航创新等，通过上市公司IPO、定向增发、股票质押可以从一级、二级市场融取大量的资金。2008年9月，新光海航人寿的成立帮助海航拿下寿险牌照；2010年5月海航持股67.15%的渤海租赁借壳ST汇通成功上市，成为我国首家上市融资租赁公司，并于同年获取民安财险的全部股权，拿下财险牌照。在巅峰时期，海航共持有21张金融牌照，控股9家，参股12家，这21家金融机构几乎囊括了从信托期货到银行保险的所有金融领域，包括银行、券商、保险、基金等，借助着这一"无所不包"的金融布局，海航集团打通了从传统信贷到互联网金融在内的数十种融资模式，其融资工具之复杂、融资领域之广泛，堪称当代"杠杆融资百科全书"。

（二）海航发展经验

综合海航发展历程来看，其进行产业投资的资金来源主要有两个：一是在疫情之前的类固定收益债券资产性的民航业自有稳定现金流，同时航空业对外界环境敏感的特性，也需要在现金流充裕的时候围绕产业链上下进行多元投资，提高现金流的稳定性。所以海航在围绕主业也就是航空旅游业的上下游，延伸投资地产、商业、物流等领域的同时，也通过金融手段，加速资本运作，增强在金融板块如证券、信托、保险、期货、保理等的布局力度，其根本目的还是为进一步的并购发展提供资金保障。海航的第二个资金来源是充分利用资本市场平台进行股权融资。并且海航系在投融资过程中，不同于别的产业集团如清华系等，会设立专门的产业投资基金，海航在发展过程中，主要靠与各地政府紧密合作，获得了大量的政府资金和资源支持，其快速发展背后是地方政府的官方背书。

海航系的企业金融化特点有三：一是对资本市场机遇把握精准，海航的产业并购充分利用了中国资本市场的机遇，海航的成功也是中国资本市场成功的范例和缩影。二是回顾海航的产业投资手法，可看出从最早涉足单一的地方航空运输，到逐步投资运营实业、资本、旅游、物流领域，业务版图从南海明珠初步发展到全球布局，基本上与改革开放以来产业发展的脉络一致，对国内的产业布局是顺周期的，海外投资则是逆周期的，越往后越倾向海外收购。三是尽管海航善于资本运作，但资本运作的目的是支持和优化实业，实业发展起来后，再通过资本市场提升价值，做大做强。在前期海航的资本运作始终未偏离"实业+资本"双轮驱动战略的主线，资本加杠杆的目的是为了实业去杠杆。

激进扩张让海航世界500强的排名从2015年的464位骤升到2017年的170位,但同时也给海航埋下了隐患,更是导致海航最后的破产重组。海航自开始并购以来对其负债度过高、并购过于频繁、关联交易过多的批评和质疑从来没有停止过。从2018年开始,海航资金的风险问题开始出现,海航从"买买买"的节奏转向了"卖卖卖",在破产重组的前三年里,海航一直在做资产减持,但仍难挡大厦将倾的颓势。一方面,短期内大量收购对于之后的"消化"是考验;另一方面,短期内激进的收购会让企业的资金链陷入紧张状态,资产负债率高达72%的海航背后紧绷的现金流在遇到疫情后直接崩盘。

四、复星:反周期种树,正周期摘果

复星集团被外界称为中国民营第一财团,其发轫于复旦校园,崛起于上海。复星创始人郭广昌在中国被称为"中国版的巴菲特",以复星为基础发展的投资帝国异常庞大,深耕健康、快乐、富足、智造4大板块,形成"保险、产业运营、投资、资本管理"4大业务引擎,资本版图覆盖保险、投资、资本管理、银行、医药、房地产、资源、钢铁等各业务领域,拥有复星医药、豫园股份、海南矿业等知名企业。复星能在20年内成为民营企业的翘楚,与其强大的资本运作能力密不可分,其"投资收购+资产证券化"的模式更需要集团内部强化融资能力,让复星所投实业和金融产业协调发展。

(一)复星发展历程

1992年—1998年,是复星的内生生长期。1992年,以郭广昌为首的4位复旦学子创建广信科技发展有限公司,从做市场调查和咨询的小公司起步后,郭广昌团队迅速转型,做起了房产销售,随着汪群斌等人相继加入,"广信"也变成了"复星"。通过房产销售业务,复星赚到了第一个1000

万。由于复星创始人的生物学专业背景，复星首先把发展目标投向生物制药领域。1995年，复星研发中心把为期3年的课题"种子"转化成了成品——一种能够快速准确检测乙肝的药具。复星凭借该产品在1995年底净赚1亿，而且随之建立覆盖全国的药品销售网络；而复星的地产业务也由销售转为了开发，第一个项目是复星花园。1998年，复星医药在上海证券交易所上市，成功融资3.5亿，复地集团正式成立，"复星医药"和"复地"两大板块完美成型。在创业初期快速发展带来的稳定利润，为复星接下来的高速发展带来了最初的资本积累。随着复星医药和复地的先后上市，也为复星进入资本市场，进行资本运作培育了稳定的融资渠道。在第一阶段的产业布局中，复星选择了两个具有可持续性的产业：医药和地产，至今仍在复星的产业布局占据较大比例。

1999年—2007年，是复星的并购扩张期。复星开始着手资本经营，尝试多产业组合发展。2001年—2002年间，复星先后收购豫园商城13.3%和6.8%的股权，这可以看作是复星借用资本链条进行产业扩张的典型事件。豫园商城是上海国资委下属企业，也是当时为数不多的股权相对分散的上市公司，加上零售行业相对稳定的现金流、充裕的土地资产，使其被称为理想的产业收购对象。通过收购豫园商城，复星有了稳定的现金流、充裕的土地资产，完善的医药产业链。2003年，复星集团和中国医药集团组建注册资本达10.27亿元的国药集团医药控股有限公司。而除了医药这一起家领域之外，2001年复星进入钢铁矿业，以3.5亿元收购唐山建龙30%的股份，2003年以60%的比例控股上市企业南京钢铁联合有限公司（简称"南钢"），截至2007年，钢铁板块为复星贡献了230亿元，在各板块中遥遥领先。南钢的成功帮助复星完成了重要的原始资本积累，在2004年，豫园商城及老庙黄金共同注资于招金矿业，并于2006年12月在港H股IPO筹资25亿港元；复星系对金融板块的布局也在这段时间突飞猛进，2003年5月，复星系通过麾下的豫园商城及上海复星产业投资，以54%的绝对控股地位联合发起设立了德邦证券，这也是复星系控制的第一家金融机构。

第三章 企业金融化的缘起与发展模式

此后几年，复星集团大举扩张，资产从1亿飞速涨至320亿。

2007年至今，是复兴的整体上市和海外扩张期。复星集团于2007年7月16日，在香港实现整体上市，公开发售12.5亿股，净集资额约111亿港元；2007年6月，复星投资9亿元控股中国第一大富铁矿——海南矿业，目的就是上市投资证券化。海矿于2014年末上市，为复星的投资领域填补上了铁矿这一板块。同时复星持续增加对金融业的投资，将保险业作为复星国际的核心战略业务。2008年2月，复星系对处于偿付能力不足的永安财险增资扩股，持股达17.2%，成为其第二股东，并于2016年12月，收购永安财险的第三大股东上海杉业实业有限公司。目前复星系以39.76%的比例控股永安财险，继入股财险公司之后，复星系又主导设立了寿险公司。2012年9月，复星集团与美国保德信金融集团在上海各半资设立复星保德信人寿，复星系旗下的复星国际收购的境外保险业务还包括葡萄牙最大保险集团Fidelidade、香港鼎睿再保险及美国劳工险公司MIG。

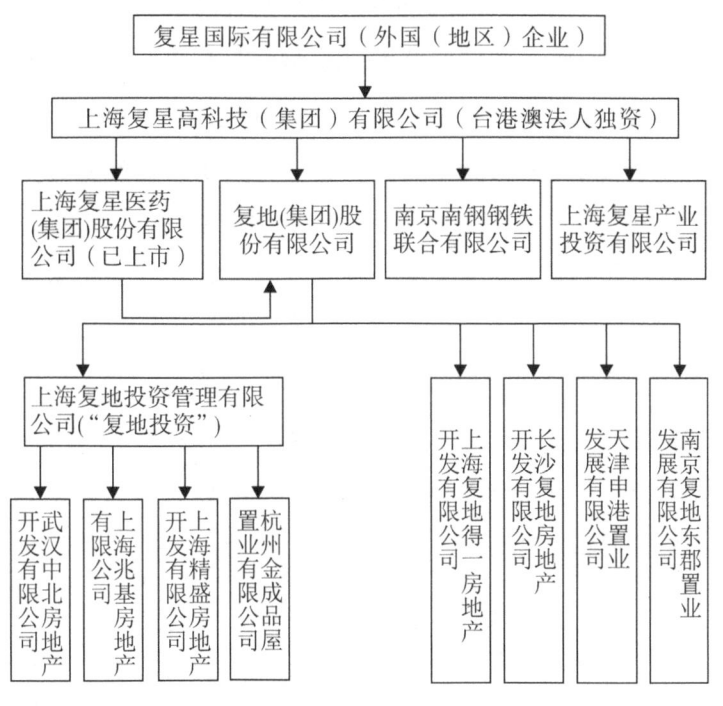

图 3-4-4 复星集团组织架构

在海外市场上，复星集团自 2009 年提出"中国动力嫁接全球资源"的国际化投资策略，坚持寻找海内外消费市场存在巨大差异的龙头企业，并成为其第一或者第二大股东。2010 年，复星出资收购了地中海俱乐部 7.1% 的股权，这是中国上市企业首次直接控股法国上市公司，在收购时为保证健康的资金流，复星采取多样化的融资方式，如通过发行股本和可转换债券、保险资产、关联交易等，不仅降低了融资成本，而且优化权益与债务的比例，保持企业目标的资本结构。此外复星还控股或间接控股涉及旅游休闲如 ClubMed、ThomasCook 等，时尚品牌如 FolliFollie、Caruso 等，金融保险如 CaixaSeguros、Ironshores 等。

(二) 复星发展经验

复星的成功绝非偶然，在看似非相关的投资布局背后，有着明确的发展取向、清晰的投资主线和独有的核心能力。与当年的德隆不同，复星的产业运营做得既实又深，严格按照产业发展规律释放市场化运作价值，做到了企业金融化的内部平衡、外部高效发展。复星集团通过外延式并购方式开展战略投资布局新型产业，一般采用大规模连环并购的模式，迅速形成产业规模，在后续的产业链资本运作上，做到了产业经营和资本经营的结合，走出了一条从产业到资本又从资本回归产业的道路，把资本的力量做到最大，形成包括德邦证券、兴业证券、PE、股权投资等强大的产业投融资通道。复星特有的"多元化投资+专业化经营+专业化投融资"构成了复星集团顶层的产融逻辑，也有"反向整合"资本运作战略，即用中国动力嫁接全球资源，复星抓住中国崛起的发展机遇，利用扎根中国形成的核心能力，整合全球金融与产业资源，投资于具有成长潜力的中国产业，成为多元化投资控股型产业集团。复星将其简称为"深化中国优势，拓展全球能力"。

此外复星的企业金融化模式，有其自己鲜明的特色。首先，作为着重于发展实业资本的民营企业，复星在现金流方面压力较大，在早期投资阶段比如豫园商业城、友谊股份等都非常重视企业的现金流，这与复星的资本类型和风险相关，现金流的压力让复星看重退出机制，像建龙钢铁、海南矿业、招金矿业等做的都是 Pre-IPO 的操作，复星产业研究和投资团队都是来自国内外顶级投行和财顾公司的投研和投资老兵，在判断产业整合以及利润高现金流好的产业和项目时，具有深厚的产业洞察能力和专业的投资评估能力。

其次，复星产业的发展与其他产业不同的点在于，更多的是进行反周期投资和行业错配，等产业周期重新恢复后逐步退出。复星投资建龙钢铁时，中国钢铁行业正处在低迷时期，复星以极低的成本拿下建龙，2003 年投资德邦证券时，证券业也正处在低潮期；2004 年投资招金矿业，黄金价格也处在历史低点；还有 2007 年投资矿业等，也是相同的行业低潮期，这样的投资理念使复星以低成本获得了高收益。在反周期投资的同时，复星在投资时也保持行业的错配，比如医药行业就是弱周期、防守型的行业。实业资本不像金融资本那样，可通过期权期货等手段进行风险的对冲，只能通过行业错配的方法进行风险对冲。

此外，复星的产业投资倾向资源类资产。如房地产、钢铁、豫园商城和矿业都是属于资源类资产。部分原因在于资源类资产有较强的周期性，还有其原因在于创始人郭广昌本人目标在于"做中国的巴菲特"，巴菲特投资强调 Margin of safety（安全边界），资源类公司以其较多的现金和实体资产，符合这一点要求。

目前，复星已初步形成以"保险、产业运营、投资、资本管理"为四大引擎的发展模式，复星集团的主要投资方向集中在消费及消费升级、金融服务、预源能源及制造业升级等依托于中国经济发展的行业。

五、保利发展：地产金融化的领头兵

保利发展控股集团股份有限公司（简称保利发展）的前身为保利房地产（集团）股份有限公司（以下简称保利地产），这一名称延续至 2018 年

9月13日，改名体现了保利去地产化、转向多元化发展的导向，但在分析保利发展在地产金融化上的建树时，实施主体仍是保利地产，因此接下来本文仍以保利地产为称。

保利地产成立于1992年，是中国保利集团控股的以房地产开发和销售为主、以房地产金融为辅的综合型地产开发公司。作为国有房地产企业，保利地产自成立之初就发展迅猛，连续数年挺进房地产品牌前十强，成为了国家一级房地产开发资质企业，国有房地产企业综合实力榜首，并且连续四年蝉联央企房地产品牌价值第一名。保利地产作为国内从事房地产开发投资较早的领军品牌，已经逐渐从传统的商品房开发，转变为各领域诸如酒店、产业园区、旅游景点等的多项发展，形成了拥有自主特色的企业品牌。在房地产金融方面，保利地产的方式更为多元，除了传统方式上的银企合作外，还有地产与基金相结合的新型金融化方式，这些新形式有效促进了公司的进一步发展。近几年来，保利地产的发展呈现良好态势，主营业务收入不断上涨，年均复合增长率达到了25%以上，在行业内处于领先地位，公司发展潜力巨大。

（一）保利发展历程

保利地产前身为广州保利房地产开发公司，成立于1992年8月，在随后的10年里，保利地产凭借两个"五年计划"立足广州深度发展，在2002年成功改制，成为由保利集团控股的股份有限公司后，开始其"立足广州，布局全国"的战略转型。在这期间，银行信贷融资就在保利地产筹资中占据了70%以上的比例，但自2010年后比重有下降的趋势，保利地产正试图在减少对银行信贷的依赖，逐步调整企业金融化布局。

2006年7月31日，保利地产作为IPO重启后第一家获准发行上市的房地产企业，在上海证券交易所挂牌，公司将募集的80%以上的资金投资到开发建设项目。随后保利地产分别在2007年、2009年和2016年完成了一次公开增发和两次定向增发，分别筹集到68.15亿元、78.15亿元和89.08

亿元，几次增发均为保利地产扩大规模提供了资金。与其他融资方式不同，股票融资是长久性的，可以减缓企业的融资压力，但是企业在发行时需要支付部分费用，资本市场也对企业设置了准入门槛。股票融资为保利地产在一定时间段提供了资金支持，通过增发股票不仅缓解了企业的资金压力，为公司后续的发展注入了大量动力，也对外释放出利好信息，极大地提升了保利地产的品牌形象。

2008年根据《公司债券发行试点办法》，保利地产成为首批发行公司债券的试点公司之一，但是由于房价上涨引起的政策调控使公司证券发展暂缓，直到2014年调控政策放缓的情形下，保利地产再次增发公司债券，相比于银行贷款，保利地产发行的公司债券利率更低，2015年和2016年发行的公司债券利率仅为3.4%和2.9%，远低于档期的银行贷款利率4.9%。公司债券虽然风险系数高了一些，但在公司快速发展的时期，为公司募集到了大量的资金，通过公司债券，保利地产迄今为止募集到了200余亿元，为公司发展注入了新的活力。并且随着海外市场的开拓，保利地产于2013年和2014年发行了两支价值5亿美元的美元债券，在境内融资条件受阻的情况下，境外发行债券可以拓宽海外融资渠道，帮助企业渡过难关。但是由于境外发行债券手续较为烦琐，而且易受世界金融市场波动的影响，保利地产对待境外发行债券的态度一直都是慎之又慎。在恒大地产、碧桂园等大型房企大量扩充境外债券的同时，保利地产则在仔细评估利润与风险。

保利于2010年6月联合中信证券成立信保（天津）股权投资基金管理有限公司（以下简称"信保基金"），信保基金几乎将所有资金都投向保利地产旗下的项目。其发展模式主要是，首先由基金管理公司与保利发展联合拿地后，再由基金管理公司引入基金接盘所占股权。这样的深度合作让信保基金在短短几年时间内迅速成长为中国最大规模的基金管理公司。2012年，中国房地产基金募集规模767亿元，信保基金一家的管理规模就突破120亿元。2015年，该基金管理规模突破413亿元。也是在这一年，信保基金由联营企业转为保利发展子公司。信保基金比起银行信贷融资更快捷，并且能够降低企业的财务杠杆，减轻风险，最为重要的是私募资金也无须向外界披露信息。保利地产于2015年末成立保利（横琴）资本管理有限公司（以下简称"保利资本"），保利资本一方面充分发挥并购基金、杠杆收购等股权投资基金方式获得资产权益；另一方面则是通过借助ABS、IPO等多元化资本运作手段套现权益资产。财报显示，2017年底，保利资本累计管理规模已达148亿元。2018年，太平人寿、太平资产、保利发展三方还共同出资成立太平保利投资管理有限公司，其主要业务包括养老产业和金融投资等。

随着资产证券化越来越普及，房地产商正逐步从开发商转变为资产运营商，资产证券化标的物不再仅仅是商品房，更多的是诸如长租公寓、物流行业等。保利地产作为房地产开发引领创新的排头兵，率先于2017年推动了首支保利地产商业不动产抵押贷款证券化（CMBS）试点项目，发行规模35.30亿元，发行利率4.88%。作为资产证券化的一种方式，该项产品具有抵押率高、融资期限长、充分利用不动产价值等优点。在2018年3月13日，由保利地产和中联基金共同实施的国内首单房企租赁住房REITs（第一期）成功发行，规模为17.17亿元。

（二）保利发展经验

房地产行业属于资金密集型行业，具有投资量大、周期长、资金收益慢的特点，这些特质也就决定了房地产行业要想得到长久的发展，必须要有安全可靠的资金供给链。发展缓慢的房地产融资市场与之不相匹配，尤其是多数房企资金结构不合理，倾向于易得性和低成本的短期贷款从而增大资金链断裂的风险。在2010年前后，国家实施了一系列关于房地产行业的严格调控政策，收缩了土地和金融信贷，在双重夹击下，房地产业的资金压力愈来愈大。而我国房地产进行融资的主要形式则包括银行借款、债券融资、股权融资、房地产基金信托、房地产资产证券化等。选择单一融资形式的房地产企业只能得到银行信贷，一旦中央方面对银行贷款进行调控，往往会导致企业资金链的断裂；通过多元化的融资方式，房地产企业可将资金来源拓展到各个渠道，有效降低风险。

保利地产现在虽然依旧以银行贷款为主要融资方式，但其多元化的融资战略正在使银行贷款的比例逐年降低，企业的资金得以更加灵活地流入流出。相比银行信贷对于抵押和担保的严格标准和繁杂手续，私募股权基金灵活度更高，且不用抵押和担保。基于投资地产基金和项目的目标所建立得金融平台，将大力缓解企业资金压力，助力企业的后续发展扩张。且让企业后续战略扩张方面有更大的主动性。"地产+金融"的利好之处则在于多方的资金汇集更容易撬动一些大项目的投资。在房地产行业竞争尤为激烈的今天，保利地产能够做大做强离不开其向多元化融资的转变。保利布局多元业务始于2002年，管理层提出"三个为主，两个结合"的发展战略。到了2016年，保利正式提出"一主两翼"的战略构想，即以房地产开发经营为主，以房地产金融和社区消费服务为翼，改名后能更好地体现战略定位、更准确地反映主营业务结构。

六、 中石油： 能源金融网络

作为中国能源行业的龙头老大，中国石油天然气集团公司（简称"中石油"）拥有完整的油气产业链和依附于产业链、供应链上下游的数十万家客户，这其中蕴含着巨大的金融服务需求。中石油自1995年起开始涉足金融，运用20年的时间缔造了一个庞大的"金融版图"，旗下的"昆仑系"（昆仑保险经纪、昆仑银行、昆仑信托、昆仑金融租赁）更是在中国资本市场上有着举足轻重的地位。2017年中石油集团将旗下的财务公司、银行、信托、租赁、保险等10家金融企业进行重组整合，引入战略性投资，通过资产置换进行混合所有制改革，创下了当时A股市场并购重组交易规模最大、用时最短的纪录。在资产重组后，中油资本依托于金矿资源和油气产业，引导旗下各板块开展"以产促融，以融助产"，构建了油气产业链上独具的核心竞争优势，深挖油气产业链资源、探索金融服务实体经济的最佳路径。中石油的企业金融化实践对大型国企进入金融行业有示范效应,利用金融工具和资本市场为实体产业服务,也持续成为大型国企的发展潮流。

(一) 中石油金融发展历程

中石油于1995年12月18日成立中油财务有限责任公司,成为集团旗下首家全资金非银行金融机构,是全国银行间债券市场、中国外汇交易中心会员,中国证监会认可的首批IPO询价对象。中油财务在持续推进资金管理体制改革,1999年为解决货款结算回款不畅、供产销三角债等问题,中油财务首创具有中国石油特色的货款封闭运行体系,资金运行效率效益大幅提高,并积极丰富信贷产品,提供金融解决方案,且进入全国银行间债券市场和同业拆借市场,试水离岸业务,不断提高服务水平。现如今,中油财务境内外先后设立4家分公司、3家子公司,其中香港子公司是经中国银行保险监督管理委员会批准,在行业内设立的唯一财务公司境外子公司。中油财务公司主要经营指标连续18年在全行业排名首位,是目前国内资产规模最大、业务品种最多、效益最好的财务公司之一。

2009年后,中石油集团进一步加快金融布局,在增资控股克拉玛依市商业银行获得银行牌照后,并于次年4月正式将其更名为昆仑银行,确立了企业金融化发展典型的战略定位。中国石油在常规油气勘探开发业务和其他石油业务的基础上,开发了金融服务业。从最根本的目的出发,中石油的金融业务可以开创新的利润增长点,减轻油气周期对集团整体业绩的影响。从数据上来看,昆仑银行的净利润不受油气周期影响持续攀升,表现出良好的韧性和支撑力,而中石油利润却随着油价大幅波动而震荡。昆仑银行作为中石油五家资金管理服务行业之一,也可以为集团内部提供集中资金管理服务,为集团外部提供资金结算服务,"总分联动"的形式可以结算成员单位资金,总部资金集中度超过90%,加强了集团内部资金的协同性,大幅减少集团的资本运营成本和财务成本。

中石油控股的昆仑信托有限责任公司在2009年7月1日成立,随后昆仑信托在 2009 年和 2017 年先后两次增资扩股，注册资本达到 102 亿元。2017 年 2 月 10 日，昆仑信托与中国石油其他金融企业在 A 股整体上市。作为央企控股型信托公司，昆仑信托具有品牌优势，在项目开拓时融资方倾向于选择昆仑信托，来减少交易中的信用风险。昆仑信托借助于集团与中油资本旗下较为充沛的闲置资金，具有强大的资金优势，便于公司创新信托产品，此外，得力于庞大的资金支持，昆仑信托也获得强大的信用支持力度。

2010 年 7 月，中国石油集团公司在重庆参股 90%共计 60 亿元，成立了第一家具有大型产业集团背景的金融租赁公司——昆仑金融租赁公司。公司自成立以来，坚持"能源、市场、特色化"战略，坚定产业金融定位，走低成本融资路线，打破原来以大股东中石油集团内部融资为主的模式，建立以大型商业银行和股份制银行为主体，政策性银行、城商行、外资银行和非银金融机构为补充的多元市场化融资格局，成长为金融租赁服务实体经济的主力军。2021 年公司达到资本充足率 21.92%，不良资产率 0.46%，相关指标居同业前列。

自 2002 年与意大利忠利保险有限公司各出半资组建中意人寿后，中石油在保险板块突飞猛进，并于 2009 年 4 月增持中意财产保险有限公司，构建了覆盖东北—华北—华东—华南—西南—西北的全国性服务网络，在石油天然气财产保险方面建立了稳固的基础和专业的团队，可提供种类齐全、体系完善的能源险产品；2013 年 12 月，中石油成立了内地首家自保公司——专属财产保险公司，专属保险聚焦"集团公司专业风险管理平台和保险安排工具"职能定位，为集团公司及其成员企业提供国内保险业务以及专为集团海外项目的国际保险业务，拥有覆盖石油天然气上下游全产业链、国内外项目完整生命周期、全球一体化的全险种服务保障能力，优化石油和天然气价值链发挥独特作用，助力集团公司增强风险管控和保险保障能力。目前，专属保险为集团公司近 2 万亿元资产及责任提供了风险保险保障，理赔服务专业高效。

昆仑银行在 2014 年 10 月上线产融专属服务品牌"昆仑快车",并于次年 6 月上线产业链金融系统,推出具有石油产业特色的"上通下贷",即服务上游企业的"油企通""商信通"等以及服务下游企业的"燃气贷"和"油易贷"等。这种以中石油为核心的产业链金融服务,以通息共享的便利性不仅为石油产业链客户解决融资难且贵的问题,还通过资源整合为中石油营造稳固的产业生态,减少运营成本。到 2019 年底,昆仑银行产业链融资产品共计 19 款,为产业链客户提供资金超 350 亿元。

2016 年年底,全球石油行业正经历一场罕见寒冬,上市公司"＊ST 济柴"已持续两年亏损,为避免退市风险,刚成立的中油资本利用壳资源,将优质金融资产注入石油济柴,并于 2017 年 2 月 10 日宣告在深交所 A 股上市,这也标志着中油资本完成重大资产重组上市。中油资本作为中石油集团旗下专业进行金融业务管理的公司,是中国石油进行金融业务整合、进行一系列金融投融资业务,对中石油的资产进行监管和风控的重要平台。近 5 年来,中油资本金融企业遍及海内外,不仅覆盖了石油产业链和供应链上的客户,旗下的昆仑银行、昆仑金融租赁、昆仑信托等成员更是以融扩融,积极拓展相关金融业务赋能金融产业发展。这些措施取得了良好的金融效益,截至 2021 年,中油资本累计实现全口径收入 1749.5 亿元,利润总额 848 亿元,累计取得外部银行综合授信 4390 亿元,业务规模和经济效益处于央企金融控股上市公司领先地位。

随着"十四五"规划的实施,在"双碳"目标下,中石油战略部署绿色产融发展,推动绿色融资支持绿色产业发展,2018 年中油资本便投资了绿动资本(专注绿色投资的私募股权基金)并建立绿色低碳发展评价体系,较早布局绿色低碳领域,昆仑银行制定了针对绿色金融的"蓝天贷"专项业务产品,中油资本旗下昆仑信托则充分发挥信托的独特优势,对绿色产业的不同发展阶段予以资金支持。该公司向青海省绿色发电集团提供了 2 亿元流动资金贷款,支持其旗下光伏电站项目的运营;其还在天然气产业、节能环保、新能源、新材料、新技术等领域逐步形成了有自身特点的产融结合模式及方案。

(二) 中石油发展经验

当前，中油资本的企业金融化已经形成"一盘棋"。昆仑银行主要服务群体是以中石油为核心的产业链上下游客户群体，在金融服务创新方面的实践，主要是开发出了服务中石油全产业链的"昆仑快车"系列产品。在全球油价下行的趋势下，昆仑银行不仅平缓了中石油利润下行的压力，还利用企业金融化的协同效应，降低资金成本，提高内部金融服务的质效；昆仑信托积极创新运作模式，以资本助力销售板块加油站网络建设，吸引社会和机构资金，助力集团公司及成员企业协同发展；昆仑金融租赁主要集中为石油天然气钻采设备的近百个项目提供租赁服务，截至2021年，昆仑金融租赁已经为油气产业链客户提供60亿元的租赁服务；专属保险、昆仑保险经纪主要是协同为中石油集团共计5.4万亿的资产量身定制保险保障，保险业务更是覆盖至海外18个国家，有力帮助中石油拓展海外业务；中意财险和中意人寿，则将目标定位为发展成中石油集团财险和寿险的专业化管理平台，不仅支持中石油的主业发展，更是积极开拓海外保险市场。

中石油集团从制度层面明确了"以产促融，以融助产，协同发展"的发展目标、基本原则和具体举措，中油资本在依托中石油集团资源把产业链上的金融资源转化为集团效益，有效对冲行业周期波动。而对集团下属企业而言，推进企业金融化中的各种金融工具，有利于有效减少资金占用、降低融资成本、提高投资项目回报率。为推进企业金融化，中油资本按照"整体推进、重点突破"指导思路，建立了金融企业与集团内部成员单位的分区域协调机制，推进与专业板块合作，与中石油工程、管道、天然气销售三大板块开展的战略合作外，中石油资本还积极对外战略布局，投资全球最大通信基础服务商中国铁塔，出资认购中美绿色基金份额，探索更高层次的企业金融化新模式。

第五节
新兴资产金融化的发展与展望

中国当前正处于快速发展的转型时期,"绿色经济""数字经济""碳中和"等成为新时代的经济发展主题,与之相对应的以碳资产为核心的绿色资产与数字资产作为新兴资产,也成为国家乃至全世界各大企业投资的重中之重,绿色资产与数字资产的金融化将提升我国金融业的适应性、竞争力和普惠性,为构建中国特色现代金融体系做出重要贡献。

一、数据资产金融化的发展与展望

随着数字经济时代的到来,互联网、区块链等新兴技术的涌现,以及人工智能、大数据等新兴产业的出现,数据已经成为各国政府高度重视的最具经济价值的战略资源,无论是传统企业还是互联网企业都亟须利用数据这一无形资产为企业创造更大的价值。在2020年3月出台的《中共中央 国务院关于构建更加完善的要素市场化配置体制机制的意见》中,明确把数据作为与土地、劳动力、资本、技术等传统要素并列的新型生产要素。党的十九届五中全会明确提出,"发展数字经济,推进数字产业化和产业数字化,推动数字经济和实体经济深度融合,打造具有国际竞争力的数字产业集群"。数字资产已然成为最重要和最关键的生产要素之一,数字资产亦将成为个人资产、企业价值、国家财富再分配和再增长的关键驱动因素。

(一)数据资产交易的发展历程

数字资产是随着计算机和信息化技术发展而来的新生资产,在1981年开启的"PC"时代,在那个网络并不发达的时代,当时人们所接触的音频、视频、软件、电子文档资料等数字产品,通过按价购买其所有权,实际这是早期数字资产交易的雏形，当时的数字化产品存储在磁性介质或光盘介质中，明码标价，通过交易双方的买卖，获得现金；企业之间或个人之间因业务需要，需要定制化一些应用软件，双方通过签订合同或协议，达成相应的价格，然后进行软件开发，形成应用软件，然后买方付出相应的款项给卖方，此时额度比较大，一般通过电汇手段，借助银行通道，存到对方的银行账户；此时卖方提供了软件开发的技术服务，买方获得数字资产即应用软件。

所以早期的数字资产金融化过程，由于提供的数字产品或应用软件等的内容或形式不同，其支付的方式也不同，一般小额通过现金，而企业间通过银行电汇为主，总之支付的途径不是太多，无论是现金、电汇这些支付方式，均离不开银行系统的背后支撑；双方交易的信任问题，完全取决于交易双方的信用或合同协议的约束，当然背后是道德和国家法律的支撑。双方交易的方式，无论是线下买卖或双方的当面交易，还是企业金融机构如去银行办理线下电汇，整个数字产品的交易基本围绕线下展开。

随着信息技术以及通信网络的发展，尤其1995年开启的"Internet"时代的来临，涌现出各类电商平台，这个时候人们数字化产品的交易方式和支付手段发生了一些变化，由于互联网的发展原来的线下电汇和现金交易逐渐被银行转账，信用卡和第三方支付取代；产品的存储介质由原来的磁性介质和光盘，转化为网络存储，一些电子书、视频、软件等数字产品的交易，待买方支付款项后，卖方提供远程下载方式或者通过网络通信工具进行传输，线下交易逐渐减少，参与交易的双方逐步从线下交易转移到线上交易；尤其一些实物商品的交易，通过对商品进行信息化后，借助电商平台进行线上发布，明码标价，买方借助第三方的网络平台，自行选择购买，并支付款项；与此同时一些游戏厂商推出了相应的游戏币，即玩家通过支付实际的法定货币去购买游戏厂商发行的虚拟货币，去购买游戏的道具或游戏攻略秘籍等，典型的虚拟币如腾讯公司的Q币等。信息互联网时代的来临改变了早期的商品交易模式和人们支付的方式，加速了数字资产规模化发展，此阶段主要是推动了资产数字化的发展速度。

买卖双方的交易，已由交易双方的信用、合同等方式，转化为依赖于第三方平台，所有的交易、纠纷、售后均取决于第三方，双方支付的货币，依然是国家的法定货币，钱从自己的账户转到第三方账户，然后再到卖家的账户，背后依然是要通过商业银行这个通道进行变现。对于实物商品交易，资产信息化后，通过交易，实物资产通过物流供应链，转交到买家；数字产品可以直接通过网络链路进行传递，实现数字产品的价值变现；有的数字产品交易后，产品本身并不交付，而是实现远程查看，如影视作品的远程授权观看，这也说明了资产数字化后，其资产可按其实际情况选择出售使用权或所有权。

当前我们所处信息互联网和价值互联网并存的时代，移动通信网络已迈入 5G 时代，大带宽、低延时导致人们的电子商务活动、证券交易活动已完全不受时空的约束，实现随时随地的交易；随着信息技术的发展以及区块链技术的出现，人们从信息互联网时代，逐步迈入价值互联网时代，各种个人数字资产和政府企业数字资产的交易行为，直接带来了数字经济翻天覆地的变化。互联网、云计算和大数据技术使得海量数据得以被高效处理，有效信息得以被快速提取和利用，从而形成数据资源，同时也使得各类以数据形式呈现的产品被创造，比如我们常见的电子支付系统、互联网会计、办公自动化等。但是这些数据资源和数据产品如何得以交换和资产化呢？数据资源要如何交付？如何保证最终交付的数据为完整有效的？如何保证数据的安全性不被其他人所窃取？

区块链的诞生，为上述问题提供了解决方案。首先，究竟什么是区块链呢？根据其定义，狭义区块链是"按照时间顺序，将数据区块以顺序相连的方式组合成的链式数据结构，并以密码学方式保证的不可篡改和不可伪造的分布式账本"。广义区块链技术是"利用区块链式数据结构验证与存储数据，利用分布式节点共识算法生成和更新数据，利用密码学的方式保证数据传输和访问的安全、利用由自动化脚本代码组成的智能合约，编程和操作数据的全新的分布式基础架构与计算范式"。简单而言，区块链就是一个中心化、难以篡改、可溯源的数据中心，我们可以将数据存储在这个数据中心的某个节点，且各个节点自成一体管理数据信息，没有所谓的控制后台，而且几乎不可以被更改。

因此，区块链很好地保证了其中所储存数据的全面性和一致性，以及数据在流转交易过程中的透明、安全和可信，并且可记录、可计价，从而帮助解决了数据在资产化过程中的信任和安全问题，为数字资产的创设、发行、存储、交易和使用等提供强有力的技术支撑，为数据资源转化为具有交换价值、使用价值和可带来经济利益的数据资产提供无限可能。

在区块链技术之下，所有市场参与者均有可能拥有自己自主控制的金融账户和金融数据，而 DeFi 就是金融行业去中心化的代表产物。据定义，"DeFi 能够让用户在无须依靠中心化实体的情况下使用诸如借贷和交易等金融服务，DeFi 不是单个产品或公司，而是一系列替代银行、保险、债券和货币市场等机构的产品和服务"。由此可见，DeFi 将打造一个全新的金融服务生态，借贷双方无须通过传统金融中介机构，便可以安全地进行资金的流转、交付，而且数字资产的属性甚至能使金融活动的交易成本更低、速度更快、效率更高、范围更广。未来，DeFi 势必将打破传统金融边界，创新出更多功能和应用场景，开启金融服务全新局面。

2014 年，当时时任中国人民银行行长的周小川就提出做中国自己的央行数字货币。2019 年，我国人民银行推出的数字货币项目叫作"DCEP"，也就是数字货币和电子支付工具。人民银行的数字货币功能和属性跟纸质钞票完全一样，只不过它的形态是数字化的。我们对它的定义就是具有价值特征的数字支付工具。简单来说，价值特征就是"不需要账户就能够实现价值转移"。目前，我们常用的支付宝和微信，都是需要实名制绑定本人银行卡来完成支付和转账，但 DCEP 不需要。除非我们需要往数字钱包充钱，或者想从数字钱包取钱去理财，除此之外，用户与用户之间的相互转账是不需要进行账户的绑定的。未来，DCEP 能像纸钞一样流通，是纸钞的数字化替代。事实上，像比特币这样的加密资产，根本的优势就是摆脱了传统银行账户体系的控制，因为它只是一个加密字符串。从这点来看，DCEP 也具有同样的优势。不一样的是，人民银行的数字货币属于法币，跟现金一样，人民银行的数字货币也具有无限法偿性，就是说你不能拒绝接受 DCEP。

　　DCEP 最大的优势体现在效力和安全性上。微信和支付宝在法律地位、安全性上，没有达到和纸钞同样的水平。理论上讲，国家允许商业银行破产，所以这些年人民银行建立了存款保险制度，即便银行破产，老百姓的存款也是安全的。但是微信、支付宝钱包里的钱，它没有存款保险，平台一旦出现风险，我们就只能参加它的破产清算，它给多少我们就只能接受多少，它是不受央行最后贷款人的保护的。此外，近年来人类对环境的破坏加剧了自然灾害的频发。考虑到一些极端场景，如地震、海啸、通信中断，电子支付当然就停摆了。那个时候，只剩下两种可能性：一个是纸钞，一个就是央行的数字货币。它不需要网络就能支付，我们叫作"双离线支付"，意思就是收支双方都离线，也能进行支付。只要手机有电，即使网络瘫痪也能实现支付。

（二）数据资产交易的国内相关政策及实践

1. 中国相关政策

　　2013 年，中国人民银行等五部委发布《关于防范比特币风险的通知》，将比特币定义为一种虚拟商品，重点提示了比特币的洗钱和炒作风险，要求金融机构不得开展与比特币相关业务，关停比特币交易平台，涉及比特币的互联网站应当在电信管理机构备案。

　　中国针对数字和信息先后建立了《中华人民共和国个人信息保护法》《中华人民共和国数据安全法》《关于构建更加完善的要素市场化配置体制机制的意见》等。

2020年7月深圳市发布了《深圳经济特区数据条例》，广东省发布《广东省数据要素市场化配置改革行动方案》，上海在2020年9月进行国资数据资产化数据资产纳入国资保值增值考核试点，发布《上海市促进城市数字化转型的若干政策措施》。

从2015年起，贵阳大数据交易中心、中关村数字海洋大数据交易平台、长江大数据交易中心等多个方面，为实现数据资产化奠定了坚实的基础。在2020年8月24日发表了《央行数字货币崛起：驱动因素、方法和技术》。该报告还提道：世界上许多国家中，人民币的数量居世界之首。

从2014年起，中国人民银行就着手开发中央银行的数字货币。到2021年3月，数字人民币已在深圳、雄安、成都、苏州、奥运场馆、上海、长沙、海南、青岛、大连、西安、深圳、苏州、北京、成都试点场景，总共发行了1.5亿元。

2021年上海数据交易所正式揭牌，并启动全数字化交易系统，主要目的是推动数据要素流通、释放数字红利。此前发布的《上海市培育"元宇宙"新赛道行动方案（2022年—2025年）》提出，在上海数据交易所试点开设数字资产交易板块，培育健全数字资产要素市场，推动数字创意产业规范发展等。

2. 实践

2015年4月15日，全国首家大数据交易所——贵阳大数据交易所正式挂牌，并完成了与深圳市腾讯计算机系统有限公司、广东省数字广东研究院，买方为京东云平台、中金数据系统有限公司的首批数据交易。首批数据交易的完成，标志着全国首个大数据交易所正式投入运营。交易所通过自主开发的电子交易系统面向全球提供7×24小时全天候数据交易服务。贵阳大数据交易所经营范围包括大数据资产交易、大数据金融衍生数据的设计及相关服务，大数据清洗及建模等技术开发，大数据相关的金融杠杆数据设计及服务，经大数据交易相关的监督管理机构及有关部门批准的其他业务。大数据交易所将为数据商开展数据期货、数据融资、数据抵押等业务，建立交易双方数据的信用评估体系，增加数据交易的流量，加快数据的流转速度。数据品种包括政府、医疗、金融、企业、电商、能源、交通、商品、消费、教育、社交、社会这12类大数据。

同年12月河北大数据交易中心在北京成立，其目标导向是推动京津冀带形成大数据产业带，实现数据资产的跨区域流动、开展数据资产登记、数据资产托管管理、数据商品交易、数据资产交易、数据资产金融产品设计服务、数据资产证券化、数据资产权益类交易等业务。2021年8月2日，由北京市人民政府和发改委联合商务部等发布的《北京市关于加快建设全球数字经济标杆城市的实施方案》，鼓励企业依法依规开展数据共享，探索数据资产价值的评估方法，开展数据资产质押融资、数据资产保险、数据资产担保、数据资产证券化等金融创新服务。

2022年3月，香港交易所表示港交所计划于年内建立全新试点数字资产交易平台。新的数字资产交易平台"Diamond"会使用智能合约、区块链、云端、大用户基础等，可24小时营运。平台可接受不同资产类别交易，期望可成为一站式数据、交易、交收、钱包管理平台。

2022年8月24日，上海数据交易所（上海数交所）设立全国首个数字资产交易板块，5个标准6种类似的数字资产有望实现交易。同日，上海数据交易所联合国有老字号"回力"和数字资产首批发行平台"哔哩哔哩"首发数字资产"回力DESIGN-元年"，该数字资产于8月25日12点正式免费发售。上海市数字交易所发布了《上海数据交易所数字资产板块管理规范（试行）》，主要涵盖数字资产板块数字资产登记、数字资产公告、参与方权利与义务等规则，可实现数字资产板块合规有序地运营。上海数交所以"五大首发"，打造全新的数字资产板块。创新首发数字资产新定义，定义了数字资产的"四不五可六类"，"四不"即底层商品为金融资产的不上市，无明确经济价值的不上市，数字资产产权不清晰的不上市，不符合国家法律法规的不上市；"五可"即可穿透、可确权、可定价、可流通、可溯源;"六类"即现阶段可交易数字资产主要包括文博衍生、数字文创、消费场景、品牌营销、产业应用、数据知识产权等6种类型。同时首创数字资产板块管理规范,构建数字资产板块框架体系。创新首发与实体经济强耦合的数字资产,依托上海数交所完成首个数字资产的登记和发行,让传统品牌、老字号共享数字化转型红利。首发数字资产网,涵盖数字资产产业动态、数字资产市场行情、国家地方政策指引、相关行业制度规范等市场关心的内容,打造具有引领性的数字资产市场门户。创新首发数账通,作为组织、消费者数字资产管理工具,实现不同链上的数字资产一站呈现。

截至2022年6月,全球共有50个国家的央行数字货币已经处于研究开发阶段、试点试运行阶段或正式推广阶段,其中有10个国家和地区正式推广了其央行数字货币。在央行数字货币的发展上,小型经济体和发展中国家更为灵活激进,而发达国家和大型经济体则相对谨慎缓慢。2014年,我国人民银行设立研究小组开启了数字人民币的研发工作。2017年5月,中国人民银行数字货币研究所挂牌。此后经过两年多的筹备,2019年底,数字人民币相继在深圳、苏州、雄安、成都4个城市及北京冬奥会场启动试点和测试。我国数字人民币的运行模式采取的是"二元模式",即由中国人民银行生成数字货币,再将数字货币兑换给商业银行,商业银行根据公众需要兑换到其数字钱包中。中国数字人民币的核心体系要素是"一币两库三中心"。"一币"指的是由人民银行担保并签字发行的CBDC,"两库"指的是数字货币发行库和商业银行库,"三中心"指的是认证中心、登记中心、大数据中心。截至2022年5月底,中国的数字人民币试点已拓展到15个省市的23个地区,试点地区数字人民币的累计交易超过2.64亿笔,约人民币830亿。

随着数据资产金融化的推动,我国各地关于数据资产定价、质押融资的实践在如火如荼地进行中。2020年8月,杭州美创科技联合北京源堡科技与国任保险联合退出"诺亚防勒索系统+保险",结合勒索病毒防护软件和数据资产保险的组合产品，在医疗数据安全的防护上加了把保护锁，这也是我国首次关于数据资产保险的实践。2021年2月，《中国南方电网有限责任公司数据资产定价方法（试行）》出炉，作为能源行业央企所正式发布实施的首个数据资产定价方法，其采集对象主要是在南方电网数字化转型和"数字电网"建设中所产生的海量数据，随后围绕这些数据制定数字定价标准，推动数据资产的价值变现，促进数据要素市场化。其实早在2020年12月，南方电网就与银行试点合作，上线了产业数据金融服务平台，平台主要运用多维综合的数据资产定价方法，推广电费数据融资和订单数据融资两款核心产品。2021年9月，全国首单基于区块链数据知识产权质押落地杭州高新区（滨江），包含沉浸式儿童注意力缺陷与多动障碍测评数据与垃圾分类运营活动产生的环保测评数据等。

在不远的未来，因数字资产应运而生的新兴金融机构将不断涌现，无论是传统金融机构的金融创新，还是科技巨头的金融跨界，都将为金融市场带来一个全新的开放的数字资产金融行业，在传统银行业务的基础上虚拟数字化、智能量化、高频高效化、简易化、安全化，除了具备传统金融机构的所有功能及属性外，还拥有新兴科学技术的加持，成为未来金融市场转型的重要力量，创造前所未有的经济价值。

（三）当前数字资产金融化发展中的不足

中国是互联网大国，当然也是数据大国，但这更多的是就数量而不是质量来说的。怎样在数量优势上提升品质，把数据资源转化为价值资产，从中产生信用并为实体经济服务，最终促进社会经济的发展，无疑是我国金融科技领域的难题和挑战，而这恰恰是数字资产金融化的关键所在。区块链作为数字资产金融化的核心，是一项可信技术，由多方认可、多方背书，是新一代金融基础设施的技术雏形，可以为现有金融机构未能触及的底层实体"加持"信用，增进相互协作，降低交易成本，这对信用和贷款资源一直不能很好渗透到的中小企业及边缘群体而言，有可能创造一个全新局面，而这对于国家的经济发展和金融监管，意义非同一般。事实证明，一个第三世界相对贫穷的国家也完全有可能利用金融科技弯道超车，产生更便利、成本更低的信用和价值转移系统，比如肯尼亚的 M-Pesa。中国是一个大国，更有责任和义务为全球经济贸易的发展做出自己应有的创新贡献。但是在数字资产金融化带来的诸多益处背后，仍存在一系列问题。

1. 标准难以统一，应用模式尚不成熟

智能合约难以满足数字资产灵活性应用。区块链技术发展至今，已经出现上千种的以区块链为设计基础的数字货币。智能合约一旦条件满足，立即执行，不可撤销，不具有灵活性。对有利于数字货币职能的智能合约可以考虑，对超出货币职能的智能合约则持谨慎态度。

区块链在数据资产的应用面临确权瓶颈。虽然区块链为具有清晰权属关系的资产确权提供了很好的技术手段，也可以解决数据流通、可溯源问题，但是仍然存在着如何在保护个人数据产权和隐私权的前提下实现确权以及给予个人收益权良好保障的确权难题。

区块链用于资产数字化过程面临上链资产数据结构难以统一、上链后数字权益资产价值管理体系缺乏。我国企业资产种类多样化及上链数据结构多样化，使得不同类型的资产上链形式难以统一。大部分企业还未建立起一个有效管理数字权益类资产的模式，包括资产价值评估、成本管理等，缺乏数字权益类资产的应用和服务体系构建意识，没有找到发展数字权益类资产的"最优路径"。

随着加密数字资产的迅猛发展及众多传统金融机构、投资机构的布局入场，如何对此类数字资产进行合理监管并制定与之配套的市场及交易规则，逐渐受到各国监管部门的重视。全球各个国家的数字资产证券化交易平台有的还在创建过程中，整体未到成熟的时候，而且各国在加密数字资产的监管方面尚未达成完全共识，在某些国家和地区，加密数字资产仍旧存在合规性问题。

2. 监管机制有待完善

目前，区块链在数字资产方面进行了一定的监管，但还未建立完善的监管机制，主要体现在以下三个方面：

一是监管缺乏。在数字货币的监管方面，主要依靠政策监管，缺乏从发行、交易到存储方面的一套完善的监管规则体系、法律规范、监管工具。目前，即便是我国法定数字货币也还在试点阶段，包括兑换、交易环节等的监管机制、规则等还在不断完善。

二是隐私泄露。在数据资产的交易、隐私保护方面相关监管机制存在不足，目前并没有专门的针对基于区块链的数据资产监管的法律法规。区块链技术的"信息共享"机制使得链上主体均能收到该链条中其他用户的即时信息，可将重要信息进行隐私保护，但大数据交易过程中，仍有可能出现数据拥有者的隐私泄露等问题。

三是可信度缺乏。针对基于区块链的数字权益类资产的监管仍然面临中心化、分布式监管的二元选择。传统资产监管是采用中心化机制完成的，存在"单点故障"的弊端；完全去中心化的链无法实现有效的金融监管。在实体资产数字化的过程中，若数字资产采用共有链等完全去中心化的架构，监管机构将难以对资产权利转移过程实施有效监管，因为区块链上数字资产难以与链下实体资产建立牢固、可信任的锚定。

因为加密数字资产具有去中心化、匿名性和跨国性等特征，给反洗钱、反恐怖主义融资等带来了挑战；关键数据泄露和数据滥用问题依然发生，其数据安全问题亟待解决。随着各个机构数据规模的不断扩大，一旦发生数据安全问题，将对企业经营和用户个人利益造成巨大损害，需要有条件的释放数据的价值。

上述数字资产的种种特性，无论是属性多样、融合创新，还是科技驱动、自由开放，均对金融监管提出了全新的命题和挑战。传统上以牌照管理为关键、以金融机构为抓手、以开立在金融机构的账户为核心的监管范式，需要重新审视。各国监管部门根据客户的数字身份归集本国居民，划定数字司法辖区。在数字司法辖区内，各国监管部门可以根据了解你的客户（KYC）、反洗钱和反恐融资制度（AML/ATF）及其他金融监管政策，对本国居民节点设置各类业务参与权限。本国居民与非本国居民的金融业务和资金往来，由各国监管部门按照各自的资本账户开放和跨国金融监管政策进行规制。这样的设计既保障了自金融业务的自由开放，又充分满足了各国监管要求。

同时，通过增加智能合约审核。在自金融模式下，传统的金融业务将被逻辑编码为透明可信、自动执行、强制履约的智能合约。智能合约承载着各种金融业务，甚至一个智能合约就代表一个金融业态。从某种意义上来说，管住智能合约，就管住了未来的自金融业务。在安全高效的用户身份认证及权限管理的基础之上，应要求智能合约在上链之前必须经过相关部门的验证，判断程序是否能按照监管部门的政策预期运行，必要时监管部门可阻止不合规的智能合约上链或者关闭本国居民执行该智能合约的权限，同时还可建立允许代码暂停或终止执行的监管干预机制。随着数字资产的蓬勃发展，一个为实验和创新提供良田沃土的金融科技生态系统正在逐步形成。如果说数字经济是躯体，数字金融就是血脉，而数字资产则是核心。以金融化为特征的数字资产创新激活了各领域边缘资产，推动货币金融变革，全面提升了数字经济的深度与广度。

（四）数据资产金融化的展望

1. 我国数字资产金融化趋势

数字金融在金融数据和数字技术双轮驱动下，金融业要素资源实现网络化共享、集约化整合、精准化匹配，实现金融业高质量发展，推动数字经济和实体经济深度融合。数字金融业务模式和业态在不断进化之中，目前主要包括数字货币、数字支付、互联网贷款、数字信贷、智能投顾、数字证券、数字保险、数字理财等金融业态。近年来数字资产金融化，金融市场数字化的融合转型已成金融机构生存的必答题，然而，新冠疫情以来，超预期因素给我国经济发展带来严重冲击。在此背景下，本文总结了我国在数字资产金融化趋势中将会面临的几大重要趋势：

（1）主动出击，金融业数字化转型，新技术应用倍增

数字资产金融化、金融资产数字化，两者相辅相成，相互交织。对于市场异常敏感、充满危机意识的金融行业，对于数字化转型的重视和敏锐度促使其主动出击，未来金融行业对IT（信息技术）的投入将不断加大，金融机构本身就会是数字资产的主要拥有者。2020年中国银行、保险与证券行业等总体IT投入达到2517亿元，创下近10年来的增幅新高。与此同时，银行与保险机构的信息科技人员接近15万人，同比增长了17%，有力支撑和促进了数字金融体系的建设。

未来迫于自身的危机感，我国金融行业对IT的投入将继续保持增长态势，科技金融占营收或利润的比重也将同步增长。与此同时，随着金融科技底层技术的不断更新迭代，云计算、大数据、人工智能、区块链等底层IT技术相互融合度将进一步提升，甚至达到密不可分的状态，多技术交织的乘数效应将远胜单一技术，应用成效将呈现倍增效应。同时金融科技的昌盛也将进一步催化出更多新兴底层IT应用技术，而其中极有可能会出现新的具有革命性的底层IT技术，进一步改变金融业发展。

（2）数字人民币加速重塑支付市场格局

2020年起，数字人民币已在深圳、北京等地开展多轮公测，在安全性、稳定性和连续性得到进一步验证。数字货币为数字金融市场奠定了基础，为传统金融资产的进化指引了明确的方向。

我国作为已经普遍具有线上支付习惯的成熟市场，数字人民币作为具有官方背景的支付工具，具有重塑支付市场格局的使命，互联网巨头垄断支付市场的局面将改变，支付市场也将向多元化方向发展。

同时，对于数字人民币这种新的法定货币形态，传统银行业将正式面

临一次数字化、市场化转型的考验，也将是金融业数字化转型的成果验收，为传统银行业带来的是危机还是机遇，我们将拭目以待。但可以肯定的是，在线上支付习惯已经完全成熟、各类跑道已经占满运动员的现状下，虽然数字人民币拥有法定、免费等先天优势，但数字人民币必将成为传统银行业加速数字化转型、拓展业务场景、融合传统成熟业务、强化金融创新观念、推动市场化竞争的催化剂。

（3）提升数字资产金融化风控能力，完善数据治理体系

金融体系作为人类社会经济活动的产物，其天生具有不完美性，金融发展史同时也是金融风险史，甚至演变成金融危机史。新技术的变革，带来金融技术革命的同时，也带来了新的风险与危机。

数字资产金融化在推动金融业务模式创新、提升金融服务效率的同时，也改变了金融风险的形态、路径和安全边界，数据安全、隐私保护等问题日益突出、日趋复杂。目前，我国《数据安全法》《个人信息保护法》等相关法律法规相继发布实施，及时标定了数字资产金融化转型的法律标准，为金融转型设定了法律底线。然而，未来随着技术的倍速增长，将会对法律体系更新的反应速度提出极高的要求，两者间的速度差将决定数字资产金融化的风险空间。

可以想象，随着底层技术的日新月异，数据资产在金融化过程中将越来越关注风险防控水平，不断完善数据治理体系，制定安全制度，清晰界定内部数据获取、使用，以及与外部机构合作时在系统安全、数据安全、客户信息安全等问题上的管理边界，明确合作各方的风险责任划分，加强对接口的管理。

（4）数字资产金融化日趋成熟，金融场景更加多元化，服务模式更加创新化

随着数字化进程加快，数字资产金融化日趋成熟，金融服务也将逐渐向嵌入式的"场景化"方向转型，衍生出场景金融的新模式。未来，各大金融机构对于金融服务场景的运用将越来越重视，场景生态建设的布局将

进入白热化竞争状态，金融服务将在数字资产金融化过程中增加与商户的合作黏性，场景金融生态圈建设将在数字金融的带动下，成为一个新课题。未来金融机构将提供无处不在的金融服务，而其核心价值点就是拥抱多元化的金融场景。

未来，金融机构之间的竞争手段也将发生根本性变化，逐步向金融技术、复合型人才、服务模式的高质量发展阶段转变。数字金融将成为金融机构在业务竞争中最主要的工具，类似开放银行这类关于未来银行的理念，将通过数据资产的价值赋能，结合场景融合创新不断涌现，而其所带来的服务模式也势必有创新性和开拓性，将推动金融服务数字化向纵深发展。

（5）创建数据资产和高级分析能力

数字资产作为自然资源，金融机构不仅是数据的中间商，更是数据的生产者和使用者。对数字资产的管理能力将会在未来成为金融机构的核心竞争力，对大数据应用能力的打造将成为金融机构的核心战略。

2. 数据资产金融化前瞻

（1）完善相关法律法规

同样都是无形资产和轻资产，数据资产与知识产权主要是价值来源的差异，知识产权的价值来源于其创造性，是研发者智慧的结晶，数据资产的价值来源于汇集、流通及运用。数据本身的归属认定是个法律问题，个体的信息及运用中所产生的数据应为个体隐私，但在收集和运用大量不同个体的信息中会产生无法反向推导个体的大数据流，则该数据流所有权应归属于该数据的收集者。以资产证券化（ABS）为例，能够进行证券化的基础资产是指所有权归属清晰，能够产生可预测现金流的合法财产权利或者财产等。对数据流的管理、运用及交易中所产生的收益，即数据流在管理及运用中形成的收益可形成资金流也即该数据的收益权，应归属于该数据的所有者作为资产证券化的基础资产。而数据收益权作为基础资产是否可转让，这也是能否构成ABS的交易结构基础的核心问题。

在推行数据资产金融化时，应制定有关数据权属以及隐私性的法律法规，成立全国统一的专门数据交易场所加强对数据运用及交易的监管，并对数据进行评估、归类、分级及登记（含所有权登记、抵押登记）等，制定数据信息披露制度，对数据信息披露的格式、内容、披露的程度及披露时间等进行相应的规定，以掌握动态的数据资源，便于数据交流及运用。

根据《数字金融蓝皮书：中国数字金融创新发展报告（2021）》中所概括的：2019年以来，我国数字金融的发展特点是：数字金融行业整体回归合规经营，金融科技赋能数字金融取得新成效，数字金融模式创新亮点纷呈，互联网巨头在金融必须持牌经营的严要求下谋求转型，监管科技提升了数字金融的治理能力，我国数字金融的监管框架和体系逐渐清晰。

（2）加快数字资产与金融的融合

超级数据库的建立，将改善数据的基础设施，以数据库思维存储所有初始状态数据；以业务应用为主，推动数据分析、治理及改造，提升数字资产的使用价值；创建高级分析的"卓越中心"，获得和维持世界级的绩效和价值；推进大数据相关的人才梯队建设。

我国是互联网大国，也是数据大国，但数量的庞大并不代表质量的领先。怎样利用数量优势提升质量品质，把原始数据资源转化为价值数字资产，从中产生信用并为实体经济服务，促进社会经济发展，将是我国金融科技领域未来的难题和挑战。

数字资产的浪潮汹涌而来，数字资产金融化在未来或将颠覆、重构金融运行方式、服务模式乃至整个金融生态系统。数字化发展简洁明快，自由而开放，尊重市场参与者的自主和自愿。在科技驱动下，原先在场外大规模"沉寂"的非标准化资产，如知识产权、合同等各类资产，都将被纳入新金融的生力军，低成本、高效率流转起来。当数字资产与金融相融合时，我们对未来金融创新的想象力和数字资产的真实价值都有了更丰富的认识。

（3）低碳绿色金融化

与信息时代传统的其他业务模式相比，数字经济形成了开放、互联的生态，实现了平台化、共享化的特征。通过各种平台可以将用户与生产者建立直接连接。数据作为新的生产要素被投入到碳减排领域，在智能算法的驱动下，平台各方可以更精准、更及时地把握消费者需求，提升生产消费间的实时互动水平，同时，平台可以在大量的买卖双方中快速识别出有效需求，提高撮合效率，从而降低资源投入和消耗。

通过"数据+算法+算力+智能"，打破了要素资源流动的时间、空间限制，推动各种所需的资源和要素快速、便捷、有效流动，实现精准对接和匹配，提高生产效率和资源利用效率。而绿色低碳发展也为数字经济提供了优质的应用场景和广泛的市场需求。

数字资产具有天然绿色属性。依托互联网、区块链、大数据等新科技、新技术孕育而生的数字资产天然的具备无纸化和低能耗的特性。数字资产在交易过程中更是全程数字化的，具有成本低、效率高和安全等特点，具备天然普惠特性，可以帮助提供者、使用者实现信息共享、提升服务效率，减少人力和资源消耗，扩大数字资产服务覆盖面和渗透率，实现绿色低碳的金融化。

未来需进一步建立健全适应数字金融发展的准入机制和平等竞争监管制度，执法机构要针对数字金融构建全面、多元化、立体化的管理体系，加速建设数字化金融监管规范库，促进金融监管规范形态化、数字化和程序化。加快出台数字金融平台健康发展的具体措施，推动相关企业在适度监管下实现资本有序发展，维护行业公平竞争，保护消费者合法权益。金融机构要充分运用数字技术赋能金融风险防治，积极采用数据分析发掘、机器学习等现代科技管理手段有效优化金融风险防治指数与模式，防范和化解金融风险。

二、 碳资产金融化的发展与展望

气候变化是一个攸关人类社会未来可持续发展的全球性问题，积极应对全球气候变化，保持地球生态系统的完整性，使其有利于人类社会的生存与发展，是未来每个国家都必须履行的责任和义务。气候金融是国际社会为应对全球气候变化而实施的一系列资金融通工具和市场体系、交易行为及相关制度安排的总称，围绕碳资产的金融化是其核心体系。碳资产是指在适当的环境能力假设下，通过限制二氧化碳等温室气体的排放，导致碳排放权和减排信用稀缺而创造的有价产品。碳金融是把碳排放权及其衍生产品进行定价和转让的碳交易体系或碳市场，以及银行、基金、保险、信用等围绕碳资产的金融产品创新形式。

在全球环境问题日趋严重和疫情突发的大背景下，如何通过绿色复苏推动可持续发展成为全球性议题。第75届联合国大会主席博兹克尔认为现如今面临的全球性问题是一次机遇，建议彻底改革全球金融架构，国际社会迅速扩大数字化覆盖范围，通过绿色复苏重新建立与自然的联系。面对严峻的环境问题，我国积极响应国际社会的呼吁，一直致力于推动绿色转型发展。习近平总书记在"领导人气候峰会"上表示，"要顺应当代科技革命和产业变革大方向，抓住绿色转型带来的巨大发展机遇，以创新为驱动，大力推进经济、能源、产业结构转型升级，让良好生态环境成为全球经济社会可持续发展的支撑"。为促进绿色转型发展，除了引导产业向低碳转型之外，绿色金融亦是绿色转型发展的重要环节。

（一）碳资产交易的发展历程

2002年，可以认为是我国参与碳交易市场金融活动的元年，第一笔碳交易是我国内蒙古风电场与荷兰合作的清洁发展机制（CDM）项目。CDM是根据《京都议定书》的约定，发展中国家可以将本国的清洁能源项目换算成核证减排量（CERs）转让或出售给发达国家，以帮助发达国家完成二氧化碳减排应承担的任务。自2002年开始，我国国内企业已开始积极参与国际CDM的项目合作。自2006年起，中国已逐渐取代印度和巴西成为国际市场领域清洁发展机制项目的第一大国。而在2011年后，随着欧盟碳交易市场金融的持续低迷，CERs的价格也急剧回落，2013年后，欧盟宣布不再接受新兴国家（包括我国在内）批准的项目。

我国参与国际碳交易市场金融进程受阻，于是决定筹建自己的碳排放交易市场。2011年10月，国家发展和改革委员会下发《关于开展碳排放交易试点工作的通知》，批准率先在北京、天津、上海、重庆、湖北、广东、深圳"两省五市"开展交易试点工作，标志着碳交易从规划走向实践阶段。7个试点交易所虽设计框架类似，但政策细节各有特点，包括其交易均是相互独立的。据生态环境部统计，自2011年开展碳排放权交易试点以来，截至2021年3月，共覆盖20多个行业，近3000家重点排放企业，累计覆盖4.4亿吨碳排放量，累计成交金额约104.7亿元，已成为全球第二大碳交易金融市场。

作为落实"双碳"目标的重要举措之一，全国统一碳交易市场于2021年7月正式上线，是国家绿色金融重要的组成部分之一。2021年可以被认为是我国碳交易金融市场首个履约周期，已有2000余家发电行业重点排放单位纳入交易市场，后续逐步将纳入水泥、有色金属等高碳排放行业，预计今年整体覆盖企业的碳排放量将达100亿吨，这个数据意味着全球最大的碳交易市场在我国诞生。

作为最大CDM项目供给国的中国，自从"十四五""碳达峰"和"碳中和"目标提出之后，作为绿色资产核心的碳资产，就得到了空前的关注。国家更是在顶层设计层面加强谋划，"十四五"规划中要求"推进碳排放权市场化交易"，中央经济工作会议上又强调要"加快建设碳排放权交易市场"，出台了一系列围绕碳资产等绿色金融的政策法规，如《关于构建绿色金融体系的指导意见》《绿色债券发行指引》《碳排放权交易管理规则（试行）》等。中国碳排放权交易市场建设已超过10年，主要可分为两个阶段：碳交易市场试点发展阶段（2011年—2017年）以及全国碳市场筹备建立阶段（2018年—2021年）。

自2020年9月以来，2030年碳达峰与2060年碳中和的目标确立后，各行各业都迎来显著的变化，国内的金融机构与能源行业也纷纷介入碳市场，承担碳市场交易流动性补充者的角色，通过碳交易做市获得收入增厚的同时给后续碳配额衍生品如碳资产质押融资、托管、回购、拆借、远期带来较大增量市场。

兴业银行早在2007年就涉足碳金融，运用其在融资管理、风险控制上的实践经验，契合市场发展需求，将节能减排贷款与"碳金融"相结合，创新推出以CDM机制项下的碳核定减排收入（CERs）作为贷款还款来源的节能减排融资模式，2011年在国内市场落地首笔国际碳资产质押授信业务。浦发银行则在2009年先后落地国内银行业首单CDM财务顾问业务、CDM应收账款质押融资业务等，在碳中和崛起的2021年更是创新推出全国首单碳排放配额（SHEA）、国家核证自愿减排量（CCER）组合质押融资，将两种碳资产组合运用，在一定程度上帮助企业盘活碳资产。2015年4月，全国首个投资于碳减排量的集合资金信托交易完成，由上海宝碳新能源环保科技有限公司（简称"上海宝碳"）向上海爱建信托有限责任公司协议转让集合资金信托产品，随后2021年2月，上海宝碳与中航信托联合设立了全国首单"碳中和"主题绿色信托计划，该信托计划从碳信托账户管理、碳资产交易、信托投融资支持等多个方面对碳信托的未来发展进行了研究。

2021年2月，中国银行间市场交易商协会创新推出碳中和债，成为全球首个冠以"碳中和"之名的绿色债券产品。作为绿色债券的子品种，碳中和债为中国绿色债券市场注入强劲动能，募集资金专项用于具有碳减排效益的绿色项目，工商银行、中国银行、建设银行、兴业银行、农业银行、中信银行6家银行承销市场首批碳中和债，首批发行人则包括南方电网、三峡集团、华能国际、国家电投集团、四川机场集团、雅砻江水电6家企业，募投领域均为低碳减排方向。2021年3月，国网英大国际控股集团有限公司的子公司英大国际信托有限公司作为受托管理人与国网国际融资租赁有限公司发行了全国第一支绿色"碳中和"资产证券化创新产品资产支持商业票据（ABCP），所集资金将全部用于支持风电、水电和光伏等清洁能源项目，被授予绿色债券 G-1 的最高等级，具有显著的环境和社会效益。

除了金融机构外，能源央企为了对冲碳市场中的碳配额履约成本所带来的经营风险，先后成立碳资产管理公司，如中国水利电力集团大唐碳资产有限公司，国家能源集团龙源碳资产公司，国网英大碳资产管理有限公司等。碳市场中的碳配额是变现能力很强的流动资产，已经可以直接融资质押，与碳排放权和碳配额相关的未来收益均可视为企业的碳资产，未来碳资产证券化后的各种金融工具为企业增加金融杠杆提供了无限可能。此外，具有碳配额或碳资产的企业主要为规模较大的重点碳排放企业，针对这类企业的贷款属于低利率的"优惠级抵押贷款"。再者，企业或碳资产管理公司可利用一级市场相关规则弹性大、抵押物（碳资产）没有实物等特性，合规化的实现碳资产减值或增值处理，这也为后续"循环收割"创造了前提。

在 2021 年，全国统一碳交易市场设立在武汉和上海两地。全国性市场和现有地方试点交易所并存，全国统一市场将电力行业划入，而其他行业企业目前仍可继续参与区域碳交易所进行金融交易。国家核证自愿减排交易市场（CCER）体系起步于 2012 年 3 月，暂停于 2017 年 3 月，运行了 5 年的时间，若未来重新启动，将称之为 CCER 的第二阶段。依据国家生态环境相关部委要求，北京将承建全国温室气体自愿减排管理和交易中心，这意味着碳交易市场两大金融现货品种碳配额和 CCER 将在武汉、上海、北京三城共同开展建设。

（二）碳资产交易的国内相关政策及实践

随着国家对节能减排和环境保护的日益关注，在 2006 年，"十一五"规划（2006 年—2010 年）中对节能减排与环境保护的重视程度显著提高，并提出了单位 GDP 能耗下降 20%，主要污染物排放总量减少 10% 的约束性目标。2007 年，中国银监会出台《节能减排授信工作指导意见》，要求制定高耗能、高污染行业的授信政策和操作细则，同时支持节能减排行业和项目，以及实施10大重点节能工程。鉴于银行信贷在中国融资体系中占据主导地位，作为监管机构的中国银监会出台的绿色金融监管政策，对中国经济的绿色转型至关重要。

金融产品和机构层面来讲：第一个绿色信贷产品、第一家赤道银行相继出现。当时，节能减排项目是银行业还未涉入的新领域，因此前期投资较少，也缺乏一定的积极性。为了解决这个问题，顺应中国财政部要求，国际金融公司（IFC）在全球环境基金、芬兰政府、挪威政府和中国财政部的支持下，设计了中国节能减排融资项目（CHUEE），并创立了损失分担的商业模式，与选定的国内商业银行合作，在节能减排相关贷款中提供本金损失分担，同时为项目参与各方提供技术援助。2006年，IFC与兴业银行合作，推出了中国市场上第一个绿色信贷产品——能效融资产品，后又与浦发银行和北京银行展开合作，支持气候变化领域的相关项目，包括能效项目和新能源可再生能源项目。2008年，兴业银行承诺采纳国际绿色金融领域的黄金标准——赤道原则，成为中国首家采纳赤道原则的金融机构，并按照赤道原则提供的方法、框架和工具，逐步建立和完善该行的环境与社会风险管理体系。

国家绿色政策不断往前发展：一是中国政府做出国际承诺。随着对气候变化的日益重视，2009年11月，在联合国哥本哈根气候大会前夕，中国政府首次正式承诺温室气体排放控制目标——将2020年单位GDP的二氧化碳排放量相比2005年降低40%~45%。二是节能减排政策持续推出。2010年，"十二五"规划明确了"单位GDP能耗下降16%，主要污染物排放减少8%~10%"的目标。随后又出台了《"十二五"节能减排综合性工作方案》和《节能减排"十二五"规划》。三是对生态文明建设的重视，以及"史上最严格环保法"的出台。2012年，党的十八大将生态文明建设纳入建设中国特色社会主义"五位一体"的总体布局，明确提出大力推进生态文明建设，努力建设美丽中国。2014年4月，新《环境保护法》颁布，被称为"史上最严格环保法"，环境立法修法进程不断加快，中国绿色政策也在不断加码。

当前，我国的绿色金融产品日益丰富，主要包括绿色信贷、绿色保险、绿色证券、绿色债券等内容。我国绿色信贷政策起步较早，从2007年原银监会发布的《节能减排授信工作指导意见》开始，再到2012年发布的《绿色信贷指引》中提出：银行金融机构应当从战略高度推进绿色信贷，明确了绿色信贷的支持方向和重点领域，对国家重点调控的限制类以及有重大环境和社会风险的行业应制定专门的授信指引，实施有差别、动态的授信政策。同时，银行业金融机构应至少每两年开展一次绿色信贷的全面评估工作。

广东银监局在《关于广东银行业加快发展绿色金融的实施意见》中也提出："银行业金融机构持续扩大绿色信贷规模，严控环境不友好企业信贷投放，努力实现绿色信贷增速不低于同期各项贷款增速、绿色贷款不良率不高于小微企业贷款不良率。"以企业发生污染事故对第三者造成的损害依法应承担的赔偿责任为标的的环境污染责任险，是我国绿色保险领域比较具有代表性的制度。原环境保护部与原保监会于2013年发布《关于开展环境污染强制责任保险试点工作的指导意见》，提出在涉重金属企业等高危行业启动环境污染强制责任保险，随后，重庆、山西、青海等省市也陆续发布了试点工作的实施方案，明确地方纳入环境污染强制责任保险试点领域的行业和企业。

2015年9月召开的中共中央政治局会议，会议上通过了《生态文明体制改革总体方案》。2015年10月，绿色发展理念确立，十八届五中全会提出"绿色发展"，与"创新发展、协调发展、开放发展、共享发展"一同成为指导我国"十三五"甚至是更长时期发展的科学发展理念和发展方式。"十三五"规划中持续重视绿色环保。"十三五"规划除了明确单位GDP能耗下降16%，还将资源环境指标由8项增加到10项，并首次将PM2.5（细颗粒物）写入指标。近年，国家连续出台了《水污染防治行动计划》（俗称"水十条"）、《大气污染防治行动计划》（俗称"气十条"）、

《中华人民共和国大气污染防治法》、《土壤污染防治行动计划》(俗称"土十条")等众多环境领域的政策、法规、制度、规划等。未来,这一系列的绿色发展政策都处在落实阶段,中国政府对绿色发展的重视程度也将日益提高。

2016年8月31日,人民银行会同财政部、国家发改委等部门联合发布《关于构建绿色金融体系的指导意见》(银发〔2016〕228号,下称《指导意见》),将"绿色金融"界定为"为支持环境改善、应对气候变化和资源节约高效利用的经济活动,即对环保、节能、清洁能源、绿色交通、绿色建筑等领域的项目投融资、项目运营、风险管理等所提供的金融服务"。这是我国监管部门在纲领性金融监管文件中明确对"绿色金融"做出具体界定,此后该定义已成为绿色金融发展的重要标准。此外,《指导意见》还将"绿色金融体系"界定为"通过绿色信贷、绿色债券、绿色股票指数和相关产品、绿色发展基金、绿色保险、碳金融等金融工具和相关政策支持经济向绿色化转型的制度安排"。《指导意见》出台后,中国也成为全球首个由政府推动并发布政策明确支持"绿色金融体系"建设的国家。

随着全国碳市场的建立,碳交易市场纳入企业增多,市场活跃度上升。碳金融系列产品鼓励银行、证券、保险、基金等金融机构的积极参与,除二氧化碳权交易外,排污权交易工作交易标的物还包括化学需氧量、氨氮、二氧化硫、氮氧化物等污染物,并引入竞价方式交易,扩展了绿色金融产品的种类,进而促进排污单位开展深度治理、改善环境质量。

2017年推出《落实〈关于构建绿色金融体系的指导意见〉的分工方案》标志着我国的绿色金融体系建设正有条不紊地推进着。随着绿色金融政策方案的不断推进与落实,我国也显示出出色的领导能力,同时也在追赶国际领域的绿色资产金融化进程,以期与其达成一致的步调。

2019年8月,江苏省生态环境厅发布《江苏省环境污染责任保险保费补贴政策实施细则(试行)》,对符合条件的环境污染责任保险投保单位按照不超过年度实缴保费40%提供补贴,通过激励措施提供企业投保积极性，引导绿色保险发展。近年来，从保险业来看，我国绿色保险产品种类不断增加，风险保障机制也在不断完善。

2020年9月22日，我国在联合国大会上正式提出：力争于2030年前二氧化碳排放达到峰值，努力争取在2060年前实现碳中和。2020年中央经济工作会议上，"做好碳达峰、碳中和工作"被列为2021年的重点任务之一。在"3060"双碳目标下，环境问题被提高到我国国家发展战略层面，绿色低碳成为我国各行各业的重要转型方向。我国绿色金融政策持续发力，有力推动了我国绿色金融的发展。

2021年3月，《中华人民共和国国民经济和社会发展第十四个五年规划和2035年远景目标纲要》明确提出，构建绿色发展政策体系，大力发展绿色金融。2021年4月，中国人民银行、国家发展和改革委员会、中国证券监督管理委员会三部门联合发布《绿色债券支持项目目录（2021年版）》，统一了国内绿色债券标准。

2021年6月，中国人民银行发布《银行业金融机构绿色金融评价方案》，将对银行业金融机构绿色金融业务开展情况进行综合评价，并依据评价结果对银行业金融机构实行激励约束的制度安排。

2021年10月，中共中央、国务院印发《关于完整准确全面贯彻新发展理念做好碳达峰、碳中和工作的意见》，要求积极发展绿色金融，建立健全绿色金融标准体系，为做好金融支持碳达峰、碳中和工作提供了基本遵循。

2021年11月12日，中国人民银行印发《关于设立碳减排支持工具有关事宜的通知》，引导金融机构向清洁能源、节能环保、碳减排技术3个碳减排重点领域提供优惠利率融资。

2022年4月，证监会发布《碳金融产品》行业标准，为国内碳金融产品提出了分类依据以及实施要求，同时，这也是金融监管机构在绿色金融标准体系建设领域的又一重要实践。随着绿色金融改革在全国全面铺开，为进一步发挥金融对绿色产业发展和绿色转型升级的效能，加快经济绿色复苏，迫切需要地方各部门协同促进绿色金融发展，地方肩负着绿色复苏的重任。然而，在发展绿色金融道路上面临诸多问题。

(三) 当前碳资产金融化发展中的不足

经过几年努力，我国已初步形成支持绿色金融发展的政策体系和市场环境，绿色金融在推动经济绿色转型过程中发挥巨大作用，并且尤为值得关注的是，在金融市场方面，得益于市场规模和动员能力，中国在绿色债券、绿色贷款的发行规模上遥遥领先，但是产品多样化及其政策、监管、非银金融机构的参与度还有很大的提升空间。

披露标准上，我国缺乏相对应的披露指引文件，央行、沪深交易所以及银行间的标准不完全一致，这就导致企业在申请融资的时候无法掌握信息，造成重复工作。我国的绿色产品，不仅仅局限在国内，也需要和国际接轨，提升产品披露标准的规范性是绿色金融的重点工作之一。2021年10月19日，上海市人民政府办公厅印发《上海加快打造国际绿色金融枢纽服务碳达峰碳中和目标的实施意见》，提出：推动建立金融市场环境、社会、治理（ESG）信息披露机制。通过社会责任报告、企业公告、绿色金融年度报告等形式，鼓励上市公司加强绿色信息披露。支持上海证券交易所研究推进上市公司碳排放信息披露。这也是国家逐步完善信息披露的表现。

中国的碳金融还处在起步阶段，交易规模不大，交易规模较小，交易平台较少，目前只有北京、上海和武汉等地进行了区域交易。"十二五"规划提出，要加快发展碳金融市场，这是发展的必然趋势。2021年7月，我国在全国范围内开通了网上交易，规模达40亿吨以上的碳排放交易量，2016年8月，国务院就已经批准了5074个CDM项目。

目前，CDM项目主要分布在四川、甘肃、河北、山东、云南、内蒙古，其中，西部地区CDM项目数量最高，总共2638个，东部1262个，中部1174个。西部地区目前最大的节能减排项目集中在新能源领域，因为西部具有很好的自然条件，低城市化，能够提供更多的风力和太阳能，而东部和中部则会有一些CDM项目，比如垃圾掩埋、节能改造、垃圾焚烧等。

目前，我国在碳交易衍生产品上尚有不足。我国碳金融衍生品，主要包括碳远期、碳期权、碳掉期等，依托于碳排放交易所，交易规模小。碳期权、碳租赁、碳债券、碳资产证券化和碳基金等，也面临制度不完善的问题。未来国内碳交易市场打开，会有更大的提升空间，也有更多投资机遇。

2022 年是我国的碳中和的第二个年头，碳交易金融市场迫切需要先进的制度及政府层面的发展政策扶持。经外部统计，当前我国碳交易金融市场主体结构由真实碳排放需求的企业开展金融现货交易，活跃度较低是一方面，而且价格交易不连续，较低的成交量无法真正意义上反映金融市场绝大部分机构对于碳排放权的心理指导定价，由此国家也就很难通过市场化手段开展资源调配。回望先进市场国家的碳金融交易市场，包括一些主流的大宗商品交易金融市场，金融现货的交易成交量都占很小的市场比例，大部分的成交都来自金融产品（标的为现货商品）。金融资本化是碳交易金融市场提供流动性的重要途径和保障，只有完善了市场交易机制，才能撬动更多更优质的金融资源向低碳产业进行配置。碳金融交易市场若有更加完善和健全的内部制度进行管理，维护并保障碳金融交易市场投资者的相关利益，才能逐步吸引更多的合格投资者包括金融机构参与交易，形成有效市场。

（四）碳资产金融化的展望

1. 绿色资产金融化的政府支持

（1）绿色资产金融化的政策支持

从对于绿色资产金融化过去和现在的分析可以看到，每一次的发展都离不开政策的支持。绿色资产金融化未来发展的第一步一定是政策的不断发力。从我国来看，我国围绕"双碳"目标也在不断完善绿色金融政策与市场体系：2021 年 9 月 22 日，中共中央、国务院印发《关于完整准确全面贯彻新发展理念做好碳达峰碳中和工作的意见》（简称《意见》）。《意见》提出我国绿色金融政策与市场体系建设的六个方面：一是有序推进绿色低碳金融产品和服务开发，设立碳减排货币政策工具，将绿色信贷纳入宏观审慎评估框架，引导银行等金融机构为绿色低碳项目提供长期限、低成本资金。二是鼓励开发性、政策性金融机构按照市场化法治化原则为实现碳达峰、碳中和提供长期稳定融资支持。三是支持符合条件的企业上市融资和再融资用于绿色低碳项目建设运营，扩大绿色债券规模。四是研究设立国家低碳转型基金。五是鼓励社会资本设立绿色低碳产业投资基金。六是建立健全绿色金融标准体系。预计，随着我国双碳目标的持续推进与落实，绿色金融的相关政策、工具等将持续推进。

对中国而言，因为绿色信贷的规模在绿色资产金融化产品中是最大的，并且中国金融发展到现在，说到底还是银行业金融，或者说以银行业为基础的金融体系。所以我们认为当前对于绿色信贷的政策急需加强，面对不同的项目，金融机构需要制定差异化的信贷政策，加大对绿色产业和传统产业低碳化转型的融资支持，同时调整对高碳行业的信贷政策，通过主动摸排潜在风险客户和僵尸企业名单，加快存量风险客户的化解处置。我国各大银行都在近年来加大了对绿色项目的信贷投放力度，并推出了对污染高碳行业和产能过剩行业的放贷限额管理。另外，针对某些绿色项目还款周期、贷款期限较长的特点，金融机构可以参考已有实践，尝试制定不同的还款方式。

（2）绿色资产金融化的监管和披露

① 加大披露的强制范围

就欧洲而言，英国宣布要求几乎所有公司在2025年按照气候变化相关财务披露小组（TCFD）制定的标准开展信息披露。而法国金融市场管理局要求机构投资者披露环境、社会和公司治理（ESG）相关信息。像上文提到的一样，目前我国ESG信息披露仍以自愿披露为主，对于机构资金的投向和产生的效益也未进行严格的监管和考核。

② 统一监管主体和披露要求

金融最忌讳的就是多头管理，但是这又是最常见的问题，像中国混乱的债券市场，又有"银行间"又有"中债登"，非常混乱，多个"爸爸"，多个监管体系。

绿色金融项目和产品的披露机制在中国也很混乱，以绿色债券为例，中国人民银行、沪深交易所及银行间交易商会均有绿色债券信息披露的标准但存在差异性。其中，金融债券的披露要求明确，但对于其他类别的债券在披露内容上没有明确的标准。缺乏相应披露指引文件，或导致企业在绿色融资时无法掌握统一的信息。

未来在碳中和目标下对于企业和金融机构强化气候相关的财务信息披露将会呈现越来越严格的趋势，每个国家都亟须建立与国际成熟水平相接轨、同时满足各国特色的信息披露标准。就中国而言，央行已经明确表示持续推动金融机构、证券发行人、公共部门分类，提升环境信息披露的强制性和规范性是绿色金融相关的重点工作之一。

(3) 建立统一绿色资产的金融标准

目前不同绿色资产金融产品的分类标准极其复杂，分类繁多，有国际标准、国内标准、地区标准，不同的监管机构、评级机构也有很多标准，还不够统一。绿色金融标准是绿色金融有序发展的基础，有助于规范市场主体绿色投融资行为、营造公平竞争环境，实现绿色金融高质量发展。绿色金融的发展需要进行有效监管，绿色金融标准也是有效监管的重要基础和依据。

国际机构标准有 ISO 标准、赤道原则和 IFC 绩效标准等，国家和地区监管标准包含欧盟可持续金融分类方案、中国绿色信贷统计制度等。在我国，地方政府层面江西、贵州、新疆、广东和浙江等 5 省（自治区）试验区各自出台了绿色项目分类标准。金融机构方面，工商银行对企业客户绿色信贷进行了 4 类 12 级分类。

目前，全球应用中的绿色金融分类绝大部分是从项目支持的角度出发的。比如，绿色信贷分类和绿色债券目录等，均是对绿色项目的识别与分类。然而，传统型企业仍是当前经济社会绿色转型发展的主体，而且众多的传统企业向绿色企业过渡的过程中更需要获得标准指引和金融支持。

以我国为例，2021年4月21日，中国人民银行、国家发展改革委、证监会联合发布《绿色债券支持项目目录（2021年版）》，剔除了"煤炭清洁技术"等石化能源相关的高碳项目，但其他绿色能源的相关标准如《绿色产业指导目录》及《绿色信贷指引》中还未做相应调整。类似核电相关的项目在认定范围中也存在标准不统一、界定范围模糊的情况。与发达国家相比，我国的绿色信贷和绿色债券的界定也偏窄。例如，我国的绿色信贷范围局限在绿色产业发展、降低碳排放的贷款，但国际上常见的"赤道原则"和"绿色贷款原则"中不仅包括绿色贷款项目，还包括了与可持续发展相关的、能够促进和支持环境和社会长期发展的经济活动。

另外，在外部评估中，国际上绿色债券发行前通常由专业的第三方评估机构来进行标准判断和资金投向评估，发行后还会对资金进行监督报告和评估，但我国在这方面缺少明确的指导意见，第三方机构评估质量也存在差距。

缺少统一的绿色金融产品和项目认定标准，可能导致不同机构间采用不同的方法和体系而得出不同的认定结果，也因此降低了项目间的可比性，增加了绿色项目和产品的认定成本和难度，从而导致企业绿色信贷和绿色发债动力不足。

从全球经济的趋势来看，围绕重塑绿色金融规则的国际竞争已开始，各国为实现碳中和的目标，纷纷进入应对气候变化和发展低碳经济的快车道。新兴绿色低碳行业的标准、各类低碳减排标准制定、碳交易相关绿色规则约定、绿色金融市场准入门槛等系列重要问题，都面临着新一轮的国际博弈和谈判进程。谁能在标准谈判上占据重要先机，谁就能掌握全球低碳新时代的大国话语权。同时建立统一的绿色项目认定口径、提高第三方机构的评估质量，不仅可以简化绿色资产金融化的操作流程，加快普及力度，也可以确保绿色项目符合碳中和目标对净零碳排放的要求。

2. 绿色资产金融产品的未来创新

中国目前碳排放总量超过100亿吨/年，以2025年纳入碳交易市场比重30%~40%测算，未来中国碳排放配额交易市场规模将在30亿吨以上，与欧盟总排放量水平相当，全国统一碳市场将带来千亿级市场规模。但在强劲的市场潜能下，国内碳市场仍然存在着以现货交易为主的现况，交易品种和市场都有待扩容。对比欧盟、美国的现货期货一体化碳市场以及在碳交易量贡献了95%以上的碳期货、碳期权等碳资产衍生品，国内的碳金融市场还有很大的进步空间。正式上线于2021年7月的全国碳交易市场有望成为碳资产价值体系的基准和核心，当碳配额和碳减排产品回归其价值本位后，会带动煤炭、石油、光伏、风电等实物资产和节能减碳设备、技术等资产的价值重估，金融市场支持绿色低碳产业项目的直接投融资活动也会有更加精准的价值定位。

中国的绿色金融产品覆盖范围少，绿色信贷和绿色债券占主导，其他绿色金融产品具有很大的创新空间。例如绿色保险，我国目前只在最主要的环境责任保险上取得了一定发展，其他创新产品尚处于起步期。比方说与气候变化相关的巨灾保险、针对低碳环保类消费品的产品质量安全责任保险、船舶污染损害责任保险、森林保险和农牧业灾害保险等产品。

金融机构可以针对不同主体和不同绿色发展需求开发绿色金融创新产品与服务。如农业银行在2008年就推出了清洁发展机制顾问业务，并开展了节能减排顾问、合同能源管理、碳交易预付账款融资等多款创新产品和试点推广。北京银行在发行了全国首单银行间市场"碳中和"小微金融债券的基础上，计划推动"碳中和"金融债、小微绿色金融债的发行。某全国股份制银行在2021年推出了《绿色金融综合服务方案3.0》，旨在打造立体式、全流程、全覆盖的服务体系，满足企业在绿色发展中的金融需求。在"双碳"目标的推动下，金融机构的绿色转型是未来发展的必选项。

与此同时，也应该意识到，绿色转型作为中长期发展战略，不能一蹴而就，需要从金融机构内部的组织架构改革、管理流程的优化、长期价值导向和分阶段战略的实施等几个方向入手。甚至在条件充足的前提下，绿色资产的消费领域，像绿色保险、绿色消费贷，绿色资产的证券领域，像绿色资产可转债、回购等，绿色资产的衍生品领域，像绿色资产期权期货，都是可以发展的，产品的创新是一个长期的过程，无须操之过急，只要有需求，在政策完成的情况下都可以创新。随着全国碳市场建设的不断加速，重点排放行业纳入范围有望迅速扩大。在这方面，技术创新可以准确高效地帮助企业自行开展碳盘查、完成碳排放配额履约清缴、加强碳资产管理交易，从而利用碳市场的价格信号，来推动绿色投资和企业的低碳转型升级。当企业能够充分掌握碳排放等信息后，碳金融产品创新和市场发展也值得我们进一步期待。

3. 商业银行绿色金融合作展望

目前已有多家机构对实现碳达峰、碳中和目标所需的金融资金规模进行了预测，预计资金需求范围预计将在5万亿元左右。根据上述测算，我国未来至少将有百万亿级别的资金需求。面对如此巨量的资金需求，资金来源一般有两个路径：一是财政手段，如财政补贴、税收等；二是通过社会资本解决，即绿色金融。

就碳交易金融市场而言，银行存在以下业务机会：

（1）碳结算。目前商业银行方面仍无法直接参与全国碳交易金融市场的交易，但可以以开立账户、支付结算、第三方存管等业务为主开展相关绿色金融业务，比如已基于银行系统的碳交易资金结算系统等。2021年4月，中国民生银行率先作为全国首家系统接入了全国碳交易市场，并完成了上线工作，具备了先发优势，为未来全面开发碳排放绿色金融业务奠定了良好的业务开端基础。

（2）碳资产质押融资。通过碳资产质押融资间接地参与碳交易金融市场，支持企业碳减排。碳资产质押融资通常是指企业将自身拥有的碳配额或未来碳资产收益作为质押物进行担保，商业银行将基于受益权为其提供贷款。2022年以来，已有多家商业银行推出了绿色金融碳配额（排放权）质押融资金融服务。其中中国银行、交通银行、浦发银行、民生银行、上海银行等已陆续实现了业务落地。随着碳金融交易市场的不断完善，商业银行有望在不远的将来作为金融交易主体纳入碳市场。作为金融行业的老大，商业银行应提早布局，依托专业的评估机构，做好碳金融资产的评估，为开展该项绿色金融担保融资做好业务准备。

（3）碳基金。商业银行、企业和政府等可以通过共同出资设立绿色金融碳基金支持节能减排项目的开展。随着碳金融交易市场发展不断推进，政府作为交易平台的搭建方和监管主体角色，将会逐渐淡出，取而代之的是通过建立ESG&碳基金等形式间接参与，商业银行和各类金融组织将会成为市场主导。比如，建设银行以通过其全资子公司建信金融资产投资有限公司参与了宝武碳中和股权投资基金的设立，阵容包括了中国宝武、国家绿色发展基金、中国太保、建信投资和国开行等机构。根据Wind数据不完全统计，仅在2020年末，我国即已发行了135只ESG基金，总规模超过了1200亿元，相比2019年增长达36%，绿色金融题材基金的发行在不断蓬勃发展。

（4）碳期权期货。碳金融衍生品亦将是未来各商业银行奋力角逐的重要战场。无论是前期的试点碳交易所，还是于2021年成立的全国碳交易市场，都是以碳现货为交易标的，并将在未来开展碳期货期权等交易。我国的碳市场主管部门主张在现货市场基本成熟后再推出碳期货等衍生品，可以预见，未来将很有可能是碳市场的主力金融业务。目前，广州期货交易所已开展了碳期货金融品种的研究，并将成立国家碳期货金融交易市场，商业银行应提前做好布局及准备工作。

（5）碳撮合。商业银行依托自身强大的项目融资渠道和网络优势，通过搭建碳减排项目业主和CCERs潜在买家之间的绿色金融信息交流平台，联合碳核查机构，为 CCER 项目业主提供一站式、全流程的碳金融服务。商业银行对碳减排项目开发和 CCERs 交易可行性及逆行论证分析，协助买卖双方进行前期谈判，确定最优交易条件，促成双方达成交易协议，提供绿色金融融资服务，并可全程监督 CCERs 的交易和资金支付。

第四章

金融化对企业主业发展的影响研究

【本章小结】

近年来,我国的实体企业投资于金融资产、房地产市场的资金越来越多,金融化程度不断加深,"脱实向虚"导致经济体所面临的风险也在不断上升,金融、房地产与实体经济之间的结构失衡已经成为一个严峻挑战。"脱实向虚"使得企业的主业发展难免受到影响。基于这一背景,本章对于企业金融化与主营业务之间可能存在的关系进行了探讨,第一节集中于两者发展现状的讨论。第二节转向金融化对于企业主业可能存在的影响因素做了理论分析并做出研究假设,包括委托代理理论、优序融资理论、预防性储蓄理论和金融深化与金融约束理论。第三节对企业金融化对主业发展的影响开展了实证研究,选取 2007 年—2018 年中国沪深两市 A 股上市非金融、非房地产公司为研究样本,构建固定效应模型进行实证检验,研究企业金融化与主业发展之间关系、政府干预和宏观经济政策不确定性的调节效应以及研发投入的中介作用,并进行区域和行业的异质性研究。实证结果显示,企业金融化的"挤出"效应占主导地位,金融化会严重抑制企业主业的发展;政府干预程度的增加和宏观经济政策不确定性的上升会强化企业金融化的挤出效应;相比于东部地区,中部和西部地区金融化程度的提高对企业主业发展的抑制作用更强；基于产业的异质性，第二产业的企业金融化对主营业绩的影响相比于其他类型的企业更为强烈；第三产业的金融化对企业主业业绩的负面影响较小。第四节基于上述分析，为政府引导金融化合理发展、促进金融服务实体经济提出相应的建议。

20世纪80年代以来，随着生产规模的不断扩大，传统行业出现了产能过剩的现象，企业的盈利能力因此受到侵蚀。因此，全球经济运行的重心已经转移到金融和房地产行业，全球金融资产存量不断上升，虚拟经济加速扩张。作为世界金融中心的美国金融资产总额占名义GDP的比重更是从1960年的5.09%上升到2008年的10.6%。尽管金融可以发挥优化资源配置、促进经济增长的作用，但虚拟经济的过度发展相对于实体经济会产生很多负面影响，造成经济泡沫和实体经济空心化，进而引发危机。学界普遍认为，2008年金融危机爆发的主要诱因就是经济的过度金融化，广大学者开始关注金融化的问题。

在全球都热衷金融化的大背景下，我国从宏观到微观也展现出金融化的趋势。尤其是金融危机爆发以后，我国经济发展方向也逐渐朝着金融化演变。越来越多的实体企业出于增收利润的诱因，开始将大量资金投向包括金融和房地产在内的泛金融行业，实体企业金融化程度不断提高，出现经济泡沫的概率不断增加，经济体不稳定性变大。

金融化对于泛金融行业的影响从宏观角度来看，主要体现在对GDP的贡献程度。2019年我国金融业和房地产业的增加值占GDP的比重达到了14.8%，已超过了一些发达经济体。而金融行业的利润也领先于其他行业，我国上市的金融机构的数量仅占了1%左右，但这些金融机构却能获得高额的利润，其利润在上市公司的占比达到将近50%。

从微观层面来看，金融化表现为实体企业进行金融投资活动。近年来，我国非金融企业的金融市场参与度日益增加。一些业绩不好的公司卖出自己所拥有的投资性房地产和金融资产获得高额收益，甚至弥补亏损，这让一些实体企业不愿意将所得利润投资于扩大再生产，而是将资金投向金融领域。在我国的实体企业中，金融化主要表现为三种经济形态：一是大型非金融、非房地产国有企业和民营企业大量从事金融业务，通过投资、合并和收购银行、证券、保险等金融机构来扩大其业务范围，或者进入房地产市场试图获得高额利润，一些民营企业还成立了互联网金融机构。二是实体企业更加注重投资能够提供附加值和对冲风险的金融产品。企业的金融资产比重不断上升，同时利润对金融收入的依赖程度越来越高，银行贷款在企业融资中的比重不断下降。三是大型企业利用自身的融资优势，以较低的成本借入资金，再将钱借给信用评级较低、难以从银行获得贷款的企业，赚取利差利润，通过这种方式，这些大公司便成为融资平台。可以说，在虚拟经济高额回报率的驱使下，实体企业金融化程度不断加深，已经成为中国经济一个重要的特征。

当前，我国正处在"新常态"时期，在全球经济下行和我国经济结构性问题叠加的环境下，我国经济出现"脱实向虚"的现象会增强我国金融体系的脆弱性，金融风险逐渐显现，也会动摇经济发展的基础。因此早在2012年全国金融工作会议上，中央政府就提出"确保资金投向实体经济"。2017年的全国金融工作会议也提出要把金融资产配置到我国目前重点发展的领域和环节。2021年的"两会"政府工作报告也明确指出，"把服务实体经济放到更加突出的位置"。金融服务实体经济，是一个经常被提起的议题，然而随着经济新常态的发展与转换，每次都是不一样的探讨方向，需要进行与时俱进的创新。国家发展改革委主任何立峰指出，金融、房地产和实体经济的失衡是我国面临的结构性失衡问题，可以看出我国金融化程度的不断提高引起了中央政府的高度重视。

在这种情况下，实体经济企业投资金融、房地产等泛金融行业的趋势是否会对其核心业务的增长产生影响？影响机制是什么？对这些问题的研究不仅为企业金融化的具体影响提供了更深入的理解路径，也为政府制定政策引导经济"由虚转实"提供了理论基础。

随着我国金融体系的不断壮大，实际经济与金融的联系越来越紧密，越来越多的企业开始投资金融资产，在这种现实背景下，对我国实体企业进行金融化的行为展开研究具有重要的理论和实践意义。理论上，我国现有的金融化研究大都集中于宏观金融化，有较多的研究结论和成果，对虚拟经济与实体经济之间的关系研究得较为深入，而对企业金融化的研究却相对较少。在已有的研究中，研究人员重点考察了企业金融化对企业自主创新和实物投资等方面的影响。然而，从企业内在发展机制来看，创新和实物投资的改变可能是企业金融化影响主业发展的途径。除此之外，各种内外部环境因素也会影响公司金融化的行为。因此在探讨企业金融化对其主业未来发展的影响时，本文还探讨了政府干预和宏观经济政策不确定性两种不同的环境因素对二者关系的调节效应，并对传导机制进行深入研究，可以增加关于我国企业金融化的实证研究成果，对学术界有着一定的意义。

从实践层面而言，我国当前经济发展的目标是实现更高质量的发展，在这一阶段，我国亟须调整产业结构，使供给和需求能够更加匹配，而一些实体企业面临着产能过剩的情况，为了获取利润，这些企业可能会投资更多金融产品来获取高额利润，不断提高金融化程度，而忽略了主业的发展，这样的行为可能不利于我国产业结构转型升级和经济更高质量的发展。研究企业金融化对公司主业发展的影响，对政府制定相关政策抑制企业过度金融化、促进企业转型升级等方面有着重要的参考价值。

第一节
企业金融化与主业发展的现状分析

一、我国企业金融化现状

（一）企业持有的金融资产不断增加

企业是经济发展中极其重要的主体，它能够影响宏观经济的发展态势，也会受到宏观环境的影响。近年来我国的金融市场发展十分快速，金融机构发展劲头强劲，金融也在整个宏观经济中占据了较大的比重，可以说，我国的宏观金融化水平在近几年得到了快速提升，而与此同时，金融体系也产生了大量的泡沫。许多企业看到了金融业以及房地产业的超高、快速收益之后，纷纷选择将自己的流动资金投资于其中，期望能在短期内快速获利，甚至有的企业停止提升自己的主业经营能力，直接将本该用于主业投资的资金投资于虚拟经济，这使得我国近几年的实业投资率不断下降，企业的创新也受到影响，这样的情况非常不利于我国经济的健康发展。因此，现在有必要对企业投资金融资产的状况进行具体的分析。

据统计，截至 2020 年 1 月 1 日，我国 A 股非金融类非房地产上市公司金融资产总额达到 24083.92 亿元，比 2007 年的 2351.63 亿元增加了 21732.29 亿元。这说明我国上市的 A 股非金融非房地产公司在飞速进行金融化。2008 年以来，上市公司整体金融资产规模不断扩大，2013 年—2019 年增速较快。

从金融资产分类持有情况看，虽然各类金融资产的体量并不相同，但从趋势上分析，这些金融资产基本是逐年增加的。具体分析企业的金融资产持有情况，交易性金融资产、可供出售金融资产和投资性房地产所占比重较高，交易性金融资产则从 2007 年的 162.96 亿元升至 2019 年的 9416.14 亿元，12 年间增长 57.78 倍左右；可供出售金融资产的持有量从 2007 年的 1510.22 亿元升至 2019 年的 5314.86 亿元，12 年间增长 3.52 倍左右；投资性房地产在 2007 年持有量的 460.59 亿元升至 2019 年的 6346.80 亿元，共增长约 13.78 倍。而至于其他几类金融资产，虽然它们的持有量与上述金融资产相比，总量小很多，但企业仍然在不断地增加资金来配置这些金融资产，只不过企业在运营过程中更偏向于购买前三项金融资产。

（二）企业金融化程度不断加深

企业的金融资产持有量高可能是因为企业将本该用于其他投资的资

金来配置金融资产，但也有可能是因为企业自身规模扩大导致的，因此我们有必要分析金融资产的相对规模，也就是企业的金融化程度。在文献综述部分已经说明，以资产衡量的金融化是企业意愿的更准确指标。因此，我们利用金融资产占总资产的比率来量化上市公司的金融化程度，主要是通过分析企业金融化的平均水平来确定整体行业乃至整个经济体水平。

2007年—2012年，我国上市企业金融化程度呈下降趋势，之后开始稳步上升。而到了2019年，上市公司的平均金融化水平达到了12年以来的峰值，即6.81%，可以说金融化程度的提升非常快速，幅度也非常大。具体来看的话，在2008年金融危机前我国企业的金融化水平将近4%，但之后由于金融危机的原因，企业对于金融资产敬而远之，认为金融资产会带来巨大的损失，因此随后4年企业的金融化程度一直在不断下降，而到了2014年，金融资产的价格基本恢复正常，市场摆脱之前恐慌的情绪，企业又被金融资产的高收益所吸引，开始大力投资金融、房地产资产，金融化程度呈现出一个明显的上升趋势，这种情况应该引起高度重视，防止过度金融化所带来的经济泡沫化和空心化的危机。

（三）企业金融资产收益占比显著增加

利润最大化是企业经营的主要目标，无论企业从事工商业的正常经营商业投资还是金融投资，其最终目标都是产生投资收益和增加利润。根据以往的学术研究，企业金融化也可以从利润的角度来考察。因此，我们对投资金融所得到的收益占利润总额的比例进行了详细分析。

从金融资产的绝对收益数量上来看，2008年金融危机爆发后，我国金融资产价格快速下跌，企业金融收入也随之下降。而随着经济形势的缓和，金融资产收益又有了大幅度的提升，从2007年的562.91亿元增长到2019年的3162.67亿元，年均增长15.47%。

从金融资产的相对收益数量来看，以金融收益占利润总额的比重来衡量金融化程度，非金融企业的金融化程度与企业对金融投资而非实物投资的依赖程度成正比。与金融收益总量相对应，上市公司的金融收益占比在 2008 年大幅下降，之后整体呈现增加的趋势，2012 年—2015 年快速攀升，于 2015 年达到峰值 15.84%，之后几年略有下降，但仍保持一个较高的比重。这说明我国上市公司的金融化程度在不断加深，产生这一现象的主要原因是，近几年我国的资金一直在金融体系内空转，导致金融资产的价格不断增加，这就使得企业能够获得更高的金融收益，同时实体企业主业发展动力不足，企业无法从主业中获利，就转而从金融资产中获利，使得金融收益总量上升。

从数据上来看，与美国等发达国家企业的金融化程度相比，我国上市公司的金融化程度还比较低，还没有达到过度金融化的程度，但这种金融化背后所隐藏的金融泡沫危机，仍然让人警醒。

二、主业发展状况分析

实体企业利润率下降，企业为了追求利润，从原先的发展"主业"转向"辅业"，投入热钱进行投机运营，这种趋势会进一步恶化企业主营业务的发展环境，对其经营发展产生负面影响，所以要分析企业金融化的影响，了解公司主营业务的现状至关重要。

本章采取核心业务收益也就是"主业"与总资产的比率来衡量上市公司主营业务的发展现况。我国的非金融非房地产上市公司 2008 年由于受到金融危机的影响主业绩效大幅下降，之后两年随着经济形势的好转，业绩大幅提升，于 2010 年达到最高 5.53%，之后整体呈现一个下降的趋势，2019 年已降至 2.52%，相比 2010 年下降了 3.01%，降幅很大。

我们将上市公司的主业利润占比与上文的金融化程度趋势相对应，可以发现，随着金融化程度的加深以及平均金融收益占比的增加，企业的主业业绩也呈现一个下降的趋势，因此，我们可以初步做出判断，企业金融化程度的提高不利于企业主业后续的发展。

三、对比分析

（一）按区域对比分析

我国经济发展过程中存在区域失衡的问题，不同地区由于当地资源以及政策力度的不同，经济发达程度和金融市场发展程度也有所不同，因此有必要对不同区域的企业进行对比分析，研究其金融化与主业发展情况的差异。我们按照统计局网站上的划分标准，将我国上市非金融、非房地产公司划分为东部、中部和西部三个经济地区的企业，对其金融化程度以及主业发展情况进行比较分析，其中金融化程度与前文相同，用公司金融资产与资产之比来衡量，主业发展情况与上一节相同，用主业利润占总资产的比值来衡量，最终对比结果可以发现，三个区域企业金融化程度的趋势与前面分析的全部企业金融化程度的趋势是一致的，2007年—2011年呈现下降的趋势，2012年金融化程度开始不断增加，2019年金融化程度大幅提高。而三个区域中，东部地区的企业金融化程度最高，远远高于中部和西部地区企业的金融化程度，东部地区企业的平均金融化程度由2011年的2.28%增加至2019年的7.33%，而中部地区企业的平均金融化程度由2011年的1.55%增加至2019年的5.49%，西部地区企业的平均金融化程度由2011年的1.53%增加至2019年的5.52%，东部地区企业的金融化程度增速也高于中西部地区。

从主业发展情况可以看出，三个区域企业主业利润占比的趋势与前面分析的全部企业主业利润占比的趋势是一致的，从2010年开始呈现下降的趋势。东部地区企业的主业利润占比由2007年的4.79%降至2019年的2.68%，而中部地区企业的主业利润占比由2007年的5.50%降至2019年的2.27%，西部地区企业的主业利润占比由2007年的6.47%降至2019年的1.90%，从中可以发现中西部地区企业主业利润的占比下降幅度高于东部地区企业主业利润占比的下降幅度。

结合金融化程度与主业发展情况，东部地区企业金融化程度的提高虽然远远高于中西部地区的企业，但其主业利润占比的下降幅度却小于中西部地区的企业。因此我们可以初步得出结论，东部地区企业的金融化对主业发展的抑制作用小于中西部地区的企业。

（二）按产业对比分析

不同产业的发展模式和发展环境也会有所不同，因此金融化对不同产业企业主业发展的影响程度也可能存在差异，因此有必要对不同产业的企业进行对比分析，研究其金融化与主业发展情况的差异。我们将我国上市非金融、非房地产公司划分为第一、第二、第三产业的企业，对其金融化程度以及主业发展情况进行比较分析，最终对比结果我们发现，三大产业企业金融化程度的趋势与前面分析的全部企业金融化程度的趋势是一致的，2007年—2011年呈现下降的趋势，从2012年金融化程度开始不断增加，2019年金融化程度大幅提高。而三个区域中，第三产业的企业金融化程度最高，大多数情况下高于第一、第二产业企业的金融化程度，第三产业企业的平均金融化程度由2011年的3.26%增加至2019年的8.01%，而第二产业企业的平均金融化程度由2011年的1.09%增加至2019年的5.62%，第一产业企业的平均金融化程度由2011年的1.24%增加至2019年的7.57%。从增速上看，第一产业的金融化程度增速最高，第二产业企业次之。

从主业发展情况可以看出，第二产业和第三产业企业主业利润占比的趋势与前面分析的全部企业主业利润占比的趋势是一致的，从2010年开始整体呈现下降的趋势，而第一产业企业主业利润占比从2010年—2015年是不断下降的，之后波动上升。第一产业企业的主业利润占比由2007年的1.13%升至2019年的4.08%，而第二产业企业的主业利润占比由2007年的4.79%降至2019年的2.68%，第三产业企业的主业利润占比由2007年的4.86%降至2019年的2.96%，从中可以发现第二产业和第一产业企业主业利润的占比是下降的，而第一产业企业主业利润占比却在提高，与另外两大产业完全不同。

结合金融化程度与主业发展情况，第一产业企业金融化程度的提高虽然远远高于第二和第三产业的企业，但其主业利润占比却在增加，与另外两大产业主业利润下降的趋势完全不同。因此我们可以初步得出结论，第二产业和第三产业企业的金融化对主业发展会产生抑制作用，但第一产业企业的金融化却未必产生"挤出效应"。

四、现状分析小结

通过对我国 2007 年—2019 年 A 股上市非金融、非房地产公司的金融化以及主业发展情况进行分析，并对不同区域和产业的企业进行对比分析，我们可以发现，从绝对数量上来看，我国上市公司持有的金融资产总量和金融收益总量从 2008 年开始呈现一种增加的趋势，而从相对数量上来看，我国上市公司按资产衡量的金融化程度以及金融收益占利润总额的比重也相对应地整体呈现出一种增长的态势。而企业的主业发展情况，即主业利润占资产比重则从 2010 年开始就不断下降，这初步表明实体企业进行金融化、配置金融、房地产资产会抑制主业的发展。

在经过对比分析后发现，我国不同区域的上市公司金融化程度以及主业发展的情况与全部上市公司的情况相一致，但其中东部地区企业金融化程度的加深虽然远远高于中西部地区的企业，但其主业利润占比的下降幅度却小于中西部地区的企业，初步表明东部地区企业的金融化对主业发展的抑制作用小于中西部地区的企业。而不同产业的企业金融化程度以及主业发展情况也有所不同，第一产业企业金融化程度的提高虽然远远高于第二和第三产业的企业，但其主业利润占比却在增加，与另外两大产业主业利润下降的情况完全不同，初步表明第二产业和第三产业企业的金融化对主业发展会产生抑制作用，但第一产业企业的金融化却未必会抑制企业主业的发展。因此，我们有必要在后续的实证分析中对不同区域、不同产业的企业金融化程度与主业发展之间的关系做进一步深入的分析。

第二节
金融化对企业主业发展影响的理论分析

一、关于企业金融化与主业发展的研究

（一）企业金融化对主业发展产生挤出效应

企业的管理者提高金融化水平如果更多的是出于逐利动机，将企业资金投入金融业、房地产业等高收益的领域，甚至挪用本该用于投资主业的资金，就会对企业主业的发展产生不利影响，即产生"挤出"效应。

徐（Seo，2012）对韩国企业的金融化进行了实证分析，得出的结论是，过度的金融投资会显著降低企业的研发投入，从而对企业绩效产生负面影响。托里（Tori，2017）则聚焦于企业金融化问题，发现企业在主业中的投资越来越少，过度投资于金融资产使得企业的主业业绩不断走低，企业所在行业的发展越发低迷。特里维迪（Trivedi，2014）在对印度公司的研究中发现，金融化对实际资本积累产生了负面影响，导致了更高的股息支付，这表明股东倾向和实际资本积累之间可能存在一种平衡，因此，文春晖等（2018）表明企业进行金融资产配置获取收益，将获取的收益再度投入金融资产中，这一循环必然使企业疏于主业的发展，对其主业的长期发展有着非常大的损害。

国内学者也对中国的企业金融化与主业的关系进行了研究，刘笃池（2016）通过构建 Super SBM 模型，利用三阶段组合效率法分析金融化分别在总量上和增量上对非金融企业经营业生产效率的影响，研究得出金融化会对主业的经营发展产生负向影响。杜勇等（2017）加入创新和实物资本等中介因素后，以实证分析得出，金融化对非金融企业后续主营业务发展

的影响是负面的，这种负面影响在国家所施行的宽松货币政策下会被扩大，而良好的金融生态环境会减轻这种负面影响。周彬和谢佳松（2018）也发现金融化会抑制实体经济的发展，而且投资于房地产的挤出效应更强。倪志良等（2019）则通过构建非对称演化博弈模型来分析金融化对企业主业的影响，也发现金融化对企业主营业务的"挤出"效应占主导地位，其中实物资本发挥了传导的作用。王怀明和王成琛（2020）通过研究也得到了金融化与主业盈利能力负相关的结论，并通过调节效应检验表明，高管薪酬激励会强化这种负相关关系。Xingmei Xu 和 Chao Xuan（2021）探讨了中国上市公司的金融化与其未来主业的发展绩效之间的联系，研究结果显示，金融化将直接对企业未来的核心业务表现产生负面影响，该结论可以在样本期内上市公司所显现出来挤出效应的现象上得以证实，并且企业金融化同样减少了企业对研发支出的支持，这个表现在企业专利申请和资助数量上的减少，这种研发投入的降低会明显限制公司核心业务的增长潜力，进而直接影响到企业未来的盈利能力。因此为了使中国市场能够像预期的那样从"蓄水池"效应中受益，需要防范实体企业过度金融化，他们的研究也表明在企业发展阶段，高水平的内部控制可以有效缓解金融化的挤出效应，良好的宏观经济环境可以保证降低企业金融化的动力，减缓金融化进程。

（二）企业金融化对主业发展产生蓄水池效应

如果企业的管理者提高金融化水平更多的是出于风险规避的动机，在资金闲置的时候将其投资于金融、房地产领域中获取收益，等需要资金时再将金融资产、房地产投资资产转变为稳定的现金流，将现金流再投入到主营业务中，通过金融化来解决企业面临的融资约束的问题，这种情况下金融化能提升企业主业的业绩，产生"蓄水池"效应。

国外的一些学者通过研究证明了"蓄水池"效应的存在，克利里（Cleary，1999）提出企业的财务状况会影响其主业的发展，而投资于金融资产会提高企业的盈利能力，改善企业的财务状况，进而促使企业能够更好地发展主业。丹尼斯（Denis，2010）表明融资约束是企业发展过程中面临的非常重要的问题，而企业进行金融资产的投资可以使其更加便利快速地获得低成本资金，进而利用这些资金去发展自己的业务。斯德歌哈莫尔（Stockhammer，2010）则认为在充满变化的市场中，企业只有有了充足的现金流才能在市场中得到进一步的发展，而进行金融资产投资、持有一定的金融产品可以保证企业短期的流动性充足，进而使得企业的主业能够更好地发展。国内也有学者通过研究发现我国的企业金融化有"蓄水池"效应。张慕濒（2013）在研究金融化问题时发现，我国的制造业企业在进行金融投资后获得大量收益，这些盈利资金大都用于自身主业的发展，并没有在金融系统中循环，金融化发挥了"蓄水池"的作用，并没有出现明显的"挤出"效应。

（三）研究评述

在对以前国内外学者所做的关于金融化的研究进行分析归纳后，可以得出以下结论：第一，目前关于企业金融化的内涵，国内外学者给出了很多不同的理解，并没有形成一致的意见，可能是由于不同的学者研究内容的侧重点不同，但综合来看，金融化就是金融在国民经济中的地位显著提升，企业频繁购买金融资产，从金融资产中获得的收益也越来越多。第二，关于金融化的度量方式有很多种，但大致可以分为根据资产衡量和根据利润衡量两大类，如果投资者是理性的话，且金融市场价格稳定，这两类衡量方式在一定程度上是一致的，但是如果是不理性的投资者，或者金融市场价格变动幅度较大，以利润衡量的金融化指标就会受到市场力量的干扰，不能准确反映企业的金融投资倾向。因此，为了保证实证结果的稳健性，本文在衡量金融化程度时，首先选择基于资产计量的金融化程度指标，然后在稳健性检验中选择基于利润计量的金融化程度指标来进行替换。第三，企业进行金融化的动机主要是逐利动机和风险规避动机,不同的动机会给企业的发展带来不同的影响。第四,企业金融化对企业主业的影响是集中在促进作用上还是抑制作用上,学界对此做了大量的分析,结果表明,金融化对企业主业的影响主要体现在抑制作用上,尤其是我国近几年关于企业金融化研究的文献大多表明投资金融资产会占用企业主业发展所需资金,进而使得企业主业发展受到不利影响,但仍有部分学者对促进作用仍持支持态度,他们从财务约束缓解的角度指出,金融化可以帮助企业改善融资约束问题,为企业注入资金活水,进而促进企业主业的发展。

目前,国内学者对金融化宏观影响的研究已经足够充分,但对微观企业金融化的研究相对较少,而且现有的研究主要集中在金融化对企业创新和产业投资的影响上,对于企业金融化与其主业增长研究较少。与此同时,企业经营所面临的一些内外部环境会对金融化与企业主业发展之间的关系产生影响,其中政府干预以及宏观经济不确定性一直被认为是影响企业行为的重要因素,但目前并无文献研究政府干预以及宏观经济政策不确定性对这一关系的影响,本章将在研究金融化对企业主业发展影响的基础上进行深层次的研究,以期为我国经济发展和相关政策的制定做出些许基于研究的建议。

二、理论基础

(一)委托代理理论

20世纪30年代,企业普遍实现大规模生产,企业体量的变大使得企业管理者越来越力不从心,美国经济学家伯利(Berle)和米斯(Means)认为企业的管理者若是由所有者来担任,会对企业的发展产生许多不利的影响。在这种理论背景下,大量企业开始实行公司制改革,分散了所有权和经营权,公司所有者不再经营公司,而是委托职业经理人管理;他们只保留剩余索取权,委托代理理论也应运而生。委托代理假设建立在信息不对称的理论基础上，即委托人和代理的目标是不相容的，委托人追求财富最大化，而代理人追求高工资和更少的工作时间，重点关注自己的利益，两者的目标相冲突。与委托人相比，代理人对业务的了解程度更高，信息优势更大，这会导致信息不对称问题。代理使用掌握的信息来做出对自己有利可图的业务决策。但是，这些行为可能会损害委托人的利益，由于信息的不对称，委托人无法对代理人进行有效的监督和控制，导致道德风险和逆向选择。

企业金融化也是企业经营过程中所要做的经营决策，管理者需要根据企业的业务发展状况、资金持有量、公司发展战略等因素做出决策，决定是否持有金融资产、持有多少金融资产，因此可以用委托代理理论来分析企业金融化的问题。在企业经营过程中，对企业管理者的绩效考核评估往往是根据企业的短期表现，而非根据企业的长期经营成果，因此企业的管理者为了能够获得更高的薪酬以及获得职位的晋升，就会选择能够在短期提高企业利润的投资方式，进而实现个人利益的最大化。而金融和房地产行业往往能在短期内获取高额利润，甚至高于投资企业主营业务所获的利润，这时管理者为了在短期获得巨额利润，就会选择将大量资金投到金融资产和房地产投资资产上，甚至挪用本该用于主业发展的资金，这样就会损害企业主业的长期发展和企业所有者的利益。

此外，对于经理人投资金融和房地产资产的行为，所有者往往态度比较宽松，即当经理人投资泛金融行业并获得良好回报时，公司会用重金奖励经理人。如果金融和房地产投资出现亏损，管理者将投资失败的原因归结于宏观经济环境和政策的变动、金融市场价格的波动等外部原因，而不是承认是自己做出了错误的投资决策，尽可能地降低自己所应承担的责任，进而使得自己的利益最大化。因此，企业的这种奖惩机制进一步促使管理者将大量资金投资于金融、房地产领域。

因此，企业管理者和所有者之间的面临委托代理问题也就导致了企业管理者为了个人利益最大化，会将大部分的资产投资于金融和房地产，以实现短期的利润增长，而忽视了所有者所追求的企业长期发展潜力。

(二) 优序融资理论

优序融资理论，通常称为"啄食顺序理论"，是在 MM 定理放宽了信息是完全的假设基础上的扩展。优序融资理论指出，当企业采用股权融资方式，即发行新股时，由于信息不对称问题，投资者会降低企业股票的估值，导致企业股价下跌，从而对企业产生负面影响。如果企业选择债权融资，将会产生更高的融资成本和更大的债务负担，而内源融资的方式，主要资金来源是企业自身的现金流，不产生额外费用。因此，在融资方面，企业将首先考虑内源融资，其次是债务融资，最后在迫不得已的情况下选择权益融资、发行股票，这样的融资顺序可以使企业能够以较低的成本获得生产经营所需的资金。

企业在发展主业的过程中，往往需要大量的、长期的资金用于研发固定资产投资。为了获取生产经营所需要的资金，根据优序融资理论，由于财务成本和债务负担的影响，首先使用内部的现金流来进行融资的方式。因为外源融资中，债券的财务费用高，会带来较大的还债压力，而发行股票的权益融资会使公司股价下跌，影响企业声誉，不利于企业将来的发展，同时股东也会要求更高的收益，其资本成本高于债务融资资本成本。而内源融资是企业将自身的储蓄转变为投资，不需要额外承担费用，而且具有自主性和抗风险性，企业会优先选择内源融资的方式来获取研发、固定资产等需要的资金。

因此，企业会在资金闲置时储备资金，而不是将其用于发放股利。企业金融化就是企业充分利用闲置资金，进一步增加企业内部现金流的方式。金融资产大都回收周期短而且具有高收益性，变现速度快。当企业没有合适的主业项目且有大量闲置资金时，就将资产配置于金融、房地产领域中，保证流动性的同时还获得一定的收益。当企业有投资项目需要资金支持时，企业就出售金融、房地产资产获取资金，不需要过度依赖外部融资方式。

因此企业通过金融化来实现储备资金的目的，为企业的长期可持续发展提供资金支持。

（三）预防性储蓄理论

预防性储蓄理论认为消费者为了预防未来不确定性水平上升和收入下降，会提前储备资金来保证自己之后的支出水平。消费者在消费时往往根据当期的收入来决定消费水平，而且消费者也不可能在短期立刻调整自己的收入水平，因此当消费者感受到未来可能发生的风险时，就会提前进行预防性储备，将一部分收入挪至未来消费，保证自己消费水平的连贯性。预防性储蓄理论虽然是针对个人消费者提出的，但它也适应于企业，在分析企业行为时具有很重要的理论意义。

企业在存续期间往往面临着激烈的竞争和充满不确定性的市场，而企业对于主业发展所需的研发、固定资产的投资周期往往比较长，随着投资回收周期的增长，企业会面临更高的不确定性，同时企业资产的流动性也会变差。当企业未来有投资项目时很难快速获取资金投入到项目中，这时采取外源融资的方式也面临着资金供给者不足的可能性，企业之后的发展会受到影响，如果企业为了未来的投资持有现金的话也会承担较高的机会成本，而金融化可以有效地解决这一问题。金融资产往往周期短、流动性高，且具有一定的收益，企业可以在不需要资金支出时，用自己所持有的现金购买金融资产和房地产投资资产，当未来有投资项目出现时，可以迅速将金融资产变现，解决企业资金短缺的问题。而根据预防性储备理论，当企业面临的生产经营环境越稳定、不确定性越小，企业的预防性储备越多。而我国的资本市场并没有形成一个有效的体系，企业之间信息沟通不畅，企业进行外源融资时往往面对较高的不确定性和成本，进而使得我国企业增加自己的预防性储备。而且随着金融衍生品种类的增多，企业为了预防经营过程中产品价格波动等风险，往往会选择购买一些金融衍生品来降低企业未来收益的不确定性。

因此，根据预防性储备理论，企业进行金融化、配置金融资产主要是为了企业在未来能有更好的发展，抓住好的投资机会，保证未来收益的确定性，金融化能够促进企业主业的发展。

（四）金融深化与金融约束理论

在基于对发展中国家金融发展研究的基础上，学者们提出了金融深化和金融约束理论。金融深化理论由麦金农和肖（McKinnon and Shaw）提出。强大的金融体系对经济增长至关重要。发展中国家政府没有选择一个好的金融制度，并经常会提出对金融体系产生负面影响的政策。当国家对金融活动进行过度干预时，就会损害国家金融体系的正常增长，导致不能实现有效的资源配置，从而减缓经济发展时，金融抑制就产生了。为了避免金融抑制的产生，发展中国家应该实施金融改革，放弃对金融市场的过度干预，依靠市场自身的调节作用，不断完善金融体系，优化金融资源的配置效率。金融深化假说提出后，一些发展中国家开始改变自己的金融体系，以期通过金融深化来加速经济增长。在发展金融化的过程中，适度的金融化可能会促进企业核心业务的发展。如果政府干预过度，会导致企业过度投资和投资不足等问题，金融化阻碍企业核心业务发展，产生"挤出效应"。

一些推行金融自由化、进行金融深化的国家在后续取得了很好的发展，这些国家的 GDP 在短期内大幅提升，然而一些国家也在这一过程中暴露出问题，东南亚地区的发展中国家在金融深化的过程中暴露出金融风险，引发了金融危机。在这样的背景下，学者们提出了金融约束理论。金融约束理论也可以说是一种国家推动发展论，它与金融深化理论相反，强调了经济发展过程中政府干预可以发挥很好的作用。在宏观经济稳定、通货膨胀率较低等情况下，政府制定的一些利率政策、市场准入制度、宏观经济政策和资产替代限制等可以创造出租金机会，进而有效地促进经济增长。而企业在发展过程中，政府干预可以起到一定的约束作用，当企业盲目进行金融资产投资而忽略了主业的发展时，政府可以制定相应的政策，限制企业的金融、房地产投资，进而减少金融化对企业主业发展的抑制作用。

三、理论分析与假设提出

（一）企业金融化对主业发展影响的挤出和蓄水池效应

非金融公司金融化对于企业核心业务的影响主要是挤出效应和蓄水池效应两种。

一方面，根据委托代理理论，企业必须投资于研发和固定资产，以发展其核心业务。而这些资产的投资往往具有较长的回收期，而且在投资期内具有较大的不确定性，变现能力差。企业管理层为了谋取私利，使自己获得更多薪酬、获得职位的晋升，更愿意投资能够在短期内为企业带来巨额利润的资产，而不是为了实现股东权益最大化将资金投向发展主业，甚至还有可能消耗主营业务发展所需的资金，从而阻碍企业主营业务业绩的提升，在这种情况下，金融化对企业未来主业发展产生挤出效应。

另一方面，根据优先融资理论和预防性储蓄理论，作为一种内部融资，将资金投资于金融资产可以最大限度地降低企业的融资成本和对外部资金的依赖。同时企业在生产经营过程中面临较大的不确定性，未来的经营风险和投资机遇难以预测，企业处于预防性储蓄的动机，在资金闲置时将其投入到金融、房地产领域，既能获取一定的收益，也能减小机会成本。当企业出现资金链缺口或核心业务有较大投资机会时，可立即将金融产品变现，获得资金填补缺口，投资核心业务，投资有投资价值的新的实业投资项目，进而促进企业主业业绩的提高，使企业能够长期可持续地发展。因此，企业金融化对主业发展起到了"蓄水池"的作用。

综上所述，金融化对企业核心业务发展的影响，取决于"挤出"效应和"蓄水池"效应中的哪一个更强大、更能发挥显著作用。因此，我们可做出以下假设：

H1-1："挤出"效应发挥主导作用，金融化对企业主业发展具有抑制作用。

H1-2："蓄水池"效应发挥主导作用，金融化对企业主业发展具有促进作用。

（二）政府干预的调节效应

根据金融深化理论，政府干预会使金融体系扭曲，使得资源不能有效配置，抑制了经济的发展，也会使企业过度进行金融投资，影响企业的主业经营发展。控股公司是政府干预最直接的体现。一方面，国家将向其控股的企业提供更多资金，使其面临的财务限制比其他企业更少，外部融资成本更低，更能获得大型的商业银行贷款，资金更易流向金融市场；另一方面，国家控股的企业往往规模巨大，企业体系架构十分复杂，与其他企业尤其是中小企业相比，企业内存在更加难以解决的委托代理问题，同时国有控股企业的高层管理者往往有着硬性的业务指标，管理者为了完成这些指标就会选择将资金配置于流动性高、收益高的金融资产，减少对企业主业的资金投入，使企业主业持续走低。

此外，根据金融约束理论，政府干预会对实体经济的发展具有很大的影响力，政府适当的干预可以减缓由于信息不对称导致的市场失灵问题，优化资源配置，为经济主体提供一些资金支持。在金融发展过程中，政府约束扮演着重要角色，政府的各项政策能够有力地推动经济与金融的协同发展。在我国受政府控制的企业要履行其社会责任并贯彻政府方针，同时国企高管的行为受到了政府的监管与干预，在重重压力下，国企高管不得不按照政府颁布的政策做出各项决策。近年来，我国一直要求经济发展的着力点要放在实体经济上，因此受政府干预的企业会大力推动其主业的发展。

综上所述，我们提出以下假设：

H2-1：政府干预会增强金融化的"挤出"效应。

H2-2：政府干预会增强金融化的"蓄水池"效应。

(三) 宏观经济政策不确定性的调节效应

宏观经济政策不确定性是指由于政府经常变动货币政策等宏观经济政策，使得个人、企业等市场主体不能够对政府之后的政策走向有一个合理的预期，导致经济运行产生极大的不确定性。近些年来，由于国际大环境的变动以及国内经济发展速度下降等原因，政府颁布政策的频率也有所增加，使得企业等主体不能对政府下一步的货币政策等做出合理的预判，使得我国近几年的宏观经济政策不确定性不断提高。

宏观经济政策不确定性提高会增加企业经营风险，使企业未来现金流的不确定性增加，企业为了防范未来可能出现影响其主业发展的政策，会提前保留足够的流动性资产，出于风险规避的动机进行预防性储备，进而提高企业金融化的程度。一些学者也研究过经济政策不确定性与企业金融化行为之间的关联，他们大都认为企业会因为经济政策不确定性的上升而选择减少对一些需要长期投入的资产，比如固定资产研发的资金投入，因此经济政策不确定性提高可能使得企业更偏爱金融资产等流动性高的资产，进而使得整个经济体系出现脱实向虚的现象。

从另一方面分析，经济政策不确定性上升会使金融市场上的金融产品价格波动性提高，会让作为金融投资者的企业管理者在试图通过配置金融资产来筹集到资金时面临较大的不确定性，他们的融资成本很有可能并没有如他们所预想的那么低，甚至成本极高，在这样的情况下，管理者对于投资金融资产的热情就会有所下降。同时经济政策不确定性的增加会让银行难以分析企业之后业务的发展情况，不能很好地分析企业的盈利能力和还款能力，银行会因此不愿意放贷给企业，使企业从银行进行间接融资的难度加大，能够获取的资金变少，能够投资于金融资产的资金也相应变少，从而抑制企业金融化。

因此，我们提出以下假设：

H3-1：经济政策不确定性的增加会增强金融化的"挤出"效应。

H3-2：经济政策不确定性的增加会增强金融化的"蓄水池"效应。

（四）研发投入的中介效应

学者们对公司金融化影响企业主业发展的传导机制的研究主要集中在创新实物资本投资方面。公司金融化的侧重点不同，对公司发展的影响也不同。

非金融企业的生产经营活动主要包括机器制造、工业加工和商品交易。他们把大部分资金用于日常生产和经营。固定资产投资、创新活动产生的固定资产和无形资产是企业最重要的资本储备。内米利奥卢（Nemlioglu）和马利克（Mallick，2017）对英国的企业进行研究后发现，在2008年金融危机后，只有当与研发活动相结合时，更高的无形资产才是有益的。

王红建等（2016）以及张（Zhang）和瓦因（Vigne，2021）认为，创新和实物资本投资水平是金融化对企业主营业务未来绩效和宏观经济增长影响的中介因素。他们认为，随着货币政策的放松，金融化的破坏性影响会加剧。非金融企业跨行进入金融行业的主要原因就是企业面临着越来越激烈的竞争，而企业在金融行业中投资是一种套利行为，企业热衷于套利会忽略企业主业的可持续发展，在这一过程中企业的研发创新明显减少。当金融业的利润与企业所在行业的利润差距非常大时，企业的创新减少得更快。

刘（Liu，2017）发现，持有金融资产和获取金融利润的意义侧重点不一样，前者更具有储备功能，后者更具有替代功能。适度金融化可以减弱企业的融资压力，并优化其投资效率。然而，由于金融投资的高回报，过度金融化也会挤压产业投资的资金，影响其投资范畴，公司投资效率也在金融化的影响下偏离最优。此外，金融化将通过研发支出间接影响投资效率。在资产配置方面，研发投资是一个灵活性更大、规模变化更频繁的领域，也是最容易被企业金融化挤出的领域。此外，研发是企业可持续盈利能力的关键因素。

基于以上分析，我们基于研发投入对企业主业发展的影响提出以下假设：

H4：企业的研发投入在金融化对未来主业发展的影响过程中产生中介效应。

第三节
金融化对企业主业发展影响的实证分析

一、样本选取与变量选择

（一）样本选取与数据来源

由于中国从2007年起使用了新会计准则，为保证数据的统一性和可得性，本文选取2007年—2018年我国A股上市公司作为研究样本，依据如下标准筛选样本：1. 剔除金融和房地产行业上市公司；2. 剔除ST类公司；3. 剔除关键因素数据不完整的企业。最后，本文利用3073家企业的数据，制作了23971家公司的年度观察数据。其中，企业主营业务的业绩以t+1期指数表示，因此该指数采用的样本期为2008年—2019年。该研究均使用来自CSMAR数据库的财务数据，而经济政策不确定性指数来自Wind数据库。样本数据中的一些极端值可能会对实证结果产生影响，因此在开始回归前对所有的连续变量进行winsor21%和99%分位的缩尾处理，使结果更加准确。

（二）变量选择

1. 被解释变量

企业主业业绩（$Coreperf_{t+1}$）：该项指标主要参考杜勇（2017）的方法，

用企业 t+1 期的扣除金融资产收益后的营业利润与企业资产的比值来衡量，但是在金融资产中，企业对联营和合营企业的投资属于长期投资，并不是一种投资套利的收益，所以应加回该资产收益，这样能够更好地衡量企业主业的业绩，因此该指标的具体计算公式为：

$$Coreperf_{t+1} = \frac{\text{营业利润} + \text{对联营企业和合营企业的投资收益} - \text{投资收益} - \text{公允价值变动收益}}{\text{总资产}}$$

(4-3-1)

2. 解释变量

基于资产负债表的金融化程度指标（Fin_1）：本文的主要实证部分侧重于根据资产来衡量公司的金融化程度，因为这是企业投资金融资产最有意愿的表征。构建金融资产的计算指标时，本文选取了交易性金融资产、衍生金融资产、买入返售金融资产、发放贷款及垫款净额、可供出售金融资产净额、持有至到期投资净额和投资性房地产净额。一些研究人员还将货币资金归类为金融资产，但由于它们主要用于创建和经营企业，不在本文对金融资产的讨论范畴。长期股权投资是企业对子公司或联营企业、合营企业进行的长期战略性业务投资，并非在短期持有，故也不包括在内。而且，我国房地产虚拟化程度不断加深，房地产具有投资的属性，许多进入房地产的资金并不是因为刚需而是为了投机。因此，本文将投资性房地产纳入金融资产中。该指标的计算公式为：

$$Fin_1 = \frac{\begin{array}{c}\text{交易性金融资产} + \text{衍生金融资产} + \text{买入返售金融资产} + \text{发放贷款及垫款净额} \\ + \text{可供出售金融资产净额} + \text{持有至到期投资净额} + \text{投资性房地产净额}\end{array}}{\text{总资产}}$$

(4-3-2)

基于利润表的金融化程度指标（Fin_2）：金融收益主要由交易性金融资产、持有至到期投资、可供出售金融资产、衍生金融资产以及投资性房地产等所产生的公允价值变动收益、利息收益、交割收益和减值损失等。但非金融企业资产减值损失大部分与固定资产、存货等有关，而金融资产减值损失较小。因此，金融收益的主要组成部分是利息收入、公允价值变动损益和投资收益，不包括为实现长期战略业务目标而对联营公司和合资企业的投资收入。最后，从收益的角度计算了企业的金融化程度，具体公式为：

$$Fin_2 = \frac{投资收益-对联营企业和合营企业的投资收益+公允价值变动收益+利息收入}{利润总额}$$

(4-3-3)

3. 调节变量

政府干预程度（Gov）：政府干预包括直接干预和间接干预：直接干预是指政府通过控制或持有企业股份来影响企业经营和投资决策；间接干预是指政府通过一系列政策作为宏观引导来影响企业的行为。政府干预的衡量方式因研究问题而异，学者们有的采用虚拟变量来定义产权性质，有的用政府补贴来衡量企业的财政干预程度，也有学者构建综合性较高的政府干预指标等。本文研究的是政府对于企业的直接干预，而李善民和朱滔（2006）认为国有股比例在一系列指标中能够较好地体现政府的干预程度以及对企业的控制能力，因此本文用国有股占企业股份的比例来衡量政府干预程度。

宏观经济政策不确定性（EPU）：基于贝克（Baker）等人设计的依据关键词来测算的经济政策不确定性指数，来量化我国宏观经济政策不确定性程度，因为该指数利用多种报纸搜索关键词，测量的准确性更高。由于Baker编制的是月度中国经济政策不确定性指数，而本文使用的是年度数据，因此我们将月份宏观经济政策不确定性的算数平均数（除以100）作为最终代理变量。

4. 中介变量

研发投入（RD）：企业金融化对主业发展的影响必然存在中介传导机

制，企业的技术创新对企业主业的发展至关重要，是其长远发展的保障，当企业的创新跟不上主业的发展需求时，便会产生一些经营问题，而研发投入是企业实现技术创新的主要途径。因此本文将研发投入作为中介变量，用企业当期研发投入占总资产的比例来衡量企业的研发投入。

5. 控制变量

本研究基于对当前文献的研究，从公司治理和财务特征这两个要素中引入控制变量。包括：企业规模（Scale）、企业年龄（Age）、负债率（Debt）、经营净现金流（Flow）、投资机会（Growth）、股权集中度（Top10）、董事会规模（Board）、独董比例（Indep）、机构投资者持股比例（Ins-town）、领导权结构（Dual）。

根据以上分析，表4-3-1列出了变量的名称和具体变量：

表4-3-1 变量定义表

变量类型	变量名称	变量符号	变量描述
被解释变量	企业主业业绩	$Coreperf_{t+1}$	（营业利润-投资收益-公允价值变动收益+对联营企业和合营企业的投资收益）/总资产
解释变量	基于资产负债表的金融化程度指标	Fin_1	（交易性金融资产+衍生金融资产+买入返售金融资产+发放贷款及垫款净额+可供出售金融资产净额+持有至到期投资净额+投资性房地产净额）/总资产
	基于利润表的金融化程度指标	Fin_2	（投资收益-对联营企业和合营企业的投资收益+公允价值变动收益+利息收入）/利润总额
调节变量	政府干预程度	Gov	用国有股比例来衡量
	宏观经济政策不确定性	EPU	用月份宏观经济政策不确定性算数平均数（除以100）对数衡量
中介变量	研发投入	RD	用企业当期研发投入占总资产的比例来衡量
控制变量	企业规模	Scale	用总资产（单位为百万元）的自然对数衡量
	企业年龄	Age	用企业研究年份减去企业成立年加1的自然对数来衡量
	负债率	Debt	用期末总负债与总资产之比来衡量

续表

变量类型	变量名称	变量符号	变量描述
控制变量	经营净现金流	Flow	经营活动现金流量净额/资产总额
	投资机会	Growth	（本年度主营业务收入-上年度主营业务入）/上年度主营业务收入
	股权集中度	Top10	用前十大股东持股比例之和来衡量
	董事会规模	Board	用董事会人数的自然对数来衡量
	独董比例	Indep	用独董个数与董事会总数之比来衡量
	机构投资者持股比例	Ins-town	用机构投资者持股数量与总股数之比来衡量
	两权分离	Dual	用两权分离率即实际控制人拥有上市公司控制权与所有权之差来衡量

二、实证模型构建

本文首先对数据进行 F 检验和豪斯曼检验，最终排除 OLS 和随机效应模型，采用最优的固定效应模型，构建模型如下：

（一）基准回归模型

为分析企业金融化对主业业绩的影响构建如公式（4-3-4）所示的模型。其中，i 表示企业，t 表示年份，$Coreperf_{i,t+1}$ 为企业主业业绩、$Fin1_{i,t}$ 为企业金融化程度、$Control_{i,t}$ 为控制变量、μ_i 为个体效应、$\varepsilon_{i,t}$ 为随机误差项。若 $Fin1_{i,t}$ 的回归系数 α_1 显著小于 0，则 H1-1 成立，说明企业金融化对企业主业发展有抑制作用；若 $Fin1_{i,t}$ 的回归系数 α_1 显著大于 0，则 H1-2 成立，说明企业金融化对企业主业发展有促进作用，"蓄水池"效应发挥主导作用；

$$Coreperf_{i,t+1} = \alpha_0 + \alpha_1 Fin1_{i,t} + \sum \alpha_i Control_{i,t} + \mu_i + \varepsilon_{i,t} \qquad (4-3-4)$$

（二）调节效应模型

为分析政府干预程度对企业金融化与主业业绩之间关系的调节效应，构建如公式（4-3-5）所示的模型，其中 $Gov_{i,t}$ 为政府干预程度。在该式中，我们主要关注企业金融化与政府干预程度的交互项 $Fin1_{i,t} \times Gov_{i,t}$，若其

回归系数 β_2 显著小于 0，则 H2-1 成立，说明高政府干预会增强金融化的"挤出效应"，削弱了金融化的"蓄水池"效应；若其回归系数 β_2 显著大于 0，则 H2-2 成立，说明高政府干预会增强金融化的"蓄水池"效应，抑制了金融化的"挤出效应"。

$$Coreperf_{i,t+1}=\beta_0+\beta_1 Fin1_{i,t}+\beta_2 Fin1_{i,t}\times Gov_{i,t}+\beta_3 Gov_{i,t}+\sum\beta_1 Control_{i,t}+\mu_i+\varepsilon_{i,t}$$
(4-3-5)

为分析宏观经济政策不确定性对企业金融化与主业业绩关系之间的调节效应，构建如公式（4-3-6）所示的模型，其中 $EPU_{i,t}$ 为经济政策不确定性。在该式中，本文主要关注的是企业金融化与经济政策不确定性的交互项 $Fin1_{i,t}\times EPU_{i,t}$，若其回归系数 γ_2 显著小于 0，则 H3-1 成立，说明经济政策不确定性上升会增强金融化的"挤出效应"，削弱了金融化的"蓄水池"效应；若其回归系数显著大于 0，则 H3-2 成立，说明经济政策不确定性上升会增强金融化的"蓄水池"效应，抑制了金融化的"挤出效应"。

$$Coreperf_{i,t+1}=\gamma_0+\gamma_1 Fin1_{i,t}+\gamma_2 Fin1_{i,t}\times EPU_{i,t}+\gamma_3 EPU_{i,t}+\sum\gamma_i Control_{i,t}+\mu_i+\varepsilon_{i,t}$$
(4-3-6)

（三）中介效应模型

国内外众多学者对中介效应的存在及其检验方法进行了研究，温忠麟等专家在国际学者研究的基础上，建立了中介效应检验策略。该过程基于逐步检验回归系数法，可以降低中介效应检验错误率，并且可以检验中介效应是部分中介效应还是完全中介效应。因此，为验证企业研发投入在金融化影响企业主业发展的过程中是否具有中介效应，本文该检验程序来进行检验。我们在模型公式（4-3-4）的基础上再构造公式（4-3-7）和公式（4-3-8）两个新模型，其中 $RD_{i,t}$ 为研发投入。我们将 3 个模型组合到一起如下：

$$Coreperf_{i,t+1}=\alpha_0+\alpha_1 Fin1_{i,t}+\sum\alpha_i Control_{i,t}+\mu_i+\varepsilon_{i,t} \quad (4-3-4)$$

$$RD_{i,t}=\lambda_0+\lambda_1 Fin1_{i,t}+\sum\lambda_i Control_{i,t}+\mu_i+\varepsilon_{i,t} \quad (4-3-7)$$

$$Coreperf_{i,t+1} = \delta_0 + \delta_1 Fin1_{i,t} + \delta_2 RD_{i,t} + \sum \delta_i Control_{i,t} + \mu_i + \varepsilon_{i,t} \qquad (4-3-8)$$

该中介效应模型检验方法如下：第一步，检验 α_1 的显著性，结果显著就继续进行检验，结果不显著则说明不存在中介效应，停止检验；第二步，检验 λ_1 和 δ_2 的显著性，如果结果都显著，继续检验，存在一个系数不显著的情况，则进行 Soble 检验，Soble 检验结果显著则中介效应存在，否则不存在中介效应；第三步，检验 δ_1 是否显著，如果 δ_1 显著且满足 $|\alpha_1|>|\delta_1|$，则存在部分中介效应，如果 δ_1 不显著，则存在完全中介效应，检验结束。检验程序如图 4-3-1 所示。

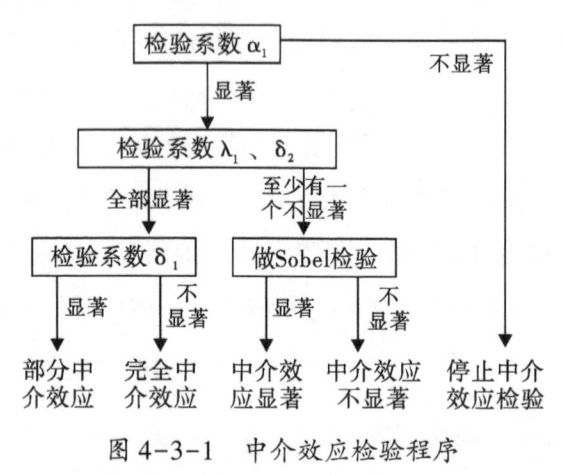

图 4-3-1 中介效应检验程序

三、描述性统计与相关性分析

（一）描述性统计分析

本文对变量进行了描述性统计，具体变量的描述性统计结果如下表所示。从表中我们可以看出企业主业业绩的均值为 3.90%，中位数为 3.70%，最大值为 23.7%，最小值为 -22.8%，这表明部分企业会因为经营不善等原因主业经营利润为负，而我国的非金融、非房地产企业的主业经营情况差距很大。衡量企业金融化程度的指标 Fin_1 和 Fin_2 的中位数分别为 0.3% 和 0.9%，表明超过一般的企业持有金融资产，并通过投资金融资产获得的收益，而这两个指标的均值分别为 2.6% 和 15.2%，这主要是因为两个指标的度量方法不同,所以百分比会出现较大差异。而这两个指标的最大值分别为32.6%和361.9%,这表明我国部分非金融企业持有的金融资产比重较大,有的企业甚至通过配置金融资产弥补了主业利润的亏损,获得了超额的收益,由此可见,我国非金融企业金融化已成为一种常见的经济现象,值得我们重点关注。

调节变量政府干预程度 Gov 和经济政策不确定性 EPU 的均值分别为6.8%和2.403。政府干预程度最高时,国有股持股比例可以达到92.2%,表明政府对于一些企业的控制力度较强。而经济政策不确定性的标准差为1.279,最小值为0.823,最大值为4.605,说明我国的经济政策的不确定性存在一定的波动性。

表 4-3-2 描述性统计

变量名称	样本数量	均值	标准差	最小值	中位数	最大值
$Coreperf_{t+1}$	23971	0.039	0.064	-0.228	0.037	0.217
Fin_1	23971	0.026	0.056	0.000	0.003	0.326
Fin_2	23971	0.152	0.507	-0.492	0.009	3.619
Gov	23971	0.068	0.161	0.000	0.000	0.922
EPU	23971	2.403	1.279	0.823	1.813	4.605
RD	23971	0.016	0.018	0.000	0.012	0.090
$Scale$	23971	8.127	1.261	5.835	7.948	12.110
Age	23971	2.713	0.407	0.000	2.773	4.111
$Debt$	23971	0.415	0.205	0.047	0.407	0.886
$Flow$	23971	0.049	0.070	-0.150	0.047	0.248
$Growth$	21930	0.193	0.398	-0.472	0.125	2.537
$Top10$	23971	0.598	0.158	0.013	0.609	1.012
$Board$	23971	2.150	0.200	1.099	2.197	2.890
$Indep$	23971	0.372	0.055	0.091	0.333	0.800
$Ins-town$	23971	0.277	0.235	0.000	0.223	0.821
$Dual$	23063	0.049	0.078	0.000	0.000	0.594

(二) 相关性分析

本文对研究所用的变量进行了 Pearson 相关性分析,结果如表 4-3-3、4-3-4 所示。从该矩阵可以初步判定企业金融化与主业业绩具有负相关关系,$Coreperf_{t+1}$ 与 Fin_1、Fin_2 的相关系数分别为 -0.062 和 -0.213,且在 1% 的显著性水平下显著,初步验证了假设 H1-1,即"挤出"效应发挥主导作用,金融化会抑制企业主业发展。RD 和 Fin_1、Fin_2 的相关系数分别为 -0.093、-0.080,且在 1% 的显著性水平下显著,初步验证假设 H4-1 成立,即金融化程度的提高会抑制企业的研发投入。而 RD 与 $Coreperf_{t+1}$ 的相关系数在 1% 的显著性水平下为 0.120,说明企业主业的发展与研发投入水平显著正相关,初步验证假设 H4-2 成立。各变量之间的相关系数均小于 0.5,则说明各变量之间不存在严重的多重共线性问题。

表 4-3-3 Pearson 相关系数矩阵

	$Coreperf_{t+1}$	Fin_1	Fin_2	Gov	EPU	RD	Scale	Age
$Coreperf_{t+1}$	1.000							
Fin_1	-0.062***	1.000						
Fin_2	-0.213***	0.207***	1.000					
Gov	-0.002	-0.032***	-0.012*	1.000				
EPU	0.025***	0.071***	0.006	-0.184***	1.000			
RD	0.120***	-0.093***	-0.080***	-0.207***	0.205***	1.000		
Scale	-0.023***	0.036***	0.025***	0.135***	0.129***	-0.176***	1.000	
Age	-0.079***	0.163***	0.094***	-0.137***	0.341***	-0.028***	0.169***	1.000
Debt	-0.298***	-0.019***	0.062***	0.133***	-0.077***	-0.258***	0.471***	0.150***
Flow	0.392***	-0.035***	-0.098***	0.061***	-0.008	0.031***	0.061***	0.011*
Growth	0.148***	-0.047***	-0.077***	0.076***	0.006	0.020***	0.045***	-0.053***
Top10	0.252***	-0.170***	-0.144***	0.155***	0.046***	0.081***	0.055***	-0.260***
Board	0.002	-0.037***	-0.010	0.186***	-0.133***	-0.141***	0.264***	-0.003
Indep	-0.019***	0.015**	0.012*	-0.056***	0.072***	0.058***	0.022***	-0.012*
Ins-town	0.019***	0.078***	0.034***	-0.234***	0.034***	-0.090***	0.390***	0.221***
Dual	0.031***	-0.016**	-0.008	-0.043***	-0.051***	-0.036***	0.067***	0.029***

表 4-3-4　Pearson 相关系数矩阵

	Debt	Flow	Growth	Top10	Board	Indep	Ins-town	Dual
Debt	1.000							
Flow	-0.114***	1.000						
Growth	0.037***	0.008	1.000					
Top10	-0.152***	0.121***	0.108***	1.000				
Board	0.183***	0.062***	-0.017***	-0.010	1.000			
Indep	-0.025***	-0.033***	0.004	0.042***	-0.491***	1.000		
Ins-town	0.234***	0.102***	-0.085***	-0.018***	0.144***	-0.032***	1.000	
Dual	0.087***	0.042***	-0.006	0.043***	0.081***	-0.095***	0.187***	1.000

注：***、**、* 分别表示 1%、5%、10% 的显著性水平上显著。

四、实证分析

（一）金融化与企业主业发展

表 4-3-5 为公式（4-3-5）构建的模型的回归结果，从中可以看出当 $Coreperf_{t+1}$ 对 Fin_1 进行回归时，Fin_1 的系数为 -0.037，且在 1% 的显著性水平下显著，表明 Fin_1 每增加一个单位，$Coreperf_{t+1}$ 将减少 0.037 个单位，企业的金融化程度提高会对企业主业的发展产生明显的负向效果。

从控制变量上看，企业规模（Scale）、企业年龄（Age）、负债率（Debt）、经营净现金流（Flow）、投资机会（Growth）、股权集中度（Top10）、独董比例（Indep）、机构投资者持股比例（Ins-town）对企业主业的发展有显著影响，除独董比例是在 10% 的显著性水平下显著，其他控制变量均是在 1% 的显著性水平下显著。企业规模、负债率与企业主业的发展为负相关关系，说明高负债经营会抑制企业主业的发展。企业年龄、经营净现金流、投资机会、股权集中度、独董比例和机构投资者持股比例均对企业主业的发展产生正向的影响。而董事会规模和领导权结构与企业主业业绩的相关性不显著。

该实证结果表明企业金融化的挤出效应强于蓄水池效应，证明了假设H1-1。折射到经济意义上，主要表现为实体企业将资产投向金融、房地产市场并没有起到降低企业融资成本、为企业主业积蓄资金的作用，反而会更多地挤占实业资本，导致企业没有充足的资金发展其主业。金融、房地产领域的高额回报率使得企业在资本逐利驱使下，陷入"投机金融资产—获取收益—投机金融资产"的炒钱循环中，从而抑制主业发展。

表 4-3-5 金融化与企业主业发展

	$Coreperf_{t+1}$		$Coreperf_{t+1}$
Fin_1	-0.037*** (0.012)	Board	-0.004 (0.005)
Scale	-0.012*** (0.002)	Indep	0.023* (0.013)
Age	0.016*** (0.004)	Ins-town	0.008*** (0.003)
Debt	-0.059*** (0.006)	Dual	-0.018 (0.014)
Flow	0.152*** (0.009)	_cons	0.053*** (0.017)
Growth	0.021*** (0.001)	$r2\_\alpha$	0.122
		F	91.194***
Top10	0.093*** (0.007)	N	21065

注：***、**、*分别表示1%、5%、10%的显著性水平上显著；括号内为稳健修正后的标准误。

（二）调节效应分析

1. 政府干预程度的调节效应

为检验政府干预程度是否对金融化与企业主业发展之间的关系具有调节效应，本文对其进行了相关的实证检验，实证回归结果为表4-3-6第

(1)列。在1%的显著性水平上,Fin_1的回归系数为-0.039,显著为负,表明企业金融化将对核心业务的业绩产生负向影响。本研究侧重于经过中心化处理后的政府干预程度与企业金融化程度的交互项$Fin_1 \times Gov$,该项回归系数为-0.123,且在5%的显著性水平上通过统计检验,这表明政府干预程度对金融化与企业主业发展的关系具有显著的强化作用,政府干预程度的增加增强了金融化对企业主业业绩的负面影响,这一结果证明假设H2-1是成立的,同时拒绝了假设H2-2。以上结果表明,受国家控股的企业资金充裕、较少面临融资约束的问题,资金更容易流向金融、房地产市场,而管理层为了谋取私利以及完成短期业绩压力,投机心理增强,配置更多金融资产,没有使资金流向主业,抑制了主业的发展。

2. 宏观经济政策不确定性的调节效应

为考察宏观经济政策的不确定性对企业金融化与主业发展之间关系的调节效应,本文对公式(4-3-7)构建的模型进行了实证检验,检验结果如表4-3-6的第(2)列所示。其中,Fin_1的回归系数为-0.039,仍在1%的显著性水平下显著为负。经中心化处理后的宏观经济政策不确定性和金融化程度的交互项$Fin_1 \times EPU$的回归系数为-0.009,且在10%的显著性水平上显著,这一结果表明宏观经济政策不确定性对金融化与企业主业发展的关系具有显著的强化作用,宏观经济政策不确定性的上升强化了金融化对企业主业业绩的负面影响,这和假设H3-1的预期一致,拒绝了假设H2-2。结果表明,经济政策不确定性的上升也增加了企业现金流的不确定性,强化了企业的预防性储蓄动机,加剧了管理层投资于金融资产来进行套利和投机的倾向。对企业固定资产、研发等方面资金投入的减少,可以使公司在资金短缺时迅速出售金融资产获得现金流,以应对潜在的流动性危机。企业的金融化趋势增强,但主营业务获得的资金进一步减少,使得企业主业的业绩表现恶化。

表 4-3-6　政府干预程度和宏观经济政策不确定性的调节效应

	$Coreperf_{t+1}$	$Coreperf_{t+1}$
Fin_1	-0.039***	-0.039***
	(0.012)	(0.012)
Gov	0.006	
	(0.005)	
$Fin_1 \times Gov$	-0.123**	
	(0.050)	
EPU		0.002***
		(0.000)
$Fin_1 \times EPU$		-0.009*
		(0.005)
$Scale$	-0.013***	-0.013***
	(0.002)	(0.002)
Age	0.016***	0.008*
	(0.002)	(0.004)
$Debt$	-0.059***	-0.058***
	(0.006)	(0.006)
$Flow$	0.152***	0.151***
	(0.009)	(0.009)
$Growth$	0.021***	0.021***
	(0.001)	(0.001)
$Top10$	0.092***	0.093***
	(0.007)	(0.007)
$Board$	-0.004	-0.004
	(0.005)	(0.005)
$Indep$	0.024*	0.024*
	(0.013)	(0.013)
$Ins\text{-}town$	0.011***	0.009***
	(0.004)	(0.003)
$Dual$	-0.017	-0.017
	(0.014)	(0.014)
$\_cons$	0.052***	0.080***
	(0.017)	(0.018)
$r2\_a$	0.122	0.124
F	77.279***	80.139***
N	21065	21065

注：***、**、*分别表示1%、5%、10%的显著性水平上显著；括号内为robust修正后的标准误。

(三) 中介效应分析

表 4-3-7 展示了中介效应检验的结果，公司金融化与主业业绩之间的回归结果如列(1)所示。企业金融化 Fin_1 的回归系数为 -0.037，在 1% 的水平上具有统计显著性，通过了第一步检验。公司金融化与 R&D 投入的回归结果如第(2)列所示，Fin_1 的回归系数为 -0.015，在 1% 的水平下显著，表明企业金融化对企业 R&D 支出有很强的负向影响。企业金融化、研发投入和主业业绩的回归结果出现在第(3)列。研发投入 R&D 系数为 0.169，在 1% 的水平上显著，表明研发投入对企业绩效有相当大的正向影响。同样，企业金融化 Fin_1 的回归系数为 -0.034，在 1% 的水平上显著，该结果显示 λ_1 和 δ_2 均显著，可以进行第三步检验。而在第三步检验中，δ_1 显著，而第(2)列的 Fin_1 回归系数的绝对值小于第(1)列 Fin_1 回归系数的绝对值，即 $|\alpha_1| > |\delta_1|$，说明纳入研发投入以后 Fin_1 对主业业绩的负向影响变小，研发投入在金融化对主业业绩的影响中起到了部分中介的作用，验证了假设 H4 成立。

以上结果表明，企业为了投资套利获得高额利润，将大量资金投资于金融、房地产市场，大量挤占了研发投入资金，而研发投入的减少使得企业的技术创新不足，不利于企业的可持续发展，导致企业的主业业绩变差，研发投入在金融化与企业业绩之间呈现桥梁的传导作用。

表 4-3-7 金融化、研发投入和主业业绩

	$Coreperf_{t+1}$	RD	$Coreperf_{t+1}$
Fin_1	-0.037*** (0.012)	-0.015*** (0.003)	-0.034*** (0.012)
RD			0.169*** (0.050)
Scale	-0.012*** (0.002)	-0.000 (0.000)	-0.012*** (0.002)
Age	0.016*** (0.004)	0.015*** (0.001)	0.013*** (0.004)

续表

	$Coreperf_{t+1}$	RD	$Coreperf_{t+1}$
Debt	-0.059*** (0.006)	-0.005*** (0.001)	-0.058*** (0.006)
Flow	0.152*** (0.009)	0.004** (0.002)	0.152*** (0.009)
Growth	0.021*** (0.001)	-0.000 (0.000)	0.021*** (0.001)
Top10	0.093*** (0.007)	-0.000 (0.002)	0.093*** (0.007)
Board	-0.004 (0.005)	0.003** (0.001)	-0.004 (0.005)
Indep	0.023* (0.013)	0.001 (0.003)	0.023* (0.013)
Ins-town	0.008*** (0.003)	0.004*** (0.001)	0.008*** (0.003)
Dual	-0.018 (0.014)	-0.002 (0.003)	-0.018 (0.014)
_cons	0.053*** (0.017)	-0.029*** (0.005)	0.058*** (0.017)
r2_a	0.122	0.127	0.123
F	91.194***	54.081***	84.917***
N	21065	21065	21065

注：***、**、*分别表示1%、5%、10%的显著性水平上显著；括号内为robust修正后的标准误。

（四）子样本异质性分析

1. 区域异质性分析

由于资源禀赋和政策倾斜，中国经济长期存在区域不平衡的问题，这种差异主要表现在经济发展程度、金融市场完善程度和金融中介发展程度，因此金融化对不同地区企业主业发展的影响程度也不同。为研究金融化对不同地区企业主业发展的异质性影响，本文将样本按照企业注册地划分为东部、中部和西部三个子样本，并对按照公式（4-3-4）构建的模型进行回归分析，实证结果如下表所示。可以看出，东部地区样本的 Fin_1 的系数为 -0.029，且在 1% 的显著性水平上显著；中部地区样本的 Fin_1 的系数为 -0.068，且在 5% 的显著性水平上显著；西部地区样本的 Fin_1 的系数为 -0.050，但仅在 10% 的显著性水平上显著。以上结果表明三个地区的分组回归和全样本的分组回归结果保持一致，与东部地区相比，中西部地区金融化扩张程度对企业主业发展的抑制作用更大。从宏观原因上分析，这可以归咎于中西部地区更差的地理环境、制度环境和经济环境，种种因素都限制了实业投资和研发投资。而金融和房地产投资这些金融投资，不受地理条件限制，就变得活跃起来，企业管理层更愿意通过投资套利来获取高额利润，而减少了对企业主业发展所需资金的投入，使企业主营业务之后的表现变差，金融化对企业主业发展的"挤出"效应更强。

表 4-3-8 区域异质性分析

	东部 $Coreperf_{t+1}$	中部 $Coreperf_{t+1}$	西部 $Coreperf_{t+1}$
Fin_1	-0.029*** (0.011)	-0.068** (0.027)	-0.050* (0.030)
$Scale$	-0.015*** (0.001)	-0.006*** (0.002)	-0.011*** (0.002)
Age	0.018*** (0.003)	0.006 (0.006)	0.026*** (0.007)
$Debt$	-0.051*** (0.004)	-0.084*** (0.008)	-0.056*** (0.009)
$Flow$	0.148*** (0.007)	0.165*** (0.013)	0.150*** (0.017)
$Growth$	0.023*** (0.001)	0.019*** (0.002)	0.017*** (0.002)
$Top10$	0.096*** (0.006)	0.074*** (0.011)	0.089*** (0.012)
$Board$	0.002 (0.005)	-0.006 (0.008)	-0.023** (0.010)

续表

	东部 $Coreperf_{t+1}$	中部 $Coreperf_{t+1}$	西部 $Coreperf_{t+1}$
$Indep$	0.040*** (0.014)	−0.012 (0.023)	−0.003 (0.027)
$Ins\text{-}town$	0.005* (0.003)	0.020*** (0.006)	0.003 (0.010)
$Dual$	−0.011 (0.012)	−0.071*** (0.020)	0.006 (0.024)
$\_cons$	0.049*** (0.016)	0.066** (0.026)	0.065** (0.033)
$r2\_a$	0.124	0.136	0.109
F	65.860***	19.224***	12.779***
N	14197	4028	2840

注：***、**、*分别表示1%、5%、10%的显著性水平上显著；括号内为robust修正后的标准误。

2. 产业异质性分析

不同产业的发展模式和发展环境有所不同，因此金融化对不同行业企业主业发展的影响程度也可能存在异质性。为了研究金融化对不同行业企业主业发展的异质性影响，根据中国证监会2012年修订的《上市公司行业分类指引》，本文将样本公司按照产业分类为第一产业、第二产业和第三产业。第一产业包括农业、林业、畜牧业和渔业，第二产业包括采矿、制造和电力、燃气及水的生产和供应业，建筑业、其他产业统一划分到第三产业，在这种分类基础上来分析企业金融化对不同产业下的企业主业绩效的影响，实证结果见表4-3-9。第一产业、第二产业和第三产业的Fin_1系数分别为−0.035、−0.035和−0.026，其中第二、第三产业的系数依次在1%、10%的水平上具有统计显著性，而第一产业的系数则不显著。第一产业以农、林、牧、渔业为主，是我国的基础产业，很少关注金融资产的投资，而是致力于核心业务发展，行业内投机套利行为少，因此金融化对企业主业的发展并没有显著的影响；第二产业是我国的支柱产业，从样本量也可以看出我国的第二产业的企业占比超过一半,但是近年来实体经济发展不景气,能源行业面临产能过剩,需要化解过剩的产能,主业利润大幅下降,而制造业企业也亟须进行产业升级,原有产业利润大幅下滑,面临这样的境地,第二产业的企业将本应投资于主业的资金吸走,转而投资于金融和房地产领域,谋取短期利润,用金融领域获得的高额利润来补偿主业由于资金损耗而导致的利润损失,因此第二产业金融化对企业主业业绩的负向影响最大;第三产业系数绝对值小于第二产业,说明第三产业的金融化对于企业主营业务业绩的负面影响较小,这是由于第三产业的构成主要是新兴产业和高科技产业,这些朝阳产业具有广阔的市场潜力,企业将资金大多投向研发、固定资产等有利于主营业务发展的领域,以获得企业的长足发展。因此,这些公司虽然持有一定数量的金融资产,但与第二产业相比,投资套利动机较少,金融化对主营业务业绩的挤出效应相对较小。

表 4-3-9 产业异质性分析

	第一产业 $Coreperf_{t+1}$	第二产业 $Coreperf_{t+1}$	第三产业 $Coreperf_{t+1}$
Fin_1	−0.035 (0.129)	−0.034*** (0.013)	−0.026* (0.015)
$Scale$	−0.040*** (0.012)	−0.012*** (0.001)	−0.017*** (0.002)
Age	0.095***	0.019*** (0.003)	−0.002 (0.006)
$Debt$	−0.008 (0.034)	−0.064*** (0.004)	−0.030*** (0.008)
$Flow$	−0.005 (0.053)	0.165*** (0.007)	0.101*** (0.012)
$Growth$	0.026*** (0.010)	0.023*** (0.001)	0.015*** (0.002)
$Top10$	0.117** (0.057)	0.088*** (0.006)	0.096*** (0.010)
$Board$	−0.029 (0.042)	−0.004	−0.009 (0.008)

续表

	第一产业 $Coreperf_{t+1}$	第二产业 $Coreperf_{t+1}$	第三产业 $Coreperf_{t+1}$
$Indep$	0.050 (0.112)	0.010 (0.012)	0.022 (0.022)
$Ins\text{-}town$	−0.046* (0.023)	0.008*** (0.003)	0.013*** (0.006)
$Dual$	−0.035 (0.110)	−0.007 (0.011)	−0.046* (0.024)
$\_cons$	0.060 (0.146)	0.051*** (0.015)	0.148*** (0.026)
$r2\_a$	0.058	0.124	0.135
F	7.878***	71.769***	24.798***
N	346	16199	4520

注：***、**、*分别表示 1%、5%、10%的显著性水平上显著；括号内为 robust 修正后的标准误。

（五）稳健性检验

1. 替换关键变量

为了检验结果的稳健性，用以利润表为基础的金融化程度指标 Fin_2 代替了以资产负债表为基础的原指标 Fin_1。如表 4-3-10 所示，Fin_2 的系数为 −0.008，在1%的显著性水平上显著，仍表明金融化对企业主业业绩具有显著的抑制作用，同时调节效应和中介效应的相关结果都与前文结论仍然一致。

表 4-3-10 替换金融化程度指标后回归结果

	$Coreperf_{t+1}$	$Coreperf_{t+1}$	$Coreperf_{t+1}$	RD	$Coreperf_{t+1}$
Fin_2	−0.008*** (0.001)	−0.008*** (0.001)	−0.008*** (0.001)	−0.001*** (0.000)	−0.008*** (0.001)
Gov		0.006 (0.005)			
$Fin_2 \times Gov$		−0.014** (0.006)			

续表

	$Coreperf_{t+1}$	$Coreperf_{t+1}$	$Coreperf_{t+1}$	RD	$Coreperf_{t+1}$
EPU			0.002*** (0.000)		
$Fin_2 \times EPU$			-0.001** (0.001)		
RD					0.164*** (0.049)
Scale	-0.012*** (0.002)	-0.013*** (0.002)	-0.013*** (0.002)	-0.000 (0.000)	-0.012*** (0.002)
Age	0.016*** (0.004)	0.016*** (0.004)	0.008* (0.004)	0.015*** (0.001)	0.013*** (0.004)
Debt	-0.058*** (0.006)	-0.058*** (0.006)	-0.057*** (0.006)	-0.005*** (0.001)	-0.058*** (0.006)
Flow	0.151*** (0.009)	0.150*** (0.009)	0.150*** (0.009)	0.004** (0.002)	0.150*** (0.009)
Growth	0.020*** (0.001)	0.020*** (0.001)	0.021*** (0.001)	-0.000 (0.000)	0.020*** (0.001)
Top10	0.093*** (0.000)	0.091*** (0.000)	0.093*** (0.000)	0.000 (0.002)	0.093*** (0.007)
Board	-0.005 (0.005)	-0.005 (0.005)	-0.005 (0.005)	0.003** (0.001)	-0.005 (0.005)
Indep	0.022* (0.013)	0.022* (0.013)	0.023* (0.013)	0.001 (0.003)	0.022* (0.013)
Ins-town	0.008*** (0.003)	0.011*** (0.004)	0.009*** (0.003)	0.004*** (0.001)	0.008*** (0.003)
Dual	-0.017 (0.014)	-0.016 (0.014)	-0.016 (0.014)	-0.001 (0.003)	-0.017 (0.014)
_cons	0.057*** (0.017)	0.056*** (0.017)	0.082*** (0.018)	-0.028*** (0.005)	0.062*** (0.017)
r2_a	0.128	0.128	0.129	0.125	0.129
F	96.990***	82.314***	85.053***	54.143***	90.431
N	21065	21065	21065	21065	21065

注：***、**、*分别表示1%、5%、10%的显著性水平上显著；括号内为robust修正后的标准误。

2. 内生性问题

企业核心业务的业绩会因金融化而恶化,但企业的恶化也可能会鼓励更大程度的金融化。此外,尽管本文考察了金融化对企业主业业绩的影响,企业主业业绩使用了t+1期的数据,但绩效指标可能存在时间惯性,导致内生性问题。为了进行稳健性检验,本研究采用工具变量广义矩估计($IV\text{-}GMM$)方法,其中,工具变量使用Fin_1的滞后一期和滞后两期。检验结果如表4-3-11所示,可以看出 $Kleibergen\text{-}Paap\ rk\ LM$ 统计量和 $Kleibergen\text{-}Paap\ rk\ Wald\ F$ 统计量分别拒绝了不可识别检验和存在弱工具变量的原假设,而 Hansen J 统计量不能拒绝所有工具变量都是外生的原假设,说明不存在过度识别问题,证明了本研究所选取工具变量的有效性。而第二阶段检验结果显示,校正内生性后,Fin_1的系数为-0.048,并在10%的显著性水平上显著,金融化持续对企业主业业绩产生了显著的负面影响,与前文结论一致。

表 4-3-11　工具变量—广义矩估计(IV-GMM)结果

	$Coreperf_{t+1}$
Fin_1	-0.014*
	(0.008)
Scale	0.004***
	(0.000)
Age	-0.002**
	(0.001)
Debt	-0.083***
	(0.003)
Flow	0.322***
	(0.008)

续表

	$Coreperf_{t+1}$
$Growth$	0.023***
	(0.001)
$Top10$	0.036***
	(0.003)
$Board$	0.003
	(0.003)
$Indep$	−0.015*
	(0.009)
$Ins-town$	0.019***
	(0.002)
$Dual$	0.020***
	(0.005)
$\_cons$	−0.007
	(0.008)
$Kleibergen\text{-}Paap\ rk\ LM\ statistic$	193.041***
$Kleibergen\text{-}Paap\ rk\ Wald\ F\ statistic$	117.783***
$Hansen\ J\ statistic$	0.236
$P\text{-}val\ of\ Hansen\ J\ statistic$	0.6268
$r2\_a$	0.253
F	369.997***
N	17173

注：***、**、*分别表示1%、5%、10%的显著性水平上显著；括号内为robust修正后的标准误。

第四节
结论与展望

一、研究结论

金融业与实体经济的结构性失衡是我国经济乃至世界经济所面临的重大问题之一。金融业具有高资本回报率,相比之下,实体经济利润微薄。出于逐利动机,大量实体企业偏离其主营业务,将资金投向金融领域以实现收入最大化。面对这种情况,本文首先分析了非金融企业金融化对其主业发展影响的理论基础,并在此基础上提出相应的研究假说,然后构建实证模型,选取2007年—2018年中国沪深两市A股上市公司为研究样本,运用实证证据论证企业金融化对其主业发展的影响,并归纳出以下结论:

第一,非金融企业金融化对企业主业业绩的影响中"挤出"效应占主导地位。从"资产负债表"角度和"利润表"角度来衡量金融化程度,最终得出的结论是一致的。随着企业金融化程度的加剧,企业管理者在进行投资决策时,会把大部分资金分配给金融和房地产领域,在特定的内部现金流情况下,必然导致持有的实物资产比例的减少,这加剧了对主业业绩的挤出效应,不利于企业的长期可持续发展。

第二,政府干预强化了金融化与企业主业业绩之间的负相关关系。企业金融化对主业业绩的消极影响随着企业受政府干预程度的加深而扩大。一方面,受政府控股的企业面临的融资约束的问题较少,能够更容易获得银行的贷款,现金流比较充裕,这使得企业资金更易流向金融市场;而另一方面,政府干预的企业规模都较大,企业内部的委托代理问题也因此会比较严重,管理者为了获得个人利益并完成短期业绩压力,就会选择将资金投向流动性高、收益高的金融、房地产领域,而不愿意将资金投入到投资周期长、收益不确定性高的主业上，使得企业主业业绩变差。

第三，宏观经济不确定性的上升会强化金融化对企业主业业绩的负面影响。随着宏观经济政策不确定性的增加，公司未来的现金流将更加不明朗。为了改变这种情况，管理层会增加其流动资产储备以帮助其应对不确定性，会选择投资于流动性较大的金融资产，而非投入到投资周期长的主业中，以此来应对外部环境对主营业务的不利冲击。这就导致企业固定资产、研发等方面的资金投入减少，使得企业的主业不能得到很好的发展，主业的业绩表现恶化。

第四，研发投入在金融化对企业主业业绩的影响过程中起到部分中介作用。本文通过中介效应探讨了企业金融化与核心业务绩效之间的影响，通过实证论证了研发投入在企业金融化和主业业绩的中介作用，是联系两者之间的纽带。正是企业在金融和非房地产领域的过度投资，使得企业缺少资金进行研发，降低了企业发展的可持续性，使得企业的主业业绩明显下降。

第五，对于不同地区和行业的企业，金融化对企业的主业影响程度并不相同。中西部地区由于地理环境恶劣、制度环境较差和经济欠发达等问题，实物投资和研发投入的机会少，因此这些地区企业的管理层更愿意将资金投入到金融、房地产领域，这样能够更加快速、容易地获得高额利润，但也因此减少了对企业主业发展所需资金的投入，使企业主营业务之后的表现变差，相比于东部地区的企业来说，中西部企业金融化对企业主业发展的"挤出"效应更强。而从行业来看，制造业、能源行业等第二产业由于产能过剩，实体经济发展不景气，主业利润大幅下滑，甚至亏损，这些企业因此将资金投向高收益的金融、房地产领域，以此来弥补主业的亏损，甚至获得超额的收益。与第二产业相比，第三产业金融化的"挤出"效应并不是很强，第一产业的金融化与主业业绩之间的关系并不显著。

二、政策建议

根据本文的研究和分析，实体企业的金融化对其核心业务的增长会产生负面影响，但这并不意味着金融资产永远不应该分配给实体业务。一般而言，将非金融和非房地产企业进行金融化是一把"双刃剑"。一方面，它为企业提供了一种轻松获得融资的方式，并提高了他们的整体投资业绩。但另一方面，忽视实物投资和研发投入，会对主营业务的长期发展产生负面影响，容易陷入金融化陷阱。在金融深化的大背景下，如何利用金融资源，使用金融工具，发挥其资源调配的作用，以利于经济体的长久发展，这是一个只要金融存在就无法回避的命题。综合上述研究分析，本文提出以下建议：

第一，健全完善金融市场。企业的发展离不开金融市场，金融是实体经济的资金来源，为企业发展提供了广阔的融资渠道。根据许多学者的研究，企业选择金融化的一部分原因是为了解决融资约束的问题，希望通过投资金融产品获得低成本的资金。然而在金融化的过程中，企业往往过度金融化，导致金融化非但没有起到促进主业的作用，反而抑制了其发展。因此，政府应当制定合理的法规和引导政策，建立层次清晰、权责明确的资本市场，使得资本市场能够更好地发挥其作用，使企业能够通过股票、债券等直接融资渠道获得低成本的资金，不再需要过度投资金融资产，使企业配置金融资产的决策更加科学合理，促进企业的优质发展，更好地进行资源配置。

第二，企业监管机构应加强对企业金融化行为的监管力度。根据前面的分析，当企业进行适度的金融化时，能够减缓融资压力，改善企业自身的"资产负债表"，使其能够在进行融资时有机会通过内源融资，以较小的成本来进行融资，促进企业的发展。但一个企业的资金过多地分配到金融领域，也会挤占原本应配置到实业的资金，抑制了经济发展。金融服务实体经济的初衷被违逆，大量金融资本以融促融，不利于经济发展。因此金融监管机构如银保监会、证监会等应当加强对企业金融化行为的监督，对企业加强信息披露力度、权益再融资行为的监管，对有过度金融化趋势的企业加强资金流跟踪力度，从源头有效遏制资金"脱实向虚"，从而引发金融危机和金融泡沫。同时，政府要促进金融机构将金融服务与实体经济有效匹配，创新开发各种金融产品支持科技创新，契合经济发展需求与经济结构的转型，让金融回归服务实体经济的本位。

第三，加强对国有企业金融化行为的管控。作为本身就有较高资金可得性的国有企业，其进行金融化所占据的金融资本越多，会进一步加大资源的失衡力度。因此应该严格限制国有企业投资于金融、房地产领域，同时对国有企业的管理层进行严格的监督管理，设置更加关注企业长期发展的绩效考核机制，减少国有企业的投资套利行为，使国有企业能够在政府的干预下更加聚焦主业发展，推动我国产业结构升级，承担更多社会责任。

第四，保持经济市场的稳定性，主要体现在经济政策的稳定性，作为政府的重要调控工具，经济政策的变动对市场主体的行为和宏观经济的运行都具有重要的影响。李克强总理在《2021年国务院政府工作报告》中就强调"要保持宏观政策连续性、稳定性、可持续性，促进经济运行在合理区间"，"宏观政策要继续为市场主体纾困，保持必要支持力度，不急转弯"。经济政策不确定性太高会对经济运行产生巨大的负面冲击，企业也会因为生产经营环境的不确定性高而减少实物资本投资、增加预防性储备、配置过多金融资产，因此政府应注意政策的协调统一，减少因经济政策的频繁变动而导致的经济市场波动。政府在制定政策时，要考虑政策的乘数效应，小小的政策变动对经济体的影响较大。此外，由于经济政策面向的主体是有主观能动性的，所以为了减少政策的不确定性，政府应提高现有的社会沟通效率，增强对政策服务主体的沟通力度，在制定政策前对服务对象的反应做出正确的预期，避免经济政策忽然变动引发市场主体过度的反应。特别是避免频繁的经济政策调整造成企业和市场预期的混乱。

第五，由分析可知，研发投入的变动对于企业金融化对主营业务的影响有着强烈的中介作用，政府应增强对科技创新的支持力度，促进科技研发。而且研发投资灵活性较高，更容易被"挤出"。实践证明，创新是推动实体经济更新换代、加快动能转换的第一动力。因此，政府应加大对企业研发创新的支持力度,加强对实体经济重点区域和滞后环节的支持。加大对"两新一重"、新兴产业和高科技企业的投资强度。政府应该为企业在技术改造、研究和创新方面提供更多的激励和补贴、税收优惠、金融服务和平台连接。同时,深化"放管服"改革,降低制度性交易成本和企业税费负担,大幅降低实体企业经营成本,为实体企业的创新和发展提供良好环境和政策支持。实体企业自身也应增强创新意识,为研发活动配置充足的资金,管理好研发投入与金融资产配置的关系,利用金融资产的流动性和收益性为企业的研发活动提供资金的支持,最大限度地促进企业自身技术的进步,发挥出金融化的"蓄水池"效应,使其为主业发展服务。

第六,推动东中西部区域协调发展。我国地域广阔,不同地区的地理环境、生态环境限制、所拥有的资源、发展优势等也大相径庭。我国的经济发展虽然快速,但现在面临着发展不平衡的问题,区域经济两极分化严重,东部的沿海地区经济快速发展、现代化程度高,而中西部发展远远落后于东部,中西部的企业相对东部地区企业缺乏好的实业投资项目,企业盈利空间小、发展动力不足,更容易出于投资套利的动机去配置金融资产,进一步抑制了企业主业的发展。因此,国家应该深入贯彻实行中部崛起和西部大开发战略,让东部地区带动中西部地区的发展,中西部地区也应该形成适合自己的产业结构,使当地企业能够发掘好的投资项目,同时提高中西部地区企业的直接融资比例,制定西部地区企业 IPO 绿色通道政策,让企业在发现好的实业投资项目时,能够通过直接融资获得低成本自给,缓解企业融资约束的问题。

第七,加快制造业等第二产业转型升级。以制造业为主的第二产业是我国实体经济中非常重要的主体,然而近些年来,制造业面临着产能过剩、发展动力不足的问题,制造业等第二产业的企业盈利能力大幅下降,企业为获取利润就将生产资金投向金融领域,主业的发展情况进一步恶化,如此以往会形成恶性循环。在这样的情况下,政府可以实施相关的激励政策,为第二产业的企业发展主业提供技术补贴、实行减税降费政策,为企业发展打造良好的外部环境,引导企业生产经营回归主业。同时也要加快落实《中国制造 2025》规划,推动供给侧结构性改革,以信息技术带动制造业企业发展,构筑产业技术创新联盟,加快制造业等第二产业转型升级。推动制造业等第二产业的企业拥抱互联网,促进企业间协同发展,由单纯的生产制造转向供应链协同,提高企业的核心竞争力。

三、未来研究展望

本文主要对企业金融化和主业发展之间的关系进行了研究,并分析了政府干预和宏观经济政策的不确定性的调节作用以及研发投入的中介作用。但政府干预和宏观经济政策的不确定性都是企业发展所面临的外部因素,本文没有研究企业发展中的一些内部因素,比如股权集中度、内部控制等因素的调剂效应,同时研发投入只发挥了部分中介作用,还有其他传导机制有待挖掘。而且本文研究的是企业金融化与主业发展之间的线性关系,但金融化与主业发展关系可能是非线性的,他们之间的关系可能是"倒U"型,存在最优金融化水平。

中国需要对非金融和非房地产企业的金融化进行更多研究。未来对企业金融化的研究可以从三个方面进行:

第一,深入分析公司金融化的动机和对宏观经济的影响效果。现有研究表明,企业金融化存在多种激励路径,目标不同的金融化对企业的影响也不尽相同。然而,现有的研究并没有给出如何科学识别公司金融化动机的方法。对企业金融化动机的系统方法的明确,有助于国家制定政策去引导企业合理地进行金融化,未来的研究可以从这个方面入手进行研究。此外,大多数现有研究都集中在企业金融化对企业的影响上,很少有研究人员去研究企业金融化对宏观经济的影响。未来的研究可以构建宏观经济模型来展开相关研究。

第二,进一步研究企业金融化和主业发展关系的调节因素和中介传导机制。目前对企业金融化和主业发展之间关系的研究较少,对于二者关系可能存在的调节因素以及中介传导渠道的研究也并不充分，未来的研究可以将更多的企业发展的内外部因素纳入研究中，这有助于加深我们对企业金融化的认识。

第三，探索构建有关企业金融化影响的模型，讨论企业进行金融化的最优程度。从理论上来说，企业金融化既有积极影响，也有消极影响，但现有的研究却大都表明金融化的抑制作用更强，这可能是因为我国的非金融企业金融化程度过高。未来的研究可以探索企业金融化的最优水平，通过构建包括平方项的模型、门槛回归模型等非线性模型探索企业金融化的最优区间，为企业金融化决策提供理论基础。

第五章

企业金融化对企业投资效率的影响研究

【本章小结】

产融结合是企业金融化的阶段性代表形式之一。自国资委明确支持具备条件的企业进行产融结合后,随着我国经济的发展和政策支持,许多企业开始引入金融资本,通过持有金融机构股权等形式实现企业金融化。现阶段,我国企业普遍具有融资难、融资贵问题,引起企业偏离有效投资水平,投资效率低下,而产业资本与金融资本结合最直接的影响在于给企业带来了融资便利,有利于缓解企业存在的融资约束。本章研究的重点将集中在企业金融化对企业投资效率的影响。第一部分整理了有关产业与金融融合以及企业投资效应的文献。第二部分对企业金融化与企业投资效率之间的关系进行了理论研究,并提出相关研究假设。第三部分以2008年—2019年沪深A股上市企业为样本,建立面板数据模型,实证考察上市公司持股金融机构对其投资效率的影响。实证结果表明,企业的投资效率在产融结合的影响下会显著提高,一方面有助于缓解企业投资不足,另一方面可以限制企业过度投资;只有持股银行可以改善非效率投资,但是持股其他类型金融机构无显著性影响;与国企相比,企业金融化更能提高民营等非国有企业的投资效率;与市场化水平较高的地区相比，市场化水平较低地区的实体企业引入金融资本更有利于提高投资效率。第四部分从企业和政策两个角度提出相关政策建议。

作为新兴市场主要国家之一，中国的经济发展正面临着多重考验。在国际上，一方面，主要经济体美国、欧盟、日本等的增长明显乏力，新兴经济体增长速度下降；另一方面，中东等地区形势不稳定，加上美国实行单边贸易保护主义，严重影响全球产业链整合，我国想要跨越经济迷雾实属不易。在国内，经济下行压力加大，产业转型升级问题急需解决，实体企业面临着严重的市场竞争，同时中小微企业普遍存在"融资难、融资贵"现象，间接融资不易，很多银行在放贷过程中很看重过去的运营数据和偏重资产抵押；直接融资成本也过高，风险过大，不能完全满足企业对于转型升级和提高投资效率的要求。特别是2020年新冠疫情发生以来，我国很多实体企业受到严重影响，面临着债务偿还和资金周转等问题。在更加复杂的内外冲击之下，以产业与金融的交叉协同为特点的企业金融化，是否能够促进金融更好的贴合市场需求，为企业提供多方融资渠道，从而提高企业资金的充沛度，提高企业投资效率呢？

第一节
产融结合与企业投资影响相关文献

产融结合作为企业金融化的代表形式之一，是指实体企业与金融机构在经济运行过程中，通过参股、控股、直接投资等方式进行整合，建立具有共同利润导向的金融平台。这是产业资本发展到一定程度后，需要进行内部整合来提升资本运作水平的必然要求。

产融结合这个概念实际上来自国外。追溯全球的产融结合进程，第一阶段是19世纪末，这个阶段的产融结合主要为金融垄断资本掌控，培养了诸如洛克菲勒财团、摩根财团等大的集团。第二阶段是20世纪20年代至70年代，各个国家接连迈入金融分业管制阶段，产融结合变得更加依赖金融市场。第三阶段是20世纪80年代至21世纪初，放松金融管制成为主导，导致金融创新过度，在此环境下产融结合模式发生巨大改变，产融结合过度，超过了正常范围，带来反作用。第四阶段是从2008年国际金融危机结束后，各个国家纷纷反省，部分国家开始强调要防范实体企业过度金融化，有些国家大型集团实施去产融化战略。相关数据统计，截至2019年底，在世界500强企业里，有超过八成的企业都曾经有过产融结合相关经历，比较具有特色的产融模式有美国的市场主导型、日本的主办银行型、德国的全能银行型等。自2015年以来，美国通用电气（GE）开始剥离其金融业务，重新聚焦主业——高端制造业，此番海外产融结合成功代表的举动引发各方讨论，部分人表示对产融结合的前景担忧，但产融结合持续前进的整体趋势没有改变。

在我国，产融结合是在改革开放后慢慢兴起的。1987年5月，东风汽车集团成立财务公司，这被视作我国大型集团进行产融结合的开端。1990年—1999年，产业资本涉足金融资本杂乱无序，市场一度混乱，引发监管整顿。21世纪初，产融结合的发展历程较曲折，在这个阶段，资本市场一度繁荣，产融结合有了新尝试，但是，2004年德隆事件也带来了巨大冲击。

因此，监管部门对产融结合的政策也多次变动，1997年亚洲金融危机后明令禁止；2002年，国资委对于央企对金融机构投资的态度开始缓和。国资委指出要培育具有国际竞争力的大型企业集团，首先要全面认识产融结合的意义，政府也要努力营造鼓励产融结合的政策环境。2009年5月，国资委在部分中央企业产融结合座谈会上表示，产融结合对我国改革开放意义重大；2010年12月，国资委首次提出在做好风险防控的基础上，具备条件的实体企业可以开始投资金融业；2016年3月，"三部委"制定并启动了《促进产融合作行动方案》，以支持《中国制造2025》加快实施，提高我国经济发展水平。2017年10月，党的十九大报告强调，要全方位提升金融对实体经济的服务能力。

在经济发展和政策支持下，我国许多实体企业通过持股金融机构进行产融结合的尝试实践。在世界范围上的，产融结合实践形式主要有"由融及产"以及"由产及融"两种，其中，"由融及产"以美国摩根财团为代表，"由产及融"以GE为代表，出于维护经济安全的考虑，目前国内银行等金融机构参与产业投资仍存在诸多监管约束，政策规定银行业只能进行分业经营，在这种政策环境下，"由融及产"就受到了限制，我国产融结合的主要形式还是"由产及融"。于是，本文得到研究视角就是"由产及融"的产融结合。据统计，我国的央企中有将近一半都将金融服务纳入其业务板块。根据同花顺iFinD数据库统计，在2008年—2019年期间，我国持股金融机构的非金融上市公司数量呈上升趋势，截至2019年，A股中已有700多家企业持股非上市金融机构。

综上所述，从国际经验整体上来看，产业资本与金融资本进行结合是企业实现转型升级、做大做强的一条途径。美国通用电气曾被看作"产融结合"的楷模，近年在逐渐减少金融业务，实施"去金融化"，而我国实体企业产融结合还在不断升温。我国实体企业投资金融业存在流于表象和盲目效仿国外的问题，特别是2004年，巨型企业集团"德隆系"因为没有依托主业、盲目扩张以及产业整合速度跟不上金融扩张速度等原因崩塌，对我国金融体系的安全和稳定造成了威胁，此外，我们还没有建立立足长远的产融结合模式。那么中国企业究竟应该持续推进产融结合步伐还是暂缓呢？在产融结合能否真正提升经济运行效率方面，学者们也还存在一定争议。

一、 关于产融结合的研究

（一） 产融结合的动因

对于产融结合的动因研究，国内外学者主要集中在三个角度的论点和论据：缓解融资约束、优化资源配置以及多元化经营。

1. 缓解融资约束需要

早在 1962 年，格申克龙（Gerschenkron，1962）通过对墨西哥进行研究发现，在工业资本早期阶段，提供有效的资本供应可以在一定程度上解决经济相对落后的墨西哥在工业化进程中遇到的问题，由此得出结论工业与金融结合具有资本供给效果。麦金农（McKinnon）和肖（Shaw，1973）以及迈尔斯（Myers，1984）的研究结论都表明了产业资本与金融资本结合降低了资金供应方和企业之间的信息不对称程度，节约了交易费用，进而缓解了融资约束。

我国学者徐晟（1997）也通过对我国的数据进行实证分析得到相同结果。支燕和吴河北（2011）从新古典经济理论的角度来看，产业与金融结合的动机在于利用激励和信息优势以及利用特殊资金借贷关系来优化企业内部的资源配置，从而降低融资成本。在杜传忠和王飞（2014）看来，产融结合可以将企业的对外贷款转化为内部产权，一方面，拓宽了企业的融资渠道，企业从内部金融机构直接获得资金支持，资金需求被满足。另一方面，它减少了资金供求双方信息不对称所带来的交易成本。黎文靖和李茫茫（2017）从中国企业发展的角度分析，得出结论实体企业涉足金融领域主要是为了获取更多资金，从而缓解企业的融资约束问题。周卉和谭跃（2018）以我国五年计划产业实施为背景，研究发现相比于产业政策支持的行业，没有得到产业政策支持的那些公司有更充分的理由进行产融结合。

2. 优化资源配置需要

企业进行产融结合也有合理配置资本方面的考虑。三和木（Mitsuaki，2002）的观点是实体企业涉足金融领域可以提高资金的使用效率并实现更高的收益率。也有从内部资本市场出发的观点，认为企业内部所形成的内源资金环境，可以改善外部资本市场由于代理人问题和信息不对称所带来的局限性，施泰因（Stein，2003）通过研究发现产业与金融的结合有助于企业形成内部资本市场，在此环境中更有助于企业实现资源的有效配置。

在国内的研究中，珠晖和张进铭（2003）通过研究中国产融结合的动因发现，随着经济的发展，尤其在中国加入 WTO 后，我国企业进行产融结合的热度越来越高，还有很多实体企业试图进入金融领域，试图来分享金融资本的高收益。支燕和吴河北（2011）的观点是处于动态竞争环境下现代企业的最终目标是通过优化资源配置等途径实现资源的保值增值，杜传忠和王飞（2014）也得出了相似结论，研究实体企业对金融部门进行股权投资发现，产融结合有助于企业资产的保值、增值。葛宝山和何瑾（2019）则从协同理论和融资约束的角度，系统考察了产融结合对创新投资的影响机制，得出产融结合可以最大限度地配置金融资源的结论。

3. 多元化经营需要

为了实现多元化经营，企业也可能进行产业和金融之间的整合。多元化经营是指企业不局限于单一产品或单一行业，基于分散风险的需求，进行跨产品和行业的经营扩张，这样的举措可以帮助企业向有潜力的新产业转移，促进企业原有业务增长。许天信和沈小波（2003）认为，大规模的企业通过产融结合，可以寻求资金支持进行战略投资，这也契合企业进行多元化经营的需求。此外，支燕和吴河北（2011）从企业竞争优势的角度认为，基于产融结合的多元经营可以显著提升企业竞争力，不仅让企业具有成本优势，而且实现企业价值链的扩张，增强了企业的综合竞争优势。杜传忠和王飞（2014）研究发现：实体企业可以通过金融整合实现经营多元化，一方面可以帮助企业分散一些行业风险，另一方面增多企业的利润增长点，进而提高企业的可持续经营能力。杨竹清（2018）运用赫克曼（Heckman）两阶段模型研究实体企业涉足金融领域的动因，发现多元化程度越高的企业进行产融结合的概率越大，只不过会降低对于金融领域的投资力度。

综上所述可以看出，随着市场的发展，金融机构越来越多样化，企业规模也在逐渐扩大，形成了很多大集团，产融结合的动因渐渐地不再局限于缓解企业的融资约束，还为了追求优化资源配置和多元化经营目标。

(二) 产融结合的经济成果

关于产融结合的效应，国内外学者的观点总结起来主要是缓解融资约束以及对企业经营风险和经营绩效产生一定影响。

1. 缓解企业融资约束

大量研究表明，产业和金融融合有助于缓解融资限制。陈栋和陈运森（2012）从货币政策的角度，分析了企业与银行的股权管理联动程度对企业现金管理的影响，发现在货币政策宽松的情况下，持股银行企业的融资约束压力就会越大。Lu等（2012）通过实证研究得到，企业参股银行可以鼓励银行增大对企业的信贷量，从而使企业得到充沛的资金流。郭牧炫和廖慧（2013）对我国民营企业展开研究分析发现，民营企业入股银行，获得的信贷资金较多，不容易陷入资金短缺的困境。万良勇等（2015）则从上市公司的角度展开实证分析，结果表明，上市企业参股银行可以显著缓解企业在融资过程中面临的制约因素，并且企业规模和行业特征的差异也会影响产融结合对融资约束的缓解机制，还进一步从决策效应和信息效应两个角度，分析了产融结合对投资效率的影响路径。周卉（2019）以我国上市公司为研究对象，发现与未进行产融结合的企业相比，持股金融机构的企业能获得更多的长期借款。

2. 影响企业风险承担能力

陈燕玲（2005）认为，产融结合会带来多种风险，如集团内资金的交易风险、产业资本与金融资本结合的风险、财务杠杆风险等，这些难以被监管当局注意到的风险很容易产生系统性崩溃问题。蔺元（2010）同样得出了相似结论,他分析发现产业资本与金融资本结合存在内部交易风险,且监管者无法对其有效控制。尹国平（2011）认为产业资本与金融资本结合会放大企业的经营风险,并对主业的正常经营产生影响。王莉等（2011）分析发现产融结合会对银行的信贷效率产生负面影响,特别是如果持股银行的实体企业出现经营风险,就很可能引发市场风险。翟胜宝等（2014）从银行关联角度出发,研究发现与银行关联进行产融结合会提高企业的风险。娄淑珍等（2014）通过研究发现产融结合会带来一系列财务风险,包括投资回报率的相关风险以及关联方交易的相关风险等。周卉（2019）发现进行产融结合会增大企业的风险承担,并且这种现象在业内地位较低的企业、竞争性行业以及金融化水平较低的地区中更加明显。

尽管如此,一些研究人员发现,产融结合可能会降低企业的风险。李天钰等（2018）发现产融结合可以大大提高非金融上市公司的风险承担程度,但这种影响具有金融机构的异质性。具体来说,只有持股持有牌照的金融机构才能显著改善企业的风险承担能力,比如银行和证券公司以及公司内部的财务公司。

3. 影响企业经营绩效

对于产融结合是否会提升企业经营绩效,学术界尚未达成共识。根据多位学者的研究结果,产融结合并不能提高企业的业绩。李（Li）和格林伍德（Greenwood,2004）发现,当企业通过进入保险业来进行跨业经营时,经营业绩并不能显著提高。因此,他们得出结论,对保险公司进行持股的产融结合方式,并不会显著改善公司的经营业绩。张庆亮和孙景同（2007）创建一个收益和成本模型来考察产融结合的实施效果,研究发现产融结合反而会给企业的经营绩效带来一定的负面影响。蔺元（2010）通过研究也证实了这一结论,产融结合后,企业的经营业绩并没有改善,盈利能力却明显下降,蔺元把这种情形归咎于,我国大部分企业与金融资本的融合仍处于较低水平。姚德权和王帅（2011）则通过构建绩效评价体系的方式，来证实上市公司进行产融结合后，反而对经营效率产生负向影响。郭牧炫和廖慧（2013）以民营企业作为研究样本，证实我国民营企业在产融结合后，整体经营绩效明显下降。黎文靖和李茫茫（2017）分析了产融结合对不同产权属性的企业经营绩效的影响，研究发现控股金融机构可以提高民营企业的全要素生产率，但降低了国有企业的绩效水平。

还有部分学者通过研究发现持股金融机构可以显著提高企业的经营业绩。李革森（2004）发现，通过控股金融机构实现产融结合可以提升企业绩效。我国上市公司对金融机构持股比例与其业绩存在显著正相关，持股比例越高业绩就越好，当持股份额超过 10% 时，这种关系更加显著。杜传忠和王飞（2014）运用 DEA-Tobit 模型从效率角度检验产融结合的实施效果，发现参股金融机构后企业的生产效率和综合效率都有所提高。盛安琪等（2018）分析了产融结合对企业竞争力的影响。发现通过控股金融机构实现产融结合，可以明显提升企业的竞争水平，而企业内部和外部的体制机制会对这种关系产生一定的影响。熊家财和桂荷发（2019）以持股非上市银行进行的产融结合为研究对象，发现持有非上市银行的股份将大大提高企业内部的技术创新水平，具体表现在这些企业拥有更多的专利申请数量，而通过持股银行带来的技术创新可以提高企业的经营绩效。徐辉和周孝华（2020）通过对我国沪深 A 股非金融类上市公司进行研究，发现产融结合后，实体企业的专利申请数显著增加，这可以改善企业的创新绩效。Zhang 和 Xuewei（2020）利用随机前沿模型（SFA）实证研究我国制造业上市公司参股金融机构对经营绩效的影响发现，2006 年—2016 年我国制造业产融结合效率基本提高。

二、关于企业投资效率的研究

投资决策是企业所做出的最重要的经营决策之一。投资效率的高低与企业股东的利益息息相关，其还对企业的市场竞争力和价值创造产生直接影响。因此，学者们对投资效率的影响因素和影响机制进行了大量研究。

结合本工作的研究背景，本文归纳了企业投资低效的原因及影响投资效率的因素。

（一）非效率投资产生的原因

1. 信息不对称

迈尔斯（Myers，1984）经过研究发现，如果企业的外部投资者对于所要投资的项目知之甚少，就无法对企业发行的债券进行合理定价，这时企业的融资成本就会升高。法扎里（Fazzari）和彼得森（Petersen，1988）研究发现当企业存在的信息不对称程度越严重，投资水平对现金流变动就越敏感，且这种关系显著为负，说明信息不对称程度与融资约束严重程度显著正相关，从而导致企业投资严重不足。

我国学者沈红波等（2010）以我国上市制造企业为研究对象，从信息不对称的角度进行了实证研究后发现，我国制造业上市公司的投资和现金流高度敏感，企业融资陷入困境，这种困境直接诱发了较低的投资效率，所以归结起来，就是信息不对称越大，投资效率越低。根据屈文洲等（2011）人的研究，信息不对称会导致企业融资成本增加，企业面临融资约束，会减少投资支出。肖珉等（2014）利用投资现金流量作为衡量企业融资约束的指标。研究发现，非国有企业可以通过增强信息透明度，从而解决逆向选择问题，这样有助于企业缓解融资约束，从而提高投资效率，道德风险改善了无效率投资，说明信息不对称导致投资无效率。孙焱林和何振宇（2020）在考察了卖空机制与上市公司低效率投资的关系时，发现卖空机制减少了上市公司的信息不对称，从而降低了投资的低效率，显然信息不对称是导致投资无效的原因之一。

2. 委托代理理论

由于现代企业的所有权和经营权不一致，根据委托代理理论，投资者与管理者之间存在利益冲突，管理者很可能处于利己驱动，将资金投入不利于投资者自身利益的项目中，造成低效率的投资行为。施莱费尔（Shleifer）和维什尼（Vishny，1989）首次采用委托代理理论研究了企业的投资行为。他们发现，项目 NPV 的正或负并不是管理者做出投资决策的因素，经理们经常希望通过投资扩大业务规模。

我国学者也研究了中国企业委托代理困境对投资效率的影响。辛清泉等（2007）基于我国 2000 年—2004 年上市公司的数据研究表明，经理的薪酬会影响其投资决策，若薪酬过低不会显著影响投资不足，但是会显著增加企业的过度投资行为，特别是在国有资产管理机构和国企中，这种现象尤其明显，表明代理问题可能导致企业效率低下。罗明琦（2014）也得出了相似结论，认为管理者与大股东之间代理问题越严重，企业的投资效率会越低。从大股东的角度来看，窦炜等（2011）发现多个大股东的共同控制和单一大股东的绝对控制，对投资效率的影响不同。杨兴全等（2017）发现外资银行的参与将大大提高企业的投资效率。进一步的研究表明，外资银行通过放宽公司的融资限制和减少代理问题来提高投资效率。彭若弘和于文超（2018）从委托代理角度研究了环境的不确定性对商业投资决策的影响。结果表明，在不确定的环境下，国有企业代理效率的提高有助于提高企业的资金利用率，即说明委托代理问题会负向影响企业的投资效率。

（二）企业投资效率的影响因素

关于企业投资效率的影响因素，现有文献主要是从制度环境、债务融资还有公司内部治理水平等方面来探讨。

杨华军和胡奕明（2007）认为，制度环境会影响企业的投资效率。经济发展水平越高的地区，企业的投资效率就越高。但是，地方政府的管理和干预增加了企业的资金流动，从而促使企业过度投资。辛清泉等（2007）从政府干预的角度考察企业的投资效率后，得出了相似结果，地方政府控制对集团企业的投资有效性有抑制作用，且会进一步降低其企业价值。

投资效率也受到债务融资的影响，根据外国学者延森（Jensen）、梅克林（Meckling，1976）和迈尔斯（Myers，1984）的研究，企业进行债务融资后可以缓解企业的过度投资行为，从而提高投资效率。我国学者吴海兵（2011）通过研究我国上市公司发现上述结论依然成立，但是如果企业本身就存在投资不足，债务融资成本过高会使得企业无法获取所需资金的形势更加严峻，投资驱动力不足的情况愈演愈烈。

此外，公司治理也是影响投资效率的重要因素。Jensen 和 Meckling（1976）发现股权结构会显著影响企业的投资效率和企业价值。平达多（Pindado）和托雷（Torre，2005）在他们的研究中发现，适度的股权集中有助于改善企业的低效投资行为，即股权结构与投资效率之间的关系不是线性的，股权集中度过低或过高都会降低企业的投资效率。我国学者李维安和姜涛（2007）发现，优秀的公司治理可以减少企业的过度投资，从而缓解投资效率低下的问题。唐雪松等（2007）也发现拥有一个合理的治理结构对公司来说是有益的，这不仅改善了公司的营商环境，也相应提高了投资效率。徐晓东（2009）进一步研究发现，财务杠杆、流通股比例、董事会规模等因素都会导致企业投资的低效率，第一大股东持股比例越高时，会在增加企业投资不足的同时加剧过度投资。朱春艳和张昕（2019）通过实证研究发现公司治理可以在一定程度上减少利益冲突带来的非效率投资问题，并且这种抑制作用在两权分离和大股东控制权较低时表现得更明显。姚立杰（2020）在研究中发现管理层能力提高会显著提高企业的投资效率，主要是从提高信息透明度和改善资金配置效率两个方面产生影响。

三、关于产融结合与企业投资效率关系的研究

学者普遍认为，企业进行产业和金融的融合最直接的好处，就是可以为企业带来更多的信贷资金，降低企业与外部金融机构之间的信息不对称

程度，从而缓解融资约束和投资不足的问题。尽管如此，也有学者发现，入股金融机构可能会加剧过度投资，导致企业偏离最佳投资水平，对整体投资效率产生不利影响。

部分学者实证发现，产融结合可以大大提高企业的投资效率，拥股金融机构并不会加剧投资浪费。迈尔斯（Myers）和梅古拉夫（Majluf，1984）通过研究产业资本和金融资本结合的效益，发现产融结合有利于在企业内部发挥财务协同作用，使企业能够内源化外部投融资机会，进而降低融资成本以及提高企业的投资效率。黄昌富和徐亚琴（2016）以制造业上市公司相关数据为研究样本，以企业参股非上市金融机构作为产融结合，运用理查森（Richardson）模型的残差绝对值衡量非效率投资，但没有进一步区分投资不足以及投资过度。实证研究发现在制造业中，企业持股金融机构股权可以改善非效率投资，并且这个结论在国企和民营等非国有企业制造业中都存在。

韩丹和王磊（2017）以我国 2009 年—2014 年产融结合上市公司为实证样本，分析得出实体企业持股金融机构的主要作用是加速资本流动，产融结合可以帮助企业缓解投资短缺的问题，同时又不促进过度投资，从而提高企业投资效率。谢获宝等（2017）也得到了相同的结论，他通过实证研究发现，持股金融机构可以缓解融资约束进而改善投资效率，并且民营等非国有企业以及持股银行更能显著提高企业投资效率。景奎等（2019）采用倾向性匹配的方法分析产融结合对投资效率的影响，结果表明持股金融机构可以改善非效率投资，可以缓解投资不足，没有促进过度投资，并且在一个合理区间内的持股比例才能提高投资效率。王昱等（2019）使用非参数分位数模型，研究制造业上市公司持股金融机构与企业研发投资的非线性关系，结果表明二者之间的关系呈现出"N"形的非线性关系，并且存在着最优产融结合水平。李天钰等（2020）一方面用投资支出-投资机会敏感性作为投资效率的代理变量，还进一步研究了非效率投资，实证结果显示产融结合可以提升资本配置效率，从而显著提高企业的投资效率，缓解非效率投资，主要表现为抑制投资不足，且只有持有除银行、保险、证券、财务公司之外的金融机构以及在经营业绩较高时，才能遏制过度投资。

一些学者的补充研究表明，产融结合可能会加剧过度投资，但总体效果将是提高投资效率。李维安和马超（2014）发现，当实体公司参股金融机构时，公司整体偏离有效投资水平，投资效率下降，因为产融结合不仅缓解了投资不足，也加剧了过度投资的现象，且在内部资金不足和民营企业中缓解投资不足的作用更强，若企业管理者代理问题严重，还会加重过度投资。谢获宝等（2017）利用2006年—2014年A股非金融上市公司的数据，实证研究结果表明控制金融机构可以缓解公司资金限制，从而提高投资效率。此外，持有银行股比持有其他类型金融机构的股票更能有效缓解投资不足，但会加剧过度投资。胡彦鑫等（2019）研究发现，产融结合时持股金融机构数量越多，越能缓解投资不足，但是也会加剧投资过度现象。除了同时考虑公司内部治理的影响外，也需要考虑控股金融机构和公司类型的影响，李文贵和蔡雍蓉（2019）基于内生性面板随机前沿模型，经过实证发现持股银行减轻了上市公司存在的融资约束，为企业带来了更多的资金，但他们在金融领域投入了更多的资金，这种投资决策不仅没有帮助核心业务的增长，反而导致过度投资。

多位学者研究发现，产融结合会加剧过度投资，最终导致企业投资效率的低下。王婷等（2018）研究了农业上市企业在非上市金融机构的持股对其投资业绩的影响，结果显示农业上市公司持股金融机构显著降低了其投资效率，并且企业获得的政府补助越高，其投资越是低效率，持股金融机构后，国企比民营等非国有企业更可能偏离有效投资水平。霍远和王琳颖（2020）以我国制造业上市公司为样本，在研究金融资本会不会挤占产业资本时发现，实体企业进行产融结合可以抑制投资不足，但是也会显著促进过度投资，这种资金错配会给部分实业投资带来负面影响，整体上使得企业投资低效，并且这种非效率投资在市场化程度较低的地区和非国有企业中更加明显。刘燕（2020）经过研究也发现产融结合会导致企业过度投资，这种负面影响抵消了其改善投资不足带来的正向影响。

四、文献评述

综上可见，国内外学者对产融结合的动因以及其经济成果、非效率投资产生的原因以及影响它的因素进行了大量的研究，而有关产融结合的经济成果，主要集中在对企业经营绩效等方面的研究，考察企业持股金融机构对投资效率影响的文献还不多，且关于产融结合会加剧过度投资还是缓解过度投资未达成一致结论。李维安、马超（2014）首次利用我国上市企业数据，来考察金融机构企业持股对企业投资效率的影响并在此基础上，对未来的趋势进行了研究。以往的研究大多只评估企业是否对金融机构感兴趣，而忽略了金融机构的异质性对投资效率的影响。本研究不仅分析了产融结合对投资效率的影响，还分析了控股金融机构对投资效率的影响路径，产融结合的广度和深度以及控股金融机构的类型等多种因素对公司投资效率的影响，并对这些影响因素加以分析，以期开展进一步相关研究。

第二节　企业金融化与企业投资效率的理论分析与研究假说

一、概念界定

（一）作为企业金融化主要形式之一的产融结合

法拉格在1980年首先提出金融资本的概念，他对产业资本以及金融资本的结合经由进行了阐述，并分析了它对经济增长的影响。列宁曾分析由于生产集中化加速，实体经济和金融部门将会进行融合，由于产业资本的壮大和银行的垄断，金融资本和产业资本的合并将变得流行。20世纪30年代，通用电气（GE）等大型跨国公司加入金融领域，产融结合的理念逐渐形成。这一理论主要被解释为原本集中在实体发展上的工商业与金融业之间的人员和资本的整合。

我国在20世纪90年代开始引入产融结合，但是早期监管不足，部分实体企业盲目效仿国外向金融领域扩张而忽视了主业发展，导致负面案例频发，如"德隆事件"，产融结合在我国的发展一度停滞不前，后来监管部门的态度也几次发生变化，2010年首次得到国资委的明确支持。从21世纪开始，我国的学者们开始对产融结合的动因及其经济成果进行研究。蔺元（2010）将产融结合描述为实体企业和金融机构主要通过持股、控股和人事参与等多种形式来进行耦合。

从我国产融结合的总体发展上来看，目前还处于探索阶段，包括实体企业持股金融机构以及集团内部成立财务公司等方式，对达到要求的大型企业还可以成立金融控股公司。

（二）企业投资效率

根据资产的所有权和经营权是否统一，企业的投资行为可以分为直接投资和间接投资。刘昌黎（2009）在研究中指出，直接投资是指将资产作为生产资本投入到各项生产经营活动中，以产生经济利益；而间接投资是指将资产作为生息资本投入金融领域，以期分享资本高收益的投资。本文考察了上市公司进行直接投资时的投资效率状况，本研究中被解释变量是投资效率，衡量投资效率的主要方法有三种：投资水平-投资机会敏感性模型、Richardson预期投资模型和投资-现金流敏感性模型。这三种方法各有不同的假设前提和思路，最后一种方法因为准确性较低使用较少，目前国内外学者主要采用前两种模型度量投资效率。

投资水平-投资机会敏感性模型的理论如下：

如果资本市场是完善的，企业获得内部和外部资金的成本是相同的。

在做出投资决策时,就不需要权衡获取外部资金所要付出的代价高低。具体来说,如果公司计划投资量是 Invest,但是本钱 Capital 比 Invest 要低,则该公司只需要向资本市场以无风险利率再获取 Invest 减去 Capital 的资金量。再假设 $f(Inv)(f'>0, f''<0)$ 是投资 Inv 的产出函数,r 为单位产出的预期收益,$rf(Inv)$ 即为预期收益。假定起初投入资本为 0,并且不考虑资金的时间价值,进行一阶求导 $\max\{rf(Inv)-Inv\}$,即可获得最佳投资量,此时,最优解 Inv^* 符合 $f'(Inv^*)=1/r$,再对 r 求导得到:

$$\frac{dInv^*}{dr} = \frac{1}{-r^2 f''(Inv^*)} = \frac{f'}{-r^r f'} \mid Inve = Inv^* > 0 \qquad (5-2-1)$$

由于 $f'>0$,$f''<0$,所以 $dInv/dr>0$,可知公司最佳投资水平 Inv^* 与每单位产出的预期回报 r 有正相关关系。这里的 r 不仅可以表示按产品单位列出预期回报,还常代表不同的投资机会。根据投资水平-投资机会敏感性系数法的思路,产出函数 $f(Inv)$ 在完善的资本市场中如果预先规定好,可以推出最优投资水平将由其面临的投资机会唯一给定。

Richardson 预期投资模型的形成思想如下:假定资本市场是完善的,没有市场摩擦,也不存在交易费用,那么,任意投资净现值在零之上的规划都会被实施。但是,现实世界告诉我们资本市场到处都是信息不对称以及代理成本,会出现投资偏离有效水平的情况,即导致投资净现值在零之上的项目被放弃,但是投资净现值在零之下的项目被实施。认识到上述事实后,学者们期望建立一个预测模型来估计企业的最佳投资额,然后将最佳投资水平与实际投资水平进行比较,以确定投资差距,差距越小,则说明投资效率越高;反之,差距越大,浪费投资的情况越严重。如果实际投资水平超过估计的最优投资,则公司投资过度;如果实际投资水平低于估计的最优投资,则公司投资不足。

上述思维形成了最优预期投资法,Richardson(2006)在 2006 年开发的一种预期投资模型最具有代表性,也被我国众多学者借鉴。Richardson 根据企业前一期的经营状况对本期的最优投资水平进行预测,再用该预测值与企业本期的实际投资量进行对比,其差值的绝对值表示非效率投资,如果差值为负说明存在投资不足,差值为正说明出现过度投资。

通过比较上面提到的两种方法,不难看出,第一种投资水平-投资机会敏感性方法是看公司本期的投资水平能不能随着投资机会的变化做出适时调整,进而评价投资的有效性;第二种最优预期投资模型则是利用前一期的财务数据估算本期的最优投资水平,以此为标准来看本期实际投资水平差了多少,用这个偏差来衡量非效率投资。最优投资预期法有一个隐含的前提假设条件,那就是投资水平是没有系统性偏差的,这样预测模型得到的拟合值才可以真实反映出本期最优投资水平,否则用模型拟合值作为最优投资的替代变量会扭曲真实的信息(刘井建,2015)。综上所述,这两种方式虽然各有不同的假设前提和思路,但是在衡量投资效率时它们都有很好的参考性。

二、理论基础

(一)信息不对称理论

信息不对称理论是由M.思朋斯(M. Spence)、J.E.斯蒂格利兹(J.E.Stigliz)、G.阿克洛夫(G.Akerlof)三位美国经济学家在20世纪70年代提出的,是看待市场经济的新视角。它指的是,在进行市场交易时,由于两方拥有信息的程度不同,就会产生不同的交易行为。由于在市场经济活动中存在着社会分工,每个参与主体都面临着不同的生存环境,其所掌握的知识和技能也不一样,这导致市场中各个参与主体对信息的可得性也存在明显差别,包括信息量大小、质量好坏以及信息及时与否,这时拥有更多信息的一方就具有信息优势。根据信息不对称发生在契约签订前还是签订后又可以将其分为两类,事前的信息不对称被称为逆向选择,事后的被称为道德风险,这两种风险都会导致资产配置效率低下,干扰市场交易的公平。

在契约签订时,若进行交易的两方掌握的信息程度不同,就会产生逆向选择，具有信息优质的一方参与方会隐藏不利于自己的信息，而仅仅向另一方处于信息劣势的参与者共享有利于自己的那部分信息，掌握信息少的人就会做出不利于自己的投资决定，导致双方签订不公平的契约。在契约签订后，委托人不能完全了解代理人对合同中约定的执行情况存在道德风险，处于信息优势的代理方就会做出有利于自己但不利于委托方的决定。

（二）委托代理理论

委托代理理论以不对称信息博弈论为基础，由一些经济学家在20世纪60年代末对公司激励和信息不对称进行深入研究而成长起来。

由于工业革命的推进，企业规模不断扩大。所有者将经营业务的权利转移给他人，导致所有权和经营权的分离。在两权分离的情况下，股东持有公司的所有权，经理则持有公司的经营权，所有者和经营者的利益导向并不一致。管理层在做出投资决策时，会优先考虑到自己的权利和利益最大化，会更多考虑这个项目能不能提高自己的报酬，以及帮助自己在企业获得更高的地位，而不是这个项目能否实现股东价值的最大化，从而导致项目的盈利能力没有被放在第一位考虑。信息不对称的存在以及股东和管理者利益的分歧产生了委托—代理困境。目前，代理理论的主要目标是如何优化设计合同契约，以鼓励代理人在信息不对称和利益冲突的情况下根据委托人的目标做出决策。

另外，从目前的公司治理结构来看，不仅在股东和经理人之间存在代理人问题，在公司大股东和小股东之间也有此问题。大股东持股比例越高，与小股东的差距就越明显，他们之间的代理问题也就越严重。如果公司股权比较分散，就会存在"搭便车"行为，而拥有较高持股比例的大股东可以更有效监督经理人，减少这种行为，改善公司的决策效率，同时也可能会使得小股东的利益被大股东侵占。

（三）交易成本理论

按照交易成本理论的观点，因为人的有限理性以及资源的稀缺性，再加上存在信息不对称等原因，交易成本在经济活动中普遍存在，使得交易困难。但是，虽然交易成本限制了企业的活动，但企业可以通过一系列的制度安排降低交易成本。产业资本和金融资本在进行结合时受限于市场机制的作用，交易成本较高。产融结合有助于降低交易双方交易的不确定性，减少监督费用和谈判费用，进一步降低交易成本，改善资源配置效率。

（四）理论关系梳理

实际上，信息不对称理论的运用领域是非常广泛的，信息不对称现象充斥在任何角落，而信息不对称会造成各种问题，带来各类风险。信息不对称理论的最重要的应用领域是在企业，而上述提到的代理理论和交易成本理论所产生的原因都"离不开"信息不对称。信息不对称理论可以说是代理理论的前置理论，本文将二者分开，主要是为了更加深入地探讨产融结合是如何影响企业投资效率的。一方面，当公司缺少资金而又不得不从外部金融机构筹集时，若公司与外部机构存在信息不对称，由于外部的金融机构对来融资的公司并不是完全了解，属于处于信息劣势的一方，于是只能按照自己付出的监督成本和信息搜集成本来增加公司的融资成本，并且当监督成本和信息搜集成本过高时，金融机构很可能会停止继续给公司提供资金，导致本来就缺乏资金的公司融资约束问题更加严重，产生投资不足。另一方面，代理理论从公司内部治理角度出发，研究产融结合是否能通过监督效应减少企业代理问题从而改善企业的非效率投资问题。

三、研究假说

（一）假设1a的提出

从理论上来说，企业做出的投资决策很大程度上取决于它们可以得到的投资机会。但是，融资约束、公司的制度安排、信息不对称以及代理问题等原因都将对公司的实际投资量产生影响，导致其偏离最优投资水平。总的来说，实体企业持股金融机构可以从两条途径帮助企业更好地利用投资机会来提高其资本配置效率，一是缓解内部委托代理问题，二是降低外部信息不对称。

由于存在信息不对称，资本市场是不完善的，直接导致了企业向外部融资的成本提升，无法有效取代企业内部的资金，就很难达到最优投资水平（Fazzari et al.，1988）。实体企业持股金融机构可以降低企业与金融机构间存在的信息不对称。第一，企业通过持股金融机构进行产融结合，持股比例达到一定程度后之后，可以用向所持股的金融机构派驻董事或者其他方式来畅通信息渠道，方便直接交流，从而提高双方的沟通效率，也可以直接对金融机构施加影响，这种有利于自己获得融资便利。第二，因为金融业受到更加严格的监管，导致企业不是那么容易就能进入金融领域。万良勇等（2015）研究发现，如果企业持股金融机构，往往会在市场上传递出公司具有较强偿付能力、实力强劲等信号，会吸引投资者以及其他与企业利益相关的主体的关注。第三，非追求短期利益的产融结合可以加强企业与金融机构的深入互动以及更追求长期合作，对于金融机构来说，改善了信息不对称，自己的信息搜集成本就会更低，获取企业的经营财务状况也会更及时准确。第四，李维安和马超（2014）在研究中指出，事实上，各金融机构之间往往关系密切，企业通过持股金融机构可以更好地融入其所在的"关系圈子"，相当于间接地减少了企业与金融市场间的信息不对称。

存在委托代理问题也将导致企业的投资无效（Shleifer 和 Vishny，1989）。布特（Boot，2000）总结了相关文献，发现借款人通常会在关系型借贷的背景下披露更多关于自己的信息，从而加强了借款人与银行之间的信息沟通。此外，由于双方长期的合作关系，贷方银行将更多地参与借方业务的事后监管和信息传输。这种监督和管理，增加了银企合作的密切程度，减少银企之间的信息不对称，优化低效率的投资。陈运森等（2015）在他们的研究中指出，实体公司与金融机构之间的股权关联关系，是一种比相关董事之间的关系更正式的合同关系。翟胜宝等（2014）通过研究发现，企业参股银行所产生的银企关系，可以在一定范围内增加银行对企业的贷款额度，同时促使银行加大对企业的监管力度。本文在前文分析的基础上提出，企业产融结合可以产生与关系信用类似的效果，即金融机构参股企业，可以加强外部金融机构对企业的监管，进一步降低企业内部的代理成本。

在前文研究的基础上，本章提出假设 H 1a：产融结合有助于企业更好地把握投资机会，改善投资效率。

（二）假设 1b 的提出

企业能把握投资机会并不意味着企业就能做出最优投资水平的决策，因为只能保证投资的方向与投资机会相符，然而，投资水平的数量是否完全符合投资机会并不清楚，也就是说，企业可能会存在投资不足或者过度投资。从理论分析和前人研究来看，产融结合对企业抓住投资机会、提高投资效率的积极影响，主要体现在两个方面：一是缓解企业投资不足，二是抑制企业的过度投资。

企业投资的缺失主要是由于融资约束，对中国企业家调查系统的分析表明，获得融资便利是实体企业收购金融机构股份的主要原因之一。首先，产融结合通过消除企业和金融机构之间的信息不对称，增加了企业获得资金的可能性；其次，如果金融机构的持股比例达到一定比例，企业就有可能进入金融机构内部的决策系统，产生"决策效应"。企业影响到这些机构的融资决策，为公司提供融资便利，有效解决投资不足的问题，为企业提供稳定现金流。另外，如果持股比例的确是达到了一个较高水平，企业与金融机构之间的关系就类似于企业集团，企业集团的内部资本市场能发挥作用，给实体企业提供强劲的资金支持。

基于此，本章提出假设 H 1b：产融结合有助于缓解企业的投资不足。

（三）假设 1c 的提出

从前面的分析来看，金融机构对企业的监管作用是显而易见的。那么，这种监管是否会影响企业的投资行为，影响机制和路径又是如何起作用的呢？翟胜宝等（2014）的实证研究发现，发现银行与企业之间加强合作所形成的银企关系，会加强银行对企业的监督和控制作用，防止企业过度投资。在此基础上，显然金融机构持有企业股份，既可以为企业融资提供便利，缓解企业投资不足，又可以通过加强金融机构监管来抑制过度投资。此外，实体企业可以利用部分资金对金融机构进行股权投资，在一定程度上可以减少对主业的投资。具体而言，本文所指的投资效率是生产性投资，而不是股权投资。因此，实体企业通过控股金融机构实现产融结合，资金大部分流向金融领域，相当于减少了资金在生产性资产上的盲目投入，也即是抑制了过度投资。

基于此，本章提出假设 H 1c：产融结合有助于抑制企业的过度投资。

（四）假设 1d 的提出

根据上述分析，总的来说，实体企业持股金融机构可以从两条途径帮助企业更好地利用投资机会以提高其投资效率，一是帮助缓解企业内部的委托代理问题，抑制过度投资；二是有助于降低外部信息不对称，减轻投资不足。于是，针对产融结合对企业投资效率影响路径问题，本章提出假设 H 1d：产融结合主要通过监督效应缓解委托代理问题以及通过信息效应减少信息不对称来提高企业投资效率。

（五）假设 2 的提出

企业持股金融机构的数量表明其与金融机构的整合程度，持股金融机构的数量越多，表示企业产融结合的程度就越高，企业金融化的水平越高；

另一个反映产融结合程度的指标是持股比例，持有金融机构股权比例越高，表示产融结合越深，程度也越高。

实体企业与金融机构在财务管理、业务等方面很不一样，他们之间存在着信息距离，导致信息传输成本较高，而且一些私有信息除了关联企业外其他公司都不能获得。李维安和马超（2014）曾在研究中指出产融结合缩小了企业与金融机构之间的距离，有效降低了上市公司与金融机构间的道德风险，从而在财务以及公司管理上产生协作效应，此外，也有助于企业更加便利地获取低成本资金，随着企业持股金融机构数量增加，这种影响也会增加。在投资时，企业付出的交易对价越多，其持股比例就越高，相应的能够享受的权益就越多。基于以上分析，提出假设 H 2：上市公司持股金融机构的家数和比例与企业投资效率显著正相关。

（六）假设 3 的提出

企业持股金融机构的类型，主要有银行、财务、证券、保险、信托等公司，根据同花顺 iFinD 数据统计，我国持股银行的企业接近总数的二分之一，证券、财务、保险公司随后。在我国现行的金融体制下，主要还是以银行间接融资为主，银行就成为企业获取资金最主要的渠道，而其他融资渠道发展还比较缓慢，有待进一步完善。杜传忠和王飞（2014）经过实证研究发现了不同类型的金融机构有着不同的业务类型和运营方式，它们的资金实力也各不相同，所以持股不同类型金融机构也会对投资效率产生不同影响。因为银行信贷资源并不是很充裕，且我国政府对于银行的信贷进行严格管制，所以，如果企业持股银行的话能够有效缓解融资约束问题。由于存在信息不对称，企业经理人有动机放弃某些能带来收益的项目，甚至是冒险与其他风险更大的项目，导致债权人利益受损。而与银行进行产融结合，债权人与股东的身份存在于同一主体，可以降低银企利益冲突，从而缓解了债权债务人间的代理问题，推动企业的投资行为更加有效。另外，吴超鹏等（2012）通过研究表明，金融机构的监督优势给企业也带来了一定好处，可以减少企业的非效率投资活动，抑制企业过度投资。

基于以上分析，提出假设 H3：企业持股不同类型金融机构对投资效率的影响不同，持股银行对提高企业投资效率最显著。

(七) 假设 4 的提出

社会资本是配置资源的重要手段，有利于企业获得更优质的投资机会，并且可帮助企业寻找稀缺资源。考虑到在我国现行的金融体制下，国企往往享受更多的政策支持和优惠政策，如果国企出现问题，政府会施以援手，给予一定的政策支持。且银行为了与政府建立良好联系或因为别的原因更加倾向于为国企放贷，这样一来，国企面临的资金短缺问题总体上来看比民营等非国企要小很多。非国企享受不到"家长主义"的保护，金融机构在进行信贷资源配置时更容易歧视它，导致民营等非国企融资约束问题更严重。这样一来，民营等非国企往往会比国企更加重视与所持股的金融机构之间的良好关系。李延喜等（2015）通过研究我国上市公司相关数据发现，在进行投资决策时，由于国企面临进行经营绩效考核的压力，投资冲动性更强，更注重资金的短期利润，很容易在充足资金的加持下，采取激进的投资策略；民营企业则与之相反，会更加重视投资机会，投资会更谨慎。综上所述，本文认为民营等非国企进行产融结合时，其降低交易成本和减少信息不对称等方面比国企更能发挥作用。据此，提出本章的第四个研究假设。

假设 H4：与国企相比，民营等非国企进行产融结合对投资效率的促进作用更显著。

(八) 假设 5 的提出

因为各地区的地理位置不一样、经济发展不平衡等因素，不同地区的市场化进程有一定的差距。市场化程度较高的地区信息披露机制更完善，制度环境也相对更友好，使得当地企业能更好地配置资源，而规模经济的存在又再次降低了其融资成本。而如果企业位于市场化程度较低的地区，获取资金就没有那么容易了,且交易成本也更高,企业更容易受困于财务问题,因此,市场化程度较低地区的公司会更倾向于借助产融结合提高自己的投资效率。刘玥莹等(2015)经过实证研究发现,市场化程度对企业投资有差别影响,在市场化程度欠发达的地区,企业通常不能依靠自己的力量与金融机构之间建立良好联系,所以,它们有更充分的理由深入金融关系圈。基于此,提出以下假设:

假设H5:当上市公司处于市场化程度较低地区时,产融结合对企业投资效率的促进作用更显著。

第三节 金融化对企业投资效率影响的实证分析

一、数据说明与变量选取

（一）样本选择与数据来源

本文以2008年—2019年为研究期间,选取沪深A股全部上市公司的年度数据作为研究样本,考察产融结合对企业投资效率的影响。在实证分析中,对初始样本进行了如下筛选:①删掉金融类公司样本。因为这类公司财务指标表示的内容与其他公司有所不同,其所适用的会计准则和会计方法也不同。②删掉上市时间不足1年的公司。因为在后续分析过程中分别需要用到前一期和滞后一期的财务数据。③删掉ST及PT上市公司样本。④删掉资产负债率在1之上的数据。⑤删掉数据缺失的公司以及样本期间内被退市的公司。

经过上述处理,最终得到26202个样本观测值。另外,考虑到上市金融机构的总资产一般比较庞大,企业就算对其进行持股,占比通常也较低,且上市公司参股上市金融机构的数据难以获取，因此，本文参考黄昌富和徐亚琴（2016）以及李维安和马超（2014）等人的做法，选择企业参股非上市金融机构的企业金融化数据。上市公司持有非上市金融机构股权的数据来源于同花顺 iFinD 数据库以及 Wind 数据库的"公司研究—证券投资"板块，由于2015年、2016年相关数据有明显缺漏，本章通过上市公司年报数据进行手工整理和补充。样本公司的其他财务数据来自国泰安数据库。在进一步分析中用到的市场化指数指标来自樊纲等人所编制的《中国市场化指数报告》。为了避免极端值对回归产生的影响，在回归分析前，对所有连续变量进行了1%和99%水平上的缩尾处理（Winsorize）。

（二）变量选择

1. 企业金融化

本文按照"非金融类上市公司是否持股非上市金融机构"构建企业金融化虚拟变量 D_Hold，若持股则取值为1，否则取值为0；除此之外，还用"持股非上市金融机构金额（$Lamount$）"衡量企业金融化。

为考察在企业金融化进程中，所投资的金融机构对于企业投资效率的异质性影响，对不同类型金融机构，分别设置不同的虚拟变量。在我国，银行、证券公司、保险公司这三类金融机构受严格监管，信托业也受监管趋严，因此本文设置 D_HoldBk、D_HoldZq、$HoldBx$、D_HoldXt 4个虚拟变量。本文还将财务公司单独列出，设置 D_HoldCw 虚拟变量，由于财务公司可以被看作是企业集团的内部银行，是一种独特的金融机构类型，是集团内部进行资本运作的核心和运营平台，对于缓解企业集团的融资约束至关重要，也有利于进行全平台的资金优化配置。上市公司除上述5类金融机构外，还可以参股基金管理公司、小额贷款公司、期货公司、租赁公司、担保公司等。考虑到在各类金融机构中持股的上市公司数量普遍较少，且这些公司所控制的股份相对较少，这些金融机构的类别也较为分散，故本文不作单独划分,它们将被统称为其他类型金融机构,用虚拟变量D_HoldQt表示。在同花顺 iFinD 数据库中"持股金融机构类型"采用细分方法,如区分了财险公司、寿险公司,本文均将其合并上述 6 大类中。

2. 企业投资效率

投资效率是指项目投资能否达到理想投入产出比的能力,主要用于衡量该项投资是否提高了企业的资金配置效率,对企业价值的贡献程度。非效率投资包括两类:一是过度投资,指企业投资于净现值(NPV)为负的项目;二是投资不足,指企业放弃 NPV 为正的投资,这两种情况都会降低企业的投资效率。结合理论部分的分析,本文在实证研究中一方面用"投资水平对投资机会的敏感程度"来衡量企业的投资效率;另一方面,考虑到 Richardson 模型已被国内学者广泛用于评估公司的投资效率,比如韩丹和王磊(2016)、李延喜等(2015)均采用该方法,利用前一期的经营状况来预测本期最优投资水平,再用实际投资量与预期最优投资的差距衡量非效率投资。本文也沿用 Richardson 预期投资模型来衡量企业的非效率投资,得到模型残差可衡量企业的投资偏离程度,其绝对值可以直接衡量投资的低效程度,也可以反映企业的投资效率,以进一步研究企业持股金融机构对其投资不足和过度投资的影响。

基于此,设定回归模型如下面的公式:

$$Invest_{i,t} = \alpha_0 + \alpha_1 TBQ_{i,t-1} + \alpha_2 Cash_{i,t-1} + \alpha_3 Size_{i,t-1} + \alpha_4 Lev_{i,t-1} + \alpha_5 Age_{i,t-1}$$
$$+ \alpha_6 Return_{i,t-1} + \alpha_7 Invest_{i,t-1} + \sum Industry + \sum Year + \varepsilon_{i,t} \quad (5-3-1)$$

模型中,$Invest_{i,t}$ 表示第 i 个企业第 t 年的投资水平,目前国内学者普遍从两个角度对当期投资水平进行定义:一是从资产负债表角度,用企业当年"(固定资产、在建工程、工程物资及无形资产变动净额)/年初总资产"进行度量,李维安和马超(2014)以及王婷等(2018)都在研究中使用此方式;还有一种是从现金流量表的角度,用"(购建固定资产、无形资产和其他长期资产支付的现金+取得子公司及其他营业单位支付的现金净额-

处置固定资产、无形资产和其他长期资产收回的现金净额–处置子公司及其他营业单位收到的现金净额）/年初总资产"作为业新增投资的替代变量，黄昌富和徐亚琴（2016）、谢获宝等（2017）、李天钰等（2020）均采用这种方式衡量企业当期投资水平。

因此，本文在实证研究中使用资产负债表角度的衡量方法，命名为 Invest_bs，并在稳健性检验中使用现金流量表角度的衡量方法作为企业投资水平的替代变量，命名为 Invest_cf。关于其他变量，TBQ 表示企业的托宾 Q 值，用市值/总资产来衡量；Cash 表示企业现金持有水平，用（货币资金+短期投资）/企业总资产计算得到；Size 表示企业规模，为企业总资产取自然对数；Lev 表示资产负债率；Age 表示企业上市年限取自然对数，Return 表示不考虑现金红利再投资的年个股回报率；Year 表示年度虚拟变量，Industry 表示行业虚拟变量。模型中 i，t-1 表示使用第 i 个企业上一期（t-1）的相关数据。

二、实证模型设定

（一）企业金融化对投资支出–投资机会敏感性的影响

为了验证持股金融机构是否对于企业更好地把握投资机会有帮助，本文借鉴 Chen（2011）、Jiang（2018）、李天钰等（2018）的做法采用企业投资水平对其投资机会的敏感程度来衡量企业的投资效率，构建下列固定效应回归模型：

$$Invest_{i,t} = \beta_0 + \beta_1 D\_Hold_{i,t} \times TBQ_{i,t} + \beta_2 D\_Hold_{i,t} + \beta_3 TBQ_{i,t} + Controls_{i,t} + \sum Firm + \sum Year + \varepsilon_{i,t} \quad (5\text{-}3\text{-}2)$$

其中，$Invest_{i,t}$ 表示企业的投资水平，在实证主要部分采用资产负债表角度的衡量方式；D_Hold 是企业是否进行企业金融化的虚拟变量，若持股则取值为 1，否则取值为 0，除此之外，还采用持包含下列变量股非上市金融机构金额（Lamount）作为其替代变量；托宾 Q 值（TBQ）是表示衡量企业潜在投资机会的代理变量。TBQ 与 $Invest$ 的回归系数 β_3 表示企业投资支出对投资机会的敏感程度,为研究企业金融化对投资效率的影响,模型中加入企业是否持股金融机构(D_Hold)与托宾 Q 值(TBQ)的交乘项,$D\_Hold_{i,t} \times TBQ_{i,t}$ 正是反映企业金融化对投资效率(企业投资支出–投资机会敏感性)影响的关键性变量,交乘项系数 β_1 若显著,说明持股金融机构会对企业资本配置效率产生影响。具体来说,如果 β_1 显著为正,说明企业持股金融机构能提高投资效率,反之则会降低投资效率。辛清泉等(2007)以及吴超鹏等(2012)的研究,在实证研究中 Controls 包含下列变量:资产负债率(Lev)、企业规模($Size$)、总资产收益率(ROA)、现金持有水平($Cash$)、董事会规模($Board$)、独立董事比例($Indpct$)、企业上市年限自然对数(Age)、股票收益率(Ret)、第一大股东持股比例($Top1$)。在回归时控制了时间($Year$)和公司($Firm$)因素,还在检验中对标准误差进行了企业层面的 Cluster 调整。

(二) 企业金融化对非效率投资的影响

为研究企业金融化对投资不足和投资过度的影响,进一步将非效率投资区分为投资不足和投资过度。借鉴李维安和马超(2014)等学者的做法,利用公式(5-3-1)算出的残差作为被解释变量,构建新的模型,如公式(5-3-3)至公式(5-3-5)所示,控制了时间固定效应和行业固定效应,并在检验中对标准误差进行了企业层面的 Cluster 调整。

$$AI_{i,t} = \alpha_0 + \alpha_1 D\_Hold_{i,t} + \alpha_2 Controls_{i,t} + \sum Industry + \sum Year + \varepsilon_{i,t} \quad (5\text{-}3\text{-}3)$$

$$OI_{i,t} = \alpha_0 + \alpha_1 D\_Hold_{i,t} + \alpha_2 Controls_{i,t} + \sum Industry + \sum Year + \varepsilon_{i,t} \quad (5\text{-}3\text{-}4)$$

$$UI_{i,t} = \alpha_0 + \alpha_1 D\_Hold_{i,t} + \alpha_2 Controls_{i,t} + \sum Industry + \sum Year + \varepsilon_{i,t} \quad (5\text{-}3\text{-}5)$$

其中,AI 为计算企业投资效率的预期投资模型(5-3-1)中回归残差的绝对值,表示企业的非效率投资,数值越大则说明企业越是偏离最优投资,投资效率就越低;残差大于 0 表示过度投资,用 OI 表示;残差小于 0 表示投资不足,对其取绝对值之后用 UI 表示。D_Hold 为企业是否持股金融机构的虚拟变量。控制变量与上述模型一致。

为了进一步研究持股金融机构的程度给投资效率带来的影响，本文分别用持股金融机构数量（MAX）衡量广度，用持股比例（Share）衡量深度。由于存在一家企业同时参股多家金融机构并且持股比存在差异的情况，为避免重复统计，本文用持有金融机构股权比例的最高值作为企业金融化深度的代理变量。以模型（5-3-2）回归做了进一步检验，再次证明企业通过金融化可以提高企业投资效率，从而验证假设 2。

在进一步研究企业持股不同类型金融机构对投资效率的影响时，分别用 D_HoldBk、D_HoldCw、D_HoldZq、D_HoldXt、D_HoldBx、D_HoldQt 表示企业是否持股银行、财务公司、证券公司、信托公司、保险公司以及其他类型金融机构代替 D_Hold 对模型（5-3-1）进行检验，根据回归结果再以模型（5-3-4）和模型（5-3-5）来检验各金融机构与企业非效率投资之间的关系，从而验证假设 3。

考虑到国企和民营等非国有企业进行金融化时，金融机构对它们的监督作用和金融关系网络可能不同，从而导致对非效率投资的影响也各有差异，所以，本文还探讨了在不同产权属性（SOE）下，金融化对企业投资效率的不同影响。若为国企，SOE 取值为 1，民营等非国有企业则取值为 0。以 SOE 分组回归，进而验证假设 4。

为了验证假设 5，对模型（5-3-2）进行回归，按照企业地区市场化程度对样本进行分组。比较企业金融化（D_Hold）与投资机会（TBQ）的交乘项回归系数 β_1 是否有显著性差异，若均显著，其系数大小如何。

另外，为了探究企业金融化对投资效率的影响路径，又加入了管理费用率（ADM）和内部资金充足性（CF）变量。罗炜和朱春艳（2010）在研究中指出可以将管理费用与主营业务收入之比用来作为分析代理问题的替代变量，因为他们发现管理费用率越高的企业，代理问题越突出。因此，本文借鉴前人的做法，以管理费用率的中位数作为划分标准，如果企业当期 ADM 的值大于中位数，认为该企业存在突出的代理问题，此时 ADM 取

1，否则取 0。以 ADM 对模型（5-3-2）进行分组回归，验证假设 1d。关于内部资金充足性，李维安和马超（2014）用经营活动现金流量来度量 CF，本文参考其做法，当期企业的经营活动现金净流量比样本中位数要大，则 CF 取值 1，否则取 0。以 CF 对模型（5-3-5）进行分组回归，进一步验证假设 1d。

下面是本文的主要变量及其解释：

表 5-3-1 本文主要变量描述

变量类型	变量名称	变量符号	变量定义
被解释变量	投资水平	Invest_bs	企业当年固定资产、在建工程、工程物资及无形资产变动净额/年初总资产
		Invest_cf	（购建固定资产、无形资产和其他长期资产支付的现金+取得子公司及其他营业单位支付的现金净额-处置固定资产、无形资产和其他长期资产收回的现金净额-处置子公司及其他营业单位收到的现金净额）/年初总资产
	投资机会	TBQ	市值/总资产
	非效率投资	AI	模型（4-1）残差的绝对值
	投资过度	OI	模型（4-1）正值的残值
	投资不足	UI	模型（4-1）负值的残差取绝对值
解释变量	产融结合	D_Hold	企业是否参股金融机构
		Lamount	持有非上市金融机构的股权金额取自然对数
		Sare	持股金融机构股权比例
		Max	持股金融机构数量
		D_HoldBk	是否参股银行，是取 1，否则取 0
		D_HoldZq	是否参股证券公司，是取 1，否则取 0
		D_HoldCw	是否参股财务公司，是取 1，否则取 0
		D_HoldBx	是否参股保险公司，是取 1，否则取 0
		D_HoldXt	是否参股信托公司，是取 1，否则取 0
		D_HoldQt	是否参股其他类型金融机构，是取 1，否则取 0
控制变量	资产负债率	Lev	账面总负债/账面总资产
	企业规模	Size	年末总资产的自然对数
	总资产收益率	ROA	净利润/总资产
	现金持有水平	Cash	（货币资金+短期投资）/总资产
	董事会规模	Board	董事会人数
	董事会独立性	Indpct	独立董事人数/董事会人数
	上市年限	Age	上市年限的自然对数
	股票收益率	Ret	每股收益

续表

变量类型	变量名称	变量符号	变量定义
调节变量	管理费用率	ADM	管理费用/营业收入
	经营性现金流量	CF	经营性现金流量净额除以年末总资产
	企业性质	SOE	公司实际控制人是国有企业取1，否则取0
	市场发展水平	MDL	根据樊纲等所编制的《中国市场化指数》，将样本按其所在地区市场化评价指数分为高于样本中位数的发达组和低于样本中位数的欠发达组，高市场化取1，低市场化取0

三、描述性统计

（一）我国上市公司持股金融机构的现状

1. 上市公司持股金融机构年度分布情况

如表5-3-2所示，2008年以来，我国A股持股金融机构的企业数量整体上在逐步上升，2019年稍有下降，由2008年的296家增加到2019年的735家，这与我国政策放开了对投资活动的限制以及大环境支持产融结合有关。横向比较可以看出，持股银行的企业基本上每年都是最多的，我国的企业金融化主要是产业资本与银行资本的融合，其次是证券公司、财务公司、保险公司和信托公司；但是从纵向分析各年份持股不同类型金融机构的企业数量变化情况可以看到，持股银行、财务公司以及保险公司的上市公司基本都在稳步递增，但是持股证券公司的数量在逐年下降，这可能与各个金融机构的发展情况有着很大的联系。其中，财务公司由2008年的32家上升到了2019年的132家，扩大了约5倍，增长速度仅次于银行，这与我国上市公司的规模越来越大有关，很多集团在内部设立了财务公司，围绕主业面向成员企业开展金融服务，属于内部金融。总的来说，在我国上市公司持股的金融机构中，银行占主导地位，没有异常数据出现。

表 5-3-2　上市公司持股金融机构年度分布情况

年份	持股金融机构	持股比例≥2%	持股银行	持股证券公司	持股财务公司	持股保险公司	持股信托公司	持股其他
2008	296	162	170	116	32	16	20	54
2009	369	206	216	129	42	26	23	73
2010	393	228	232	116	54	30	26	74
2011	447	257	273	109	62	36	31	94
2012	530	314	337	110	79	35	30	123
2013	568	343	352	107	86	39	30	149
2014	583	364	358	89	96	41	30	167
2015	611	386	363	75	100	43	33	192
2016	716	464	357	53	108	51	31	263
2017	768	486	376	43	111	61	31	327
2018	793	495	379	37	107	70	30	370
2019	735	400	312	20	132	56	19	351

2. 上市公司持股金融机构行业分布情况

如表 5-3-3 所示，从行业上来看，2019 年进行企业金融化的上市公司比较集中，主要在制造业，其次是批发和零售业，这些行业呈现出高成长性和高利润的特点，有更多的资金以及动机进行企业金融化，数据没有异常情况出现。

表 5-3-3　上市公司持股金融机构行业分布情况

代码	类别名称	各个行业参股金融机构的上市公司比例
C	制造业	51.64%
F	批发和零售业	10.56%
D	电力、热力、燃气及水生产和供应业	7.13%
K	房地产业	6.26%
G	交通运输、仓储和邮政业	4.78%
I	信息传输、软件和信息技术服务业	4.13%
B	采矿业	3.66%
E	建筑业	3.17%
A	农、林、牧、渔业	2.46%
N	水利、环境和公共设施管理业	2.07%
	其他行业	4.14%
	合计	100%

3. 上市公司持股金融机构地区分布情况

如表 5-3-4 所示，从上市公司参股金融机构的地区分布来看，我国各地区的参股比例存在较大差异，这与该地区经济增长水平和产业发展政策有关，东部经济较发达，金融机构数目众多，所以持股金融机构的企业和金融机构数量多，参股金融机构的企业也较多。而我国西部和中部地区经济欠发达，故参股金融机构的企业较少。

表 5-3-4　上市公司持股金融机构地区分布情况

地区大类	各地区参股金融机构比例
东部地区（北京、天津、河北、辽宁、上海、江苏、浙江、福建、山东、广东、海南）	50.2%
中部地区（山西、内蒙古、吉林、黑龙江、安徽、江西、河南、湖北、湖南）	30.56%
西部地区（四川、贵州、云南、西藏、陕西、甘肃、青海、宁夏、新疆、广西）	19.24%

（二）主要变量的描述性统计

表 5-3-5 为本文相关变量的描述性统计结果。可以看到，26023 个观测值里有 17065 个投资不足，9138 个过度投资，过度投资样本数量少于投资不足样本数量，这说明现阶段我国上市公司中非效率投资广泛存在，而投资不足更加普遍，但比较二者均值，过度投资均值 0.091 大于 0.049，说明过度投资的严重程度更高一些，这与胡彦鑫等（2019）的发现一致，也进一步说明在当前非效率投资如此普遍的环境中，探究企业金融化对投资效率的影响及其影响路径是有一定现实意义的。从资产负债表角度度量的投资水平（$Invest\_bs$）为 4.79%，从现金流量表角度度量投资水平（$Invest\_cf$）为 6.6%，说明了从这两种角度衡量企业的投资水平存在一定的差异，在稳健性检验中可用 $Invest\_cf$ 作为 $Invest\_bs$ 的替代变量。

D_Hold 是企业是否持股非上市金融机构的虚拟变量，其均值为 0.26，说明在所有观测值中有超过四分之一的企业进行了产融结合，说明现阶段在我国非金融机构持股金融机构是一个较为普遍的现象，但是 Share 的均值为 2.62，即平均持股比例约为 3%，说明我国总体持股水平还较低，远远不及绝对控股的比例，企业金融化程度较低，可能还处于初级阶段。持股金融机构的家数（Max）在样本之间存在较大差异。从表中可以看出，持有银行股份的公司数量（D_HoldBk）最多，占比 14.2%，而持有其他类型金融机构股份的公司数量明显少于银行；企业在各类金融机构上的持股比例分别为，财务公司 3.9%，证券公司 3.8%，保险公司 1.9%，信托公司 1.3%，说明我国企业主要是通过参股银行进行企业金融化。

托宾 Q（TBQ）的平均值为 2.72，表明样本公司正在以相当高的速度增长；平均杠杆率（Lev）为 43.8%，说明样本公司的资产负债率相当合理。企业规模（Size）均值为 22.11，标准差为 1.275，说明样本企业规模存在较大差异。盈利能力（ROA）的均值为 4.07%，说明总体上来看我国上市公司总资产收益率处于较低水平。董事会规模（Board）的平均值为 8.66，表明我国上市企业董事会的平均董事人数约为 9 人，标准差为 1.74。上市公司之间的董事会人数几乎没有差异。这是因为董事会规模在《公司法》中有限制。另外，《公司法》还规定我国上市公司董事会中独立董事应不少于三分之一，如表 5-3-5 显示，独立董事占比（Indpct）的均值为 37.3%，说明我国企业符合规定。这是因为董事会规模在《公司法》中有限制。另外，《公司法》还规定我国上市公司董事会中独立董事应不少于三分之一，如表 5-3-5 显示，独立董事占比（Indpct）的均值为 37.3%，说明我国企业符合规定。

此外，样本公司的特征也有较大差异。代理问题（ADM）均值为 0.093，最小值为 0.0087，最大值为 0.49，说明各样本公司之间代理问题的严重程度存在差别。产权属性（SOE）的均值为 0.407，说明样本企业中国有企业占比约为 40.7%，民营等非国有企业占比更多，随着我国资本市场逐渐开放，民营资本进入金融领域的门槛逐渐降低。市场化进程（MDL）均值为

0.806，标准差为 0.395，说明市场化程度确实能由市场化指数来较为真实地反映。

表 5-3-5　主要变量描述性统计结果

variable	N	mean	p50	sd	min	max
AI	26203	0.0637	0.0402	0.1310	0.0000	7.129
UI	17065	0.0489	0.0396	0.0501	0.0000	1.395
OI	9138	0.0913	0.0423	0.2080	0.0000	7.129
Invest_bs	26203	0.0479	0.0179	0.1490	−1.3120	7.183
Invest_cf	26203	0.0660	0.0428	0.0798	−0.0748	0.427
TBQ	26203	2.7200	2.0830	1.9730	0.8810	12.10
D_Hold	26203	0.2600	0.0000	0.4390	0.0000	1.0000
D_HoldBk	26203	0.1420	0.0000	0.3490	0.0000	1.0000
D_HoldCw	26203	0.0385	0.0000	0.1920	0.0000	1.0000
D_HoldZq	26203	0.0383	0.0000	0.1920	0.0000	1.0000
D_HoldBx	26203	0.0192	0.0000	0.1370	0.0000	1.0000
D_HoldXt	26203	0.0127	0.0000	0.1120	0.0000	1.0000
D_HoldQt	26203	0.0854	0.0000	0.2790	0.0000	1.0000
Share	26203	2.6230	0.0000	9.2340	0.0000	100.00
Lamount	26203	3.9850	0.0000	7.3240	0.0000	23.0200
Max	26203	0.3490	0.0000	0.8570	0.0000	22.0000
Lev	26203	0.4380	0.4330	0.2050	0.0549	0.8820
Size	26203	22.1100	21.9400	1.2750	19.7300	26.0600
ROA	26203	0.0407	0.0376	0.0588	−0.2040	0.2120
Cash	26203	0.1790	0.1440	0.1300	0.0004	0.9930
Board	26203	8.6650	9.0000	1.7370	5.0000	15.0000
Indpct	26203	0.3730	0.3330	0.0531	0.3080	0.5710
Age	26203	2.1630	2.3030	0.7480	0.6930	3.2580
Ret	26203	0.3760	0.2680	0.7900	−10.7100	35.0000
Growth	26203	0.1880	0.1120	0.4540	−0.5700	3.0210
ADM	26203	0.0934	0.0744	0.0773	0.0087	0.4900
CF	26203	0.0452	0.0447	0.0722	−0.1790	0.2460
SOE	26203	0.4070	0.0000	0.4910	0.0000	1.0000
MDL	26203	0.8060	1.0000	0.3950	0.0000	1.0000

表 5-3-6 为主要变量的相关系数表，企业持股金融机构（D_Hold）与非效率投资（AI）之间的 Pearson 相关系数为-0.021，且在 1%的水平上显著为负，初步支持本文的研究假设 1a，说明企业持股金融机构有利于改善企业的非效率投资。

表 5-3-6(1) 主要变量 Pearson 相关系数矩阵

	AI	D_Hold	Share	Lamount	Max	D_HoldBk	D_HoldCw	D_HoldZq
AI	1.0000							
D_Hold	-0.0210***	1.0000						
Share	-0.0132**	0.4760***	1.0000					
Lamount	-0.0157**	0.9100***	0.5150***	1.0000				
Max	-0.0210***	0.6820***	0.4480***	0.6620***	1.0000			
D_HoldBk	-0.0219***	0.6870***	0.1830***	0.6520***	0.5580***	1.0000		
D_HoldCw	0.0030	0.3308***	0.3720***	0.3600***	0.2520***	0.0242***	1.0000	
D_HoldZq	-0.0030	0.3360***	0.1500***	0.3530***	0.3700***	0.1470***	0.0592***	1.0000
D_HoldBx	-0.0115*	0.2360***	0.1790***	0.2530***	0.3020***	0.0934***	0.1130***	0.0820***
D_HoldXt	0.0024	0.1902***	0.1480***	0.1950***	0.2160***	0.0697***	0.0060	0.1190***
D_HoldQt	-0.0187***	0.5160***	0.4430***	0.4130***	0.4760***	0.1450***	0.0502***	0.0780***
TBQ	0.0398***	-0.1550***	-0.0895***	-0.1470***	-0.1440***	-0.105***	-0.1182***	-0.0632**
Lev	0.0501***	0.1360***	0.1060***	0.1410***	0.1310***	0.0828***	0.1170***	0.0791***
Size	0.0232***	0.2560***	0.2330***	0.253***	0.2310***	0.1210***	0.2880***	0.1030***
ROA	-0.0114*	-0.0122**	-0.0080	-0.0120*	-0.0059	0.0000	-0.0303**	0.0100
Cash	-0.0806***	-0.1040***	-0.0691***	-0.1060***	-0.0839***	-0.0624***	-0.0650***	-0.0384**
Board	-0.0040	0.1110***	0.0700***	0.1280***	0.0724***	0.0440***	0.1661***	0.0570***
Indpct	0.0060	-0.0129**	0.0050	-0.0237***	0.0243***	-0.00900	-0.0130***	0.0171***
Age	-0.0010	0.2260***	0.1220***	0.2290***	0.1700***	0.1260***	0.1310***	0.1293***
Ret	-0.0020	0.0322***	0.0268***	0.0225***	0.0325***	0.0190***	0.0340***	0.0192***
ADM	0.0267***	-0.0879***	-0.0630***	-0.0811***	-0.0803***	-0.0623***	-0.0882***	-0.0330**
CF	0.0118*	0.0126**	0.0125**	0.0117*	0.0029	0.0030	0.0300**	-0.0060
SOE	-0.0020	0.1490***	0.0921***	0.1610***	0.1090***	0.0550***	0.1810***	0.1343***
MDL	-0.0358***	-0.0494***	-0.0320**	-0.0587***	-0.0270***	-0.0320**	-0.0652**	-0.0060

表 5-3-6(2) 主要变量 Pearson 相关系数矩阵(续表)

	D_HoldBx	D_HoldXt	D_HoldQt	TBQ	Lev	Size	ROA	Cash
D_HoldBx	1.0000							
D_HoldXt	0.0440***	1.0000						
D_HoldQt	0.0800***	0.0651***	1.0000					
TBQ	-0.0530***	-0.0432***	-0.0720***	1.0000				
Lev	0.0450***	0.0630***	0.0730***	-0.3501***	1.0000			
Size	0.1310***	0.0760***	0.1340***	-0.4352***	0.4801***	1.0000		
ROA	0.0010	-0.0160***	-0.0110*	0.2201***	-0.3542***	0.0123**	1.0000	
Cash	-0.0300***	-0.0300***	-0.0670***	0.1841***	-0.3541***	-0.2092***	0.2512***	1.0000
Board	0.0220***	0.0170***	0.0270***	-0.1616***	0.1564***	0.2661***	0.0161***	-0.0531**
Indpct	0.0132**	0.0040	0.0190***	0.0580***	-0.0149**	0.0154***	-0.0240**	0.0090
Age	0.0801***	0.0743***	0.1130***	-0.1810***	0.3580***	0.3590***	-0.1920***	-0.2332**
Ret	0.0234***	0.0010	0.0120*	0.0650***	-0.0920***	0.2110***	0.6150***	0.1380***
ADM	-0.0232***	-0.0100*	-0.0430***	0.3693***	-0.2750***	-0.3460***	-0.1561**	0.1380***
CF	0.0040	-0.0090	0.0030	0.1002***	-0.1550***	0.0453***	0.3720***	0.1461***
SOE	0.0712***	0.0570***	0.0370***	-0.241***	0.2911***	0.3292***	-0.0943**	-0.0962***
MDL	-0.0050	-0.0122*	0.0260***	0.0341***	-0.0750***	-0.0230***	0.0841***	0.0622***

表 5-3-6(3) 主要变量 Pearson 相关系数矩阵(续表)

	Board	Indpct	Age	Ret	ADM	CF	SOE	MDL
Board	1.0000							
Indpct	-0.4580***	1.0000						
Age	0.1230***	-0.033***	1.0000					
Ret	0.0420***	0.016***	-0.0500***	1.0000				
ADM	-0.1020***	0.043***	-0.0520***	-0.1481***	1.0000			
CF	0.0591***	-0.027***	-0.0200***	0.2552***	-0.1080***	1.0000		
SOE	0.2901***	-0.075***	0.4230***	0.0163***	-0.1452***	0.0211***	1.0000	
MDL	-0.0680***	0.00600	-0.1510***	0.0410***	-0.0405***	0.0181***	-0.1542***	1.0000

四、 多元回归分析

(一) 企业是否持股金融机构对投资效率的影响

1. 企业金融化对投资支出-投资机会敏感性影响的回归结果

表 5-3-7 列出了企业金融化对投资支出-投资机会敏感性影响的回归结果，即模型 (5-3-2) 的估计结果。在此处，企业的投资效率用投资水平对投资机会的敏感程度来衡量，企业的投资水平用 Invest_bs 来度量。企业金融化用两个指标衡量，分别是企业是否持股金融机构的虚拟变量 (D_Hold) 和企业持股金融机构的投资金额 (Lamount)，如表 5-3-6 所示，列(1)、列(2)是以 D_Hold 表示企业金融化，而列(3)、列(4)是以 Lamount 表示企业金融化。另外，列(1)和列(3)同时控制了行业固定效应和时间固定效应，列(2)和列(4)同时控制了公司固定效应和时间固定效应，以确保结果的稳健性。如表所示，交乘项 $D\_Hold*TBQ$ 和 $Lamount*TBQ$ 与 Invest_bs 的回归系数均在1%的水平上显著为正，这表示模型 (5-3-2) 的回归结果在4种情况下都显著为正，说明企业持股金融机构能显著提高企业投资水平对投资机会的敏感性，有利于企业更好地把握投资机会，提高资本配置效率，即提高了企业的投资效率，进而本文的假设 1a 得到了验证。

表 5-3-7　企业金融化对投资支出-投资机会敏感性影响的回归结果

变量	Invest_bs			
	(1)	(2)	(3)	(4)
c.D_Hold#c.TBQ	0.0061*** (0.0018)	0.0074*** (0.0023)		
c.Lamount#c.TBQ			0.0003*** (0.0001)	0.0004*** (0.0001)
D_Hold	-0.0263*** (0.0043)	-0.0293*** (0.0059)		

续表

变量	*Invest_bs*			
	（1）	（2）	（3）	（4）
TBQ	0.0017*** （0.0007）	0.0015 （0.0011）	0.0018*** （0.0007）	0.0016 （0.0011）
Lamount			−0.0016*** （0.0003）	−0.0018*** （0.0004）
Lev	0.0563*** （0.0078）	0.0578*** （0.0179）	0.0559*** （0.0078）	0.0580*** （0.0179）
Size	0.0130*** （0.0015）	0.0639*** （0.0060）	0.0131*** （0.0015）	0.0636*** （0.0060）
ROA	0.2820*** （0.0234）	0.3159*** （0.0380）	0.2821*** （0.0234）	0.3146*** （0.0380）
Cash	−0.0809*** （0.0072）	−0.0954*** （0.0129）	−0.0815*** （0.0072）	−0.0949*** （0.0129）
Board	−0.0026*** （0.0008）	−0.0023 （0.0017）	−0.0025*** （0.0008）	−0.0023 （0.0017）
Indpct	−0.0330 （0.0203）	−0.0419 （0.0368）	−0.0329 （0.0204）	−0.0422 （0.0368）
Age	−0.0310*** （0.0017）	−0.0728*** （0.0061）	−0.0308*** （0.0017）	−0.0719*** （0.0061）
Ret	−0.0031 （0.0021）	−0.0045 （0.0036）	−0.0031 （0.0021）	−0.0043 （0.0036）
_cons	−0.1602*** （0.0291）	−1.1916*** （0.1230）	−0.1634*** （0.0291）	−1.1888*** （0.1229）
year	Yes	Yes	Yes	Yes
id		Yes		Yes
Indust_D	Yes		Yes	
N	26203	26080	26203	26080
r2	0.0600	0.2322	0.0603	0.2322
r2_a	0.0586	0.1185	0.0589	0.1184

注：*p<0.1，**p<0.05，***p<0.01，括号中的数值为标准误。

2. 企业金融化对非效率投资影响的回归结果

为了进一步探究企业持股金融机构对投资不足和过度投资也即非效率投资的影响，根据理论部分分析，在本节使用 Richardson（2006）的预期投资模型（模型 5-3-1）度量非效率投资，并根据模型（5-3-1）估计得到的残差正负把企业非效率投资分为过度投资（OI）和投资不足（UI），同时，用企业是否持股金融机构的虚拟变量（D_Hold）来衡量企业金融化。如表 5-3-8 的回归结果显示，企业金融化虚拟变量（D_Hold）与企业投资不足（UI）的回归系数为 -0.0017，在 5% 的水平上显著，与企业的非效率投资（AI）的回归系数为 -0.0101，在 1% 的水平上显著，与企业过度投资（OI）回归系数为 -0.0235，在 1% 的水平上显著，综上表明企业金融化一方面可以显著缓解企业的投资不足，另一方面能显著抑制企业的过度投资，从整体上看企业金融化有助于改善企业的非效率投资。假设 1a 得到了进一步验证，同时，假设 1b 和假设 1c 得到支持。

表 5-3-8　企业金融化对非效率投资的影响回归结果

变量	AI	UI	OI
	（1）	（2）	（3）
D_Hold	-0.0102*** (0.0020)	-0.0017** (0.0008)	-0.0235*** (0.0055)
Lev	0.0396*** (0.0071)	0.0018 (0.0034)	0.0873*** (0.0198)
$Size$	0.0014 (0.0012)	-0.0014** (0.0006)	0.0093*** (0.0035)
ROA	0.0224 (0.0214)	-0.0984*** (0.0178)	0.1444** (0.0589)
$Cash$	-0.0659*** (0.0060)	-0.0235*** (0.0041)	-0.1214*** (0.0151)

续表

变量	AI	UI	OI
	（1）	（2）	（3）
Board	-0.0027***	-0.0002	-0.0070***
	(0.0007)	(0.0002)	(0.0021)
Indpct	0.0029	0.0232**	-0.0206
	(0.0172)	(0.0093)	(0.0449)
Age	-0.0026	0.0071***	-0.0036
	(0.0016)	(0.0007)	(0.0039)
Ret	0.0014	0.0021	-0.0020
	(0.0018)	(0.0018)	(0.0047)
_cons	0.0574***	0.0629***	-0.0532
	(0.0212)	(0.0130)	(0.0629)
year	Yes	Yes	Yes
Indust_D	Yes	Yes	Yes
N	26203	17065	9138
r2	0.0278	0.0904	0.0430
r2_a	0.0264	0.0884	0.0391

注：*p<0.1，**p<0.05，***P<0.01，括号中的数值为标准误。

（二）企业金融化的广度和深度与企业投资效率

为了进一步研究金融化程度对企业投资效率的影响，本文以上市公司持有金融机构股权比例（Share）和参股金融机构的数量（MAX）来衡量企业金融化程度，分别以 Share 和 MAX 替代模型（5-3-2）中是否进行企业金融化的虚拟变量 D_Hold，结果如表 5-3-9 所示，在控制时间和行业时，交乘项 $Max*TobinQ$ 的系数为 0.0034，在 1%的水平上显为正，$Share*TobinQ$ 的系数为 0.0001，在 5%的水平上显著为正，说明企业持股金融机构的家数越多，持有金融机构股权比例越高，企业金融化对企业投资效率的正向作用越明显。

表 5-3-9　企业金融化广度和深度对企业投资效率的影响

变量	Invest_bs			
	企业金融化广度(Max)		企业金融化深度(Share)	
	(1)	(2)	(3)	(4)
$c.Max\#c.TBQ$	0.0034*** (0.0013)	0.0043** (0.0017)		
$c.Share\#c.TBQ$			0.0001*** (0.0000)	0.0001** (0.0001)
Max	−0.0127*** (0.0027)	−0.0141*** (0.0042)		
TBQ	0.0023*** (0.0007)	0.0021** (0.0011)	0.0026*** (0.0007)	0.0023** (0.0011)
Lev	0.0563*** (0.0078)	0.0572*** (0.0178)	0.0567*** (0.0078)	0.0574*** (0.0179)
Size	0.0130*** (0.0015)	0.0641*** (0.0060)	0.0129*** (0.0015)	0.0635*** (0.0060)
ROA	0.2805*** (0.0234)	0.3142*** (0.0380)	0.2815*** (0.0235)	0.3151*** (0.0382)
Cash	−0.0806*** (0.0072)	−0.0952*** (0.0129)	−0.0804*** (0.0071)	−0.0955*** (0.0129)
Board	−0.0027*** (0.0008)	−0.0023 (0.0017)	−0.0027*** (0.0008)	−0.0023 (0.0017)
Indpct	−0.0306 (0.0203)	−0.0413 (0.0368)	−0.0347* (0.0203)	−0.0432 (0.0368)
Age	−0.0314*** (0.0017)	−0.0731*** (0.0061)	−0.0316*** (0.0017)	−0.0728*** (0.0061)
Ret	−0.0031 (0.0021)	−0.0044 (0.0036)	−0.0029 (0.0021)	−0.0041 (0.0036)
Share			−0.0008*** (0.0001)	−0.0006*** (0.0002)
_cons	−0.1624*** (0.0294)	−1.1985*** (0.1236)	−0.1581*** (0.0290)	−1.1877*** (0.1229)
year	Yes	Yes	Yes	Yes
id		Yes		Yes
Indust_D	Yes		Yes	
N	26203	26080	26203	26080
r2	0.0596	0.2320	0.0593	0.2314
r2_a	0.0582	0.1182	0.0579	0.1175

注：*p<0.1，**p<0.05，***p<0.01，括号中的数值为标准误。

五、 进一步研究

（一） 企业持股不同类型金融机构对投资效率的影响

为了验证假设 3，研究持股金融机构的类型对投资效率的影响，本文进一步用企业是否持股某一类金融机构的虚拟变量表示企业金融化，并分别用这些变量替换模型（5-3-2）中的 D_Hold 进行回归。结果如表 5-3-10 所示，D_HoldBk、D_HoldCw、D_HoldZq、D_HoldBx、D_HoldXt、D_HoldQt 分别为企业是否对银行、财务公司、证券公司、信托公司、保险公司以及其他类型金融机构进行持股的虚拟变量，$D\_HoldBk * TBQ$、$D\_HoldCw * TBQ$、$D\_HoldZq * TBQ$、$D\_HoldXt * TBQ$、$D\_HoldBx * BQ$、$D\_HoldQt * TBQ$ 分别为各虚拟变量与 TBQ 的交乘项，可以看到只有在持股银行时，交乘项 $D\_HoldBk * TBQ$ 与当期投资水平 $Invest\_bs$ 的回归系数才显著为正，显著性水平为 5%。而持股其他类型的交乘项系数虽然都为正，但均不显著，进而假设 3 得到验证，持股不同类型金融机构对投资效率的影响的确存在显著差异，只有与银行进行企业金融化能提高企业的投资效率。

表 5-3-10 企业持股不同类型金融机构对投资效率的影响

变量	$Invest\_bs$					
	（1）	（2）	（3）	（4）	（5）	（6）
$D\_HoldBk * TBQ$	0.0058** （0.0024）					
$D\_HoldCw * TBQ$		0.0150 （0.0103）				
$D\_HoldZq * TBQ$			0.0014 （0.0030）			
$D\_HoldXt * TBQ$				0.0082 （0.0054）		
$D\_HoldBx * BQ$					0.0038 （0.0028）	
$D\_HoldQt * TBQ$						0.0030 （0.0031）

续表

变量	Invest_bs					
	(1)	(2)	(3)	(4)	(5)	(6)
TBQ	0.0022***	0.0027***	0.0026***	0.0026***	0.0027***	0.0025***
	(0.0008)	(0.0007)	(0.0008)	(0.0007)	(0.0007)	(0.0007)
D_HoldBk	-0.0214***					
	(0.0050)					
D_HoldCw		-0.0497***				
		(0.0153)				
D_HoldZq			-0.0190***			
			(0.0071)			
D_HoldXt				-0.0208		
				(0.0128)		
D_HoldBx					-0.0348***	
					(0.0074)	
D_HoldQt						-0.0152**
						(0.0065)
_cons	-0.1409***	-0.1667***	-0.1421***	-0.1369***	-0.1444***	-0.1401***
	(0.0284)	(0.0298)	(0.0284)	(0.0283)	(0.0285)	(0.0285)
year	Yes	Yes	Yes	Yes	Yes	Yes
Indust_D	Yes	Yes	Yes	Yes	Yes	Yes
Controls	Yes	Yes	Yes	Yes	Yes	Yes
N	26203	26203	26203	26203	26203	26203
r2	0.0588	0.0593	0.0585	0.0581	0.0587	0.0584
r2_a	0.0574	0.0579	0.0571	0.0567	0.0573	0.0570

注：*p<0.1，**p<0.05，***p<0.01，括号中的数值为标准误。

在上一步研究的基础上，为进一步分析企业持股不同类型的金融机构分别对投资不足（UI）和投资过度（OI）的影响，将相关变量代入，对模型（5-3-3）至模型（5-3-5）进行多元回归。其中，企业持股银行对非效率投资影响的结果如表5-3-11所示，D_HoldBk 与 AI 的回归系数为-0.0102，与 UI 的回归系数为-0.0028，与 OI 的回归系数为-0.0242，均在1%的水平上显著，这说明上市公司参股银行可以从整体上显著改善企业的低效率投资，既可以缓解企业投资不足的困境，又可以限制过度投资。同时，以上市公司是否与财务公司和证券公司进行金融化来作为虚拟变量对解释变量进行回归，可以发现持有其他类型金融机构的股份并不能显著改善低效率投资。综上所述，与其他类型金融机构相比，上市公司只有在对银行持股时才能显著提高投资效率，进一步支持了假设3，同时也验证了假设1a至假设1c的有效性。

表5-3-11 持股银行对企业非效率投资的影响

变量	AI	UI	OI
	（1）	（2）	（3）
D_HoldBk	-0.0102***	-0.0028***	-0.0242***
	(0.0022)	(0.0010)	(0.0060)
Lev	0.0403***	0.0019	0.0886***
	(0.0071)	(0.0034)	(0.0198)
Size	0.0009	-0.0014**	0.0083**
	(0.0011)	(0.0006)	(0.0035)
ROA	0.0226	-0.0983***	0.1452**
	(0.0215)	(0.0178)	(0.0589)
Cash	-0.0655***	-0.0236***	-0.1208***
	(0.0059)	(0.0041)	(0.0151)
Board	-0.0028***	-0.0002	-0.0071***
	(0.0007)	(0.0002)	(0.0021)
Indpct	0.0019	0.0231**	-0.0226
	(0.0172)	(0.0093)	(0.0451)
Age	-0.0030*	0.0071***	-0.0043
	(0.0016)	(0.0007)	(0.0039)
Ret	0.0014	0.0021	-0.0017
	(0.0018)	(0.0018)	(0.0047)
_cons	0.0680***	0.0641***	-0.0321
	(0.0206)	(0.0131)	(0.0613)
year	Yes	Yes	Yes
Indust_D	Yes	Yes	Yes
N	26202	17065	9137
r2	0.0274	0.0906	0.0424
r2_a	0.0261	0.0886	0.0385

注：*p<0.1，**p<0.05，***p<0.01，括号中的数值为标准误。

（二）产权属性对企业金融化与企业投资效率关系的影响

此外，为了验证不同产权属性下，进行企业金融化对企业投资效率影响的差别，本文以模型（5-3-2）为估计模型，按照上市公司为国有企业（SOE取值为1）还是非国有企业（SOE取值为0）进行了分组检验。表5-3-12显示了基于不同产权属性的企业金融化对企业投资效率影响的分组回归结果。此处以企业是否持股金融机构的虚拟变量（D_Hold）来衡量企业金融化。列（1）和列（2）是国有企业的回归结果，列（3）和列（4）是非国有企业的回归结果。可以看到，不管是在控制行业和时间固定效应还是控制公司和时间固定效应的情况下，交乘项$D\_Hold*TBQ$都在5%的水平上显著为正，第（1）列$D\_Hold*TBQ$的系数为0.0047，小于第（3）列的系数0.0063，同样，第二列$D\_Hold*TBQ$的系数为0.0064，小于第四列的系数0.0079，这充分表明，与国有企业相比，民营等非国有企业持股金融机构更能够提高企业的投资效率，假设4的推理逻辑得到支持。

表5-3-12　不同产权属性下企业金融化与投资效率的回归结果

变量	Invest_bs			
分组	国有企业		非国有企业	
	(1)	(2)	(3)	(4)
c.D_Hold#c.TBQ	0.0047** (0.0021)	0.0064** (0.0030)	0.0063** (0.0026)	0.0079** (0.0031)
D_Hold	-0.0228*** (0.0050)	-0.0278*** (0.0077)	-0.0275*** (0.0067)	-0.0321*** (0.0088)
TBQ	-0.0002 (0.0014)	0.0015 (0.0022)	0.0032*** (0.0009)	0.0015 (0.0013)
Lev	0.0501*** (0.0107)	0.0471** (0.0201)	0.0624*** (0.0113)	0.0693*** (0.0266)
Size	0.0071*** (0.0017)	0.0569*** (0.0062)	0.0222*** (0.0025)	0.0714*** (0.0098)
ROA	0.2654*** (0.0387)	0.3150*** (0.0489)	0.2789*** (0.0353)	0.3240*** (0.0558)

续表

变量	\multicolumn{4}{c}{Invest_bs}
分组	\multicolumn{2}{c}{国有企业}	\multicolumn{2}{c}{非国有企业}
	(1)	(2)	(3)	(4)
Cash	−0.0744*** (0.0125)	−0.0701*** (0.0201)	−0.0857*** (0.0089)	−0.1156*** (0.0165)
Board	−0.0002 (0.0009)	−0.0005 (0.0021)	−0.0034** (0.0014)	−0.0040 (0.0030)
Indpct	−0.0331 (0.0254)	−0.0333 (0.0412)	−0.0217 (0.0326)	−0.0520 (0.0675)
Age	−0.0203*** (0.0030)	−0.0545*** (0.0117)	−0.0352*** (0.0023)	−0.0762*** (0.0086)
Ret	0.0009 (0.0021)	0.0022 (0.0032)	−0.0073* (0.0043)	−0.0109* (0.0063)
_cons	−0.0711** (0.0341)	−1.1138*** (0.1285)	−0.3529*** (0.0506)	−1.3223*** (0.1978)
year	Yes	Yes	Yes	Yes
id		Yes		Yes
Indust_D	Yes		Yes	
N	10669	10623	15534	15415
r2	0.0636	0.2029	0.0653	0.2567
r2_a	0.0603	0.1066	0.0630	0.1212

注：*$p<0.1$，**$p<0.05$，***$p<0.01$，括号中的数值为标准误。

（三）市场化进程、企业金融化与企业投资效率

根据理论部分的分析可知，企业处于不同市场化进程中时，企业金融化会对投资效率产生差异影响，因此，本文按照样本公司所在地区的市场化指数对其进行分组，低于样本中位数的被划入低市场化组，高于样本中位数的被划入高市场化组，进而分析市场化程度对持股金融机构与投资效率间的关系的影响有何不同。表5-3-13中，列(1)与列(3)用企业是否持股金融机构的虚拟变量(D_Hold)作为度量企业金融化的指标，列(2)及列(4)将D_Hold替换为投资金额(Lamount)进行多元回归。如表5-3-13所

示，两组的交乘项都显著为正，低市场化组 D_Hold 与 TBQ 的交乘项系数为 0.0065，而高市场化组 D_Hold 与 TBQ 的交乘项系数为 0.0058，比低市场化组低。说明与处于市场化程度较高地区的公司相比，上市公司处于市场化程度较低的地区时更有利于企业金融化对投资效率的正向影响，假设 5 得到验证。

表 5-3-13　不同市场化程度下企业金融化与投资效率的回归结果

变量	Invest_bs			
分组	高市场化		低市场化	
	(1)	(2)	(3)	(4)
$c.D\_Hold\#c.TBQ$	0.0058*** (0.0014)		0.0065** (0.0027)	
$c.Lamount\#c.TBQ$		0.0003*** (0.0001)		0.0003** (0.0002)
D_Hold	-0.0255*** (0.0042)		-0.0287*** (0.0077)	
$Lamount$		-0.0016*** (0.0002)		-0.0016*** (0.0004)
TBQ	0.0016** (0.0007)	0.0016** (0.0007)	0.0028* (0.0014)	0.0029** (0.0014)
Lev	0.0517*** (0.0068)	0.0513*** (0.0068)	0.0725*** (0.0136)	0.0722*** (0.0136)
$Size$	0.0126*** (0.0012)	0.0127*** (0.0012)	0.0163*** (0.0024)	0.0162*** (0.0024)
ROA	0.2841*** (0.0256)	0.2851*** (0.0256)	0.3298*** (0.0445)	0.3279*** (0.0446)
$Cash$	-0.0832*** (0.0086)	-0.0839*** (0.0086)	-0.0573*** (0.0192)	-0.0574*** (0.0192)
$Board$	-0.0029*** (0.0007)	-0.0028*** (0.0007)	-0.0022 (0.0013)	-0.0021 (0.0013)
$Indpct$	-0.0218 (0.0216)	-0.0218 (0.0216)	-0.0791* (0.0428)	-0.0794* (0.0428)

续表

变量	Invest_bs			
分组	高市场化		低市场化	
	(1)	(2)	(3)	(4)
Age	−0.0314*** (0.0015)	−0.0313*** (0.0016)	−0.0313*** (0.0034)	−0.0311*** (0.0034)
Ret	−0.0055*** (0.0020)	−0.0056*** (0.0020)	−0.0008 (0.0023)	−0.0005 (0.0023)
_cons	−0.1498*** (0.0255)	−0.1537*** (0.0255)	−0.2236*** (0.0526)	−0.2239*** (0.0526)
year	Yes	Yes	Yes	Yes
Indust_D	Yes	Yes	Yes	Yes
N	21132	21132	5070	5070
r2	0.0579	0.0583	0.0829	0.0827
r2_a	0.0562	0.0566	0.0762	0.0759

注：*p<0.1，**p<0.05，***p<0.01，括号中的数值为标准误。

（四）企业金融化对企业投资效率影响路径研究

1. 基于代理问题的分析

如理论部分阐述，企业持股金融机构通过监督效应能够改善企业的投资效率问题。本文借鉴杨德明等（2009）的研究，将管理费用率（ADM）作为衡量企业代理问题的代理变量，并基于模型（5-3-2）检验企业金融化与企业投资效率的关系。如果企业金融化是通过监督效应抑制企业的代理冲突，改善企业的投资效率，那么可以预期在代理冲突越严重的企业，金融化对企业投资效率的正向作用越大。表5-3-14中，列(1)和列(3)是用是否持股金融机构的虚拟变量（D_Hold）衡量企业金融化，为保证结果更可靠，列(2)、列(4)中用持股金额（Lamount）衡量企业金融化。比较表5-3-15中第1列和第3列可以发现，交乘项（D_Hold * TBQ）与投资水平（Invest_bs）的回归系数均显著为正，高代理冲突组的交乘项系数为0.0121，大于低代理冲突组的系数 0.0047，与预期一致，即在代理冲突越严重的企业中，企业金融化对投资水平-投资机会敏感性的影响更大，比较列(2)和列(4)的数据可以得到相同结论。由此，假设 1d 得到验证。

表 5-3-14　代理问题、企业金融化与企业投资效率

变量	Invest_bs			
分组	高代理冲突		低代理冲突	
	(1)	(2)	(3)	(4)
c.D_Hold#c.TBQ	0.0121** (0.0048)		0.0047*** (0.0018)	
c.Lamount#c.TBQ		0.0007*** (0.0003)		0.0002*** (0.0001)
D_Hold	−0.0315*** (0.0085)		−0.0304*** (0.0059)	
TBQ	0.0031** (0.0015)	0.0033** (0.0015)	0.0015 (0.0009)	0.0016* (0.0009)
Lamount		−0.0020*** (0.0005)		−0.0017*** (0.0003)
Lev	0.0662*** (0.0118)	0.0656*** (0.0118)	0.0596*** (0.0112)	0.0593*** (0.0112)
Size	0.0107*** (0.0017)	0.0109*** (0.0018)	0.0196*** (0.0030)	0.0196*** (0.0030)
ROA	0.3070*** (0.0365)	0.3034*** (0.0364)	0.2618*** (0.0344)	0.2615*** (0.0344)
Cash	−0.0868*** (0.0102)	−0.0873*** (0.0102)	−0.0791*** (0.0101)	−0.0799*** (0.0101)
Board	−0.0021** (0.0010)	−0.0021** (0.0010)	−0.0035*** (0.0013)	−0.0035*** (0.0013)
Indpct	−0.0012 (0.0264)	−0.0004 (0.0265)	−0.0646** (0.0313)	−0.0661** (0.0314)
Age	−0.0292*** (0.0023)	−0.0290*** (0.0023)	−0.0339*** (0.0026)	−0.0338*** (0.0026)

续表

变量	\multicolumn{4}{c}{Invest_bs}
分组	高代理冲突		低代理冲突	
	(1)	(2)	(3)	(4)
Ret	-0.0037* (0.0020)	-0.0032 (0.0020)	-0.0025 (0.0043)	-0.0025 (0.0043)
_cons	-0.1415*** (0.0355)	-0.1462*** (0.0356)	-0.2717*** (0.0554)	-0.2704*** (0.0552)
year	Yes	Yes	Yes	Yes
Indust_D	Yes	Yes	Yes	Yes
N	13101	13101	13102	13102
r2	0.0657	0.0662	0.0626	0.0625
r2_a	0.0630	0.0635	0.0598	0.0597

注：*p<0.1，**p<0.05，***p<0.01，括号中的数值为标准误。

为进一步分析不同代理冲突对投资过度的影响，同样以 ADM 衡量代理问题，利用模型（5-3-4）进行分组回归。结果如表 5-3-15 所示，用 D_Hold 度量企业金融化时，列(1)高代理冲突组的回归系数为-0.0221，列(3)低代理冲突组的回归系数为-0.0132，都在 1%的水平下显著，表明在代理冲突更严重的企业，企业金融化改善投资过度的作用更大，比较列(2)、列(4)可以得到相同的结论。上市公司持股金融机构通过监督效应减少了代理问题，抑制过度投资，从而提高了投资效率，进一步证实了假设1d 的推理路径。

表 5-3-15　代理问题、企业金融化与过度投资

变量	\multicolumn{4}{c}{OI}
分组	高代理冲突		低代理冲突	
	(1)	(2)	(3)	(4)
D_Hold	-0.0221*** (0.0043)		-0.0132*** (0.0042)	
Lamount		-0.0013*** (0.0003)		-0.0011*** (0.0003)

续表

变量	OI			
分组	高代理冲突		低代理冲突	
	(1)	(2)	(3)	(4)
Lev	0.0623*** (0.0119)	0.0625*** (0.0119)	0.0838*** (0.0130)	0.0834*** (0.0129)
Size	0.0095*** (0.0021)	0.0093*** (0.0021)	0.0037* (0.0020)	0.0040** (0.0020)
ROA	0.1462*** (0.0407)	0.1447*** (0.0407)	0.2719*** (0.0529)	0.2738*** (0.0528)
Cash	−0.0933*** (0.0136)	−0.0933*** (0.0136)	−0.1187*** (0.0162)	−0.1198*** (0.0162)
Board	−0.0040*** (0.0013)	−0.0040*** (0.0013)	−0.0050*** (0.0012)	−0.0050*** (0.0012)
Indpct	0.0083 (0.0369)	0.0050 (0.0370)	0.0141 (0.0362)	0.0139 (0.0361)
Age	−0.0048* (0.0026)	−0.0048* (0.0026)	−0.0027 (0.0026)	−0.0023 (0.0026)
Ret	−0.0020 (0.0030)	−0.0020 (0.0030)	−0.0030 (0.0034)	−0.0030 (0.0034)
_cons	−0.0884** (0.0448)	−0.0835* (0.0448)	0.0148 (0.0421)	0.0081 (0.0421)
year	Yes	Yes	Yes	Yes
Indust_D	Yes	Yes	Yes	Yes
N	4659	4659	4477	4477
r2	0.0829	0.0821	0.0904	0.0919
r2_a	0.0758	0.0749	0.0833	0.0848

注：*p<0.1，**p<0.05，***p<0.01，括号中的数值为标准误。

2. 基于信息不对称的分析

如果企业的内部资金越充足，说明该企业不存在严重的融资约束，信息不对称程度越小；相反，如果内部资金短缺越严重，表明该企业的融资约束问题越严重，信息不对称水平越高，因此，可以用内部资金充足性来衡量企业信息不对称水平。根据理论部分的分析，产业资本与金融资本的融合有助于减少企业与金融机构之间的信息不对称问题，降低企业的融资压力，从而缓解投资不足问题。为了检验企业金融化通过信息效应作用于投资效率，本文参考李维安和马超（2014）的做法，以经营活动现金流量（CF）为指标，衡量企业内部资金的充足性，检验企业金融化能否通过信息效应改善投资不足。本文分别基于模型（5-3-2）和模型（5-3-5）来检验企业持股金融机构与投资效率之间的关系，以 CF 作为分组变量，CF 值大于样本中位数的样本组定义为内部资金充足组，代表着其信息不对称程度较低，反之则定义为内部资金短缺组，相应的这一组样本公司的信息不对称程度较高。若企业金融化确实是通过信息效应降低企业与金融机构之间的信息不对称程度，从而改善投资不足，提高企业的投资效率，那么预计在实证结果中，内部资金越短缺的企业，企业金融化对投资效率的积极作用大于内部资金充足的企业中企业金融化给投资效率带来的正向影响。

模型（5-3-2）的分组回归结果如表5-3-16所示，在两种企业金融化的衡量方式下，交乘项与投资水平的系数均显著为正。将第(1)列与第(3)列数据进行比较，将第(2)列与第(4)列数据进行比较，可以发现内部资金越短缺，企业金融化对投资效率的改善作用越明显这个结论成立，说明企业持股金融机构可以通过减少企业的信息不对称问题来提高投资效率，验证了假设1d。

表 5-3-16 信息不对称、企业金融化与企业投资效率

变量	$Invest\_bs$			
分组	内部资金充足		内部资金短缺	
	(1)	(2)	(3)	(4)
$c.D\_Hold\#c.TBQ$	0.0045** (0.0022)		0.0082*** (0.0030)	
$c.Lamount\#c.TBQ$		0.0003** (0.0001)		0.0004** (0.0002)
D_Hold	−0.0206*** (0.0056)		−0.0327*** (0.0065)	

续表

变量	Invest_bs			
分组	内部资金充足		内部资金短缺	
	(1)	(2)	(3)	(4)
TBQ	0.0022*** (0.0008)	0.0023*** (0.0008)	0.0016 (0.0013)	0.0018 (0.0013)
Lamount		−0.0014*** (0.0003)		−0.0018*** (0.0004)
Lev	0.0737*** (0.0098)	0.0733*** (0.0098)	0.0405*** (0.0112)	0.0403*** (0.0112)
Size	0.0099*** (0.0016)	0.0102*** (0.0016)	0.0169*** (0.0026)	0.0168*** (0.0025)
ROA	0.3522*** (0.0313)	0.3530*** (0.0313)	0.2683*** (0.0487)	0.2699*** (0.0488)
Cash	−0.0929*** (0.0083)	−0.0936*** (0.0083)	−0.0689*** (0.0118)	−0.0694*** (0.0118)
Board	−0.0019** (0.0009)	−0.0019** (0.0009)	−0.0031** (0.0013)	−0.0031** (0.0013)
Indpct	−0.0234 (0.0248)	−0.0233 (0.0248)	−0.0418 (0.0298)	−0.0420 (0.0299)
Age	−0.0299*** (0.0019)	−0.0297*** (0.0019)	−0.0320*** (0.0026)	−0.0319*** (0.0026)
Ret	−0.0027 (0.0021)	−0.0027 (0.0021)	−0.0026 (0.0065)	−0.0029 (0.0065)
_cons	−0.1149*** (0.0323)	−0.1214*** (0.0323)	−0.2261*** (0.0485)	−0.2247*** (0.0484)
year	Yes	Yes	Yes	Yes
Indust_D	Yes	Yes	Yes	Yes
N	13101	13101	13102	13102
r2	0.0940	0.0948	0.0494	0.0492
r2_a	0.0913	0.0921	0.0465	0.0464

注：*p<0.1，**p<0.05，***p<0.01，括号中的数值为标准误。

为进一步验证企业持股金融机构通过降低信息不对称程度缓解投资不足，从而改善投资效率的问题，再次基于模型（5-3-5）进行分组回归，如表5-3-17所示，其结果再次支持了假设1d。

表5-3-17 信息不对称、企业金融化与投资不足

变量	UI			
分组	内部资金充足		内部资金短缺	
	（1）	（2）	（3）	（4）
D_Hold	−0.0024** (0.0012)		−0.0039** (0.0012)	
Lamount		−0.0011** (0.0004)		−0.0013** (0.0004)
Lev	−0.0048 (0.0037)	−0.0048 (0.0037)	0.0076** (0.0033)	0.0078** (0.0033)
Size	−0.0000 (0.0006)	−0.0001 (0.0006)	−0.0029*** (0.0006)	−0.0030*** (0.0006)
ROA	−0.1043*** (0.0119)	−0.1044*** (0.0119)	−0.1140*** (0.0142)	−0.1142*** (0.0142)
Cash	−0.0180*** (0.0045)	−0.0178*** (0.0045)	−0.0309*** (0.0049)	−0.0307*** (0.0049)
Board	−0.0005 (0.0004)	−0.0006 (0.0004)	0.0000 (0.0004)	−0.0000 (0.0004)
Indpct	0.0215* (0.0114)	0.0213* (0.0114)	0.0299*** (0.0111)	0.0298*** (0.0111)
Age	0.0069*** (0.0009)	0.0068*** (0.0009)	0.0075*** (0.0009)	0.0074*** (0.0009)
Ret	0.0019*** (0.0007)	0.0019*** (0.0007)	0.0028** (0.0013)	0.0028** (0.0013)
_cons	0.0425*** (0.0118)	0.0442*** (0.0118)	0.0881*** (0.0118)	0.0903*** (0.0118)
year	Yes	Yes	Yes	Yes
Indust_D	Yes	Yes	Yes	Yes
N	8162	8162	8449	8449
r2	0.0891	0.0890	0.1013	0.1011
r2_a	0.0850	0.0849	0.0973	0.0972

注：*$p<0.1$，**$p<0.05$，***$p<0.01$，括号中的数值为标准误。

六、 稳健性检验

（一） 内生性问题

因为企业金融化虚拟变量不是随机分布的，还存在样本选择性偏差，可能会导致内生性问题，因此，本文采用 Heckman（1979）两阶段模型的处理效应模型来做内生性问题的检验。借鉴王超恩等（2016）的思路，选择是否持股金融机构虚拟变量的滞后一期(L_D_Hold)作为工具变量，其他会影响企业金融化的变量选择 Lev、$Growth\_s$、SOE、ROA 以及 $Size$，变量含义跟上述研究一致，其中 $Growth\_s$ 为销售收入增长率。在第一阶段的回归如公式(5-3-6)所示，被解释变量为是否持股金融机构的虚拟变量 D_Hold，工具变量为 L_D_Hold，Control 为其他变量，用上述变量进行 Probit 估计，得到逆米尔斯比率(IMR inverse mill ratio)，也就是企业金融化的概率。接着。如公式(5-3-7)所示，将上个阶段估计的 IMR 以及模型(5-3-2)中的控制变量放入第二阶段的多元回归中。

第一阶段回归模型：

$$D\_Hold = c_1 + x * z + kControl + \varepsilon_1 \tag{5-3-6}$$

第二阶段回归模型：

$$Invest = c_2 + \beta_1 * D_Hold * TBQ + \beta_2 * D_Hold + x_3 * TBQ + \beta * Controls + \sigma * \gamma + \varepsilon_2 \tag{5-3-7}$$

其中，D_Hold 为企业是否进行企业金融化的虚拟变量。γ 即是第一阶段 Probit 回归得到的 IMR，z 为企业是否进行企业金融化的虚拟变量的滞后一期(L_D_Hold)。

表 5-3-18 考虑内生性稳健性检验结果

变量	Invest_bs	
	（1）	（2）
$D\_Hold * TBQ$	0.0064*** （0.0013）	0.0073*** （0.0016）
D_Hold	−0.0264*** （0.0036）	−0.0286*** （0.0051）
TBQ	0.0010* （0.0006）	0.0015* （0.0008）
Lev	0.1078*** （0.0064）	0.0620*** （0.0104）
$Size$	0.0166*** （0.0011）	0.0643*** （0.0025）
ROA	0.5308*** （0.0239）	0.3378*** （0.0280）
$Cash$	−0.0776*** （0.0077）	−0.0959*** （0.0114）
$Board$	−0.0015** （0.0006）	−0.0023** （0.0012）
$Indpct$	−0.0242 （0.0191）	−0.0405 （0.0308）
Age	−0.0253*** （0.0014）	−0.0730*** （0.0050）
Ret	−0.0032** （0.0015）	−0.0045** （0.0021）
IMR	−4.7968*** （0.2081）	−0.3919*** （0.0661）
$\_cons$	1.2181*** （0.0639）	−1.0788*** （0.0595）
year	Yes	Yes
id		Yes
Indust_D	Yes	
N	26203	26080
r2	0.0787	0.2334
r2_a	0.0773	0.1199

注：*p<0.1，**p<0.05，***p<0.01，括号中的数值为标准误。

第二阶段回归结果如表 5-3-18 所示，其中列(1)控制了时间和行业，列(2)控制了时间和公司。观察发现，IMR 均显著，表示企业金融化存在一定内生性，但是经过加入 IMR，第二阶段的回归中是否持股金融机构与投资机会的交乘项 $D\_Hold * TBQ$ 与投资水平 $Invest\_bs$ 的回归系数显著为正，且显著性水平为1%，这表明，解决内生性问题后，产业资本与金融资本相结合仍然可以显著提高企业投资效率，这与上述主回归，也即模型(5-3-2)保持一致。

（二）重新度量企业金融化

本文从上市公司是否持股金融机构的角度，探讨了产业资本与金融资本融合对企业投资效率的影响。上文使用上市公司是否持股金融机构来对企业金融化进行度量，但是还存在一些情况，那就是有些持股比例较小的公司虽然只购买了信托公司、证券公司的资管产品或是银行的理财等等，但是由于年报公布的数据口径可能不同，也可能公布为进行了企业金融化，可能减小了研究结果的可信度。基于此，本文借鉴陈栋和陈运森（2012）的做法，将持股比例低于2%的样本公司剔除掉，再次进行检验。这里，若有公司同时持股多家金融机构，选取其最高参股比例。

表 5-3-19　重新度量企业金融化的回归结果

变量		$Invest\_bs$			
分组	无分组	国企	非国企	高市场化	低市场化
	（1）	（2）	（3）	（4）	（5）
$Hold\_dy2 * TBQ$	0.0068** (0.0029)	0.0047* (0.0022)	0.0065* (0.0038)	−0.0045 (0.0035)	0.0134*** (0.0042)
TBQ	0.0020* (0.0011)	0.0020 (0.0021)	0.0020 (0.0013)	0.0100 (0.0120)	−0.0569*** (0.0135)
$Hold\_dy2$	−0.0310*** (0.0075)	−0.0324*** (0.0101)	−0.0307*** (0.0110)	0.0021 (0.0019)	0.0044** (0.0021)
Lev	0.0575*** (0.0179)	0.0473** (0.0202)	0.0686** (0.0266)	0.0584** (0.0263)	0.0851*** (0.0240)

续表

变量	Invest_bs				
分组	无分组	国企	非国企	高市场化	低市场化
	(1)	(2)	(3)	(4)	(5)
$Size$	0.0637***	0.0568***	0.0713***	0.0782***	0.0653***
	(0.0060)	(0.0062)	(0.0098)	(0.0194)	(0.0059)
ROA	0.3147***	0.3120***	0.3244***	0.2299***	0.3527***
	(0.0381)	(0.0484)	(0.0560)	(0.0668)	(0.0597)
$Cash$	-0.0952***	-0.0687***	-0.1158***	-0.1283***	-0.0328
	(0.0128)	(0.0201)	(0.0164)	(0.0316)	(0.0279)
$Board$	-0.0022	-0.0005	-0.0039	-0.0130	0.0014
	(0.0017)	(0.0021)	(0.0030)	(0.0082)	(0.0026)
$Indpct$	-0.0419	-0.0348	-0.0506	-0.2163	-0.0439
	(0.0368)	(0.0410)	(0.0675)	(0.1490)	(0.0707)
Age	-0.0727***	-0.0557***	-0.0755***	-0.0778***	-0.0668***
	(0.0061)	(0.0117)	(0.0087)	(0.0127)	(0.0142)
Ret	-0.0042	0.0027	-0.0109*	-0.0027	0.0038
	(0.0036)	(0.0032)	(0.0063)	(0.0072)	(0.0037)
_cons	-1.1911***	-1.1096***	-1.3231***	-1.3245***	-1.2853***
	(0.1230)	(0.1280)	(0.1980)	(0.3279)	(0.1360)
year	Yes	Yes	Yes	Yes	Yes
id	Yes	Yes	Yes	Yes	Yes
N	26080	10623	15415	6189	5009
r2	0.2319	0.2028	0.2563	0.3460	0.2505
r2_a	0.1182	0.1065	0.1207	0.1543	0.1105

注：*$p<0.1$，**$p<0.05$，***$p<0.01$，括号中的数值为标准误。

剔除持股比例在2%以下的样本后，重新对利用模型(5-3-2)进行检验的结果如表5-3-19所示。列(1)中，交乘项 $Hold\_dy2*TBQ$ 与企业投资水平($Invest\_bs$)依然显著为正，显著性水平为5%，这表明持股金融机构能够显著提高其实际投资水平对投资机会的敏感性，改善投资效率，假设1a的结论得到进一步证实。列(2)、列(3)的数据分析结果表明，相较于国有企业而言，持股金融机构更能提高非国有企业的效率投资，进一步支持假设

4。如列(5)显示,在低市场化组,$Hold\_dy2 * TBQ$ 与 $Invest\_bs$ 的关系在 1% 的水平上显著为正,但在高市场化组,如列(4)所示,$Hold\_dy2 * TBQ$ 不显著,表示在市场化程度较低的地区,企业持股金融机构更能提高投资效率,与假设 5 的逻辑一致。

(三) 重新度量投资效率

上文企业的实际投资水平采用的是资产负债表角度计算的值,本文还以翟胜宝等(2014)的实践为参考,从现金流量表角度,利用相关数据重新度量公司的实际投资水平($Invest\_cf$),再次检验研究假设,回归结果见表 5-3-20。乘项 $D\_Hold * TBQ$ 和企业投资水平($Invest\_cf$)的关系仍在 5% 的水平上显著为正,$Lamount * TBQ$ 与企业投资水平($Invest\_cf$)的关系仍在 10% 的水平上显著为正,表示企业持股金融机构可以提高实际投资水平对投资机会的敏感性,改善投资效率,本文的主要结论没有改变,再次支持假设 1a。

表 5-3-20 重新度量投资效率的回归结果

变量	$Invest\_cf$	
基准回归	(1)	(2)
c.D_Hold#c.TBQ	0.0016** (0.0007)	
c.Lamount#c.TBQ		0.0001* (0.0000)
D_Hold	-0.0094*** (0.0023)	
TBQ	0.0052*** (0.0004)	0.0052*** (0.0004)
Lamount		-0.0006*** (0.0001)
Lev	0.0081* (0.0047)	0.0082* (0.0047)

续表

变量	*Invest_cf*	
基准回归	（1）	（2）
Size	0.0309*** （0.0011）	0.0308*** （0.0011）
ROA	0.1797*** （0.0127）	0.1796*** （0.0127）
Cash	−0.0776*** （0.0052）	−0.0774*** （0.0052）
Board	0.0000 （0.0005）	0.0000 （0.0005）
Indpct	−0.0134 （0.0141）	−0.0136 （0.0141）
Age	−0.0541*** （0.0023）	−0.0537*** （0.0023）
Ret	−0.0015 （0.0010）	−0.0015 （0.0010）
_cons	−0.5042*** （0.0258）	−0.5034*** （0.0258）
year	Yes	Yes
id	Yes	Yes
N	26080	26080
r2	0.4431	0.4432
r2_a	0.3606	0.3607

注：*p<0.1，**p<0.05，***p<0.01，括号中的数值为标准误。

第四节
结论与展望

一、研究结论

当前，我国经济正处在转型升级时期，探寻一条适合企业发展的金融体制之路，对我国经济发展极其重要。金融资本在信息、人才和资金等方面存在比较优势，而产业资本也有着金融资本不可替代之处，比如市场拓展或者先进技术的研发突破，因此，两者可以发挥各自的优势，实现互补。为了逐步落实我国的金融体制改革，提升金融服务实体经济的效率，企业金融化可作为一条实施路径，并起到重要作用。如果企业进行企业金融化，将金融资本引入企业内部，必然会对企业的投资、融资产生影响，而投资决策的有效性对企业来说有着重大战略意义，在一定程度上决定了企业盈利水平，投资决策的质量可通过投资效率体现。本文基于上市公司对金融机构持有股票数量的角度，考察了企业金融化对投资效率的影响。除此之外，还将产权属性和市场化进程纳入分析范畴，来更加全面地考察对企业金融化与投资效率关系的影响。

本文以2008年—2019年的沪深A股上市公司为研究样本，采用了一系列实证方法。主要得出了下面几点研究结论：

第一，实体企业通过持有金融机构股权进行企业金融化存在积极意义，可以显著提高投资效率，一方面可以缓解企业的投资不足，另一方面有助于抑制企业的过度投资。从企业金融化的广度和深度来看，企业持股金融机构程度越深，越有利于改善其投资效率。

第二，将企业金融化按照企业持股金融机构的类型进行划分后，结果显示只有持股银行能显著提高企业的投资效率，对其他类型金融机构进行股权投资却没有显著影响，这意味着我国资本市场亟待改善，资金来源渠道过于单一。

第三，不管是国有企业还是非国有企业，与金融资本进行结合都有助于提高它们的投资效率，但是相较于国有企业而言，持股金融机构更能提高民营等非国有企业的投资效率，说明国有企业在进行投资决策时，不如民营等非国有企业谨慎，可能采取短视行为，导致投资偏离有效水平。

第四，相比于市场化程度高的地区，市场化程度低的地区的企业进行企业金融化更有利于提高投资效率，表明企业金融化可以在一定程度上弥补地区市场化水平低导致的企业投资效率较低问题。

第五，在分析企业金融化对投资效率的影响路径时，发现企业金融化主要通过两方面来提高投资效率：一是通过监督效应减少代理问题，抑制过度投资；二是通过信息效应减少信息不对称，缓解投资不足，进而提高企业投资效率。

二、政策建议

本文经过实证研究，细致探讨了企业金融化对投资效率的影响，对于企业实践企业金融化以及在投资活动中更加充分地优化资金配置具有一定借鉴作用，同时也能在一定程度上帮助政府部门制定有效的政策，推进金融服务供给侧结构性改革。

（一）企业层面的相关建议

第一，如果非金融企业存在严重的信贷歧视和融资约束，可以在把握自身实际融资条件的情况下，选择性引入金融资本，对金融机构进行参股或者控股，获取更加充裕的资金，缓解投资不足问题，助力投资活动和经营活动的发展，提高投资效率，增加企业价值。

第二，提高企业金融化程度，实现产业资本与金融资本的实质性融合，更好地发挥企业金融化的积极作用。分析我国A股上市公司企业金融化现状可以看到，截至2019年，我国持有金融机构股权的公司达到了700多家，接近二分之一都是持股银行，但是企业金融化程度普遍偏低。基于企业金融化的广度和深度视角，可以看出主体涉足金融行业的范围越大，其在金融机构的持股比例越大，企业金融化对企业投资效率的促进作用越明显，因为企业持有股份的金融机构越多，资金来源和工具就会变多，可用于投资的资金也会相应增加，其盈利能力就越大，更能够缓解投资不足的问题。除此之外，引入金融资本后，有助于拓宽实体企业与金融机构之间的信息沟通渠道，降低交易费用。

第三，健全公司的内部治理机制，减少代理问题，为企业金融化营造好环境。在企业金融化对投资效率的影响路径研究中，本文通过实证分析证实了企业持股金融机构可以通过减少代理问题来抑制过度投资的问题。

（二）政策层面的相关建议

第一，相关部门应该正确引导产业资本与金融资本的融合，聚焦企业金融化提质增效，与此同时，不能忽视监管，要防控金融资本的流入给企业带来的各类风险，尤其要防范实体企业脱离主业、金融化。

第二，应建立多层次的资本市场，拓宽企业资金来源渠道，丰富企业融资工具。本文通过研究发现，企业持股金融机构主要以银行为主，并且只有持股银行才能显著提高投资效率，而参股其他类型金融机构没有明显影响，表示我国现阶段仍然处于企业金融化的发展阶段，因此，拓展融资平台、推进各种融资手段共同发展，对企业金融化的深入发展具有战略意义。

第三，政府应当助力市场化进程较低地区的企业发展企业金融化，尽量缩小地区间的市场化程度。本文的实证结果发现，与处在市场化程度较高地区的企业相比，那些位于市场化程度较低地区的企业进行企业金融化对投资效率的正向作用更明显，原因在于在市场化进程相对较低的地区，企业融资渠道更狭窄，更需要通过企业金融化引入金融资本，从而获取资金和人才资源。鼓励这些地区有条件的企业进行企业金融化，不仅有助于企业获得金融服务，还有助于促进地区的经济发展，实现金融助力实体产业转型升级。

三、未来研究展望

首先，本章实证部分企业金融化的相关数据大部分来自同花顺 iFinD 数据库和 Wind 数据库，有关非金融企业持股非上市金融机构的数据在 2015 年和 2016 年有明显缺失，因此本文对上市公司的年报数据进行手工核对，可能会与真实情况存在一定偏差。其次，鉴于数据可得性以及其他原因，本章没有考虑上市公司持股上市金融机构的情况，这方面还有待深入研究，观察其对投资效率的异质性影响。最后，在实证模型使用方面，本章使用的第二个模型是基于外国学者 Richardson 所开发的预期投资模型，根据公司前一期的经营状况衡量本期的最优投资水平，虽然当前我国大部分学者都采用此种方式来计算非效率投资，但是我国企业与国外存在一定差异，因此，部分指标选择上还有待深入研究，使其更符合我国实际。

第六章

制造业企业金融化对技术创新的影响研究

【本章小结】

随着实体经济与金融行业出现了发展的失衡，面对低迷的实体经济较低的收益率，部分实体企业通过将资金投入到金融资产配置中以追求金融市场的超额回报，这导致金融资产在企业总资产的比重不断上升，挤占了企业用于发展主业和技术创新的资源，实体企业开始出现金融化的趋势。制造业企业在我国经济中的地位举足轻重，制造业转型在复杂的现实背景下刻不容缓，转型须依靠创新，由创新引领企业的发展。一方面金融化带来的脱实向虚会挤占企业研发创新的资金；另一方面，企业研发风险大、周期长，需要大量的资金支持，在此背景下，本章探讨了企业金融化与技术创新之间的关系。第一部分整理了企业金融化对制造企业技术创新影响的相关文献。第二部分对制造业企业金融化与技术创新之间的联系进行了理论分析。第三部分采用双向固定效应模型，利用2013年—2019年沪深A股上市制造企业相关数据，实证检验制造企业金融化对技术创新的影响。实证结果显示，制造业企业金融化会抑制技术创新水平，导致挤出效应；制造企业持有短期金融资产对企业技术创新水平的提高没有促进作用，反而具有抑制作用；这种抑制在制造企业持有长期金融资产后得到加强；对企业高管不同的激励方式对金融化的影响具有调节作用。良好的激励体系结构可以有效缓解金融化对技术创新的抑制作用，而在这些激励机制中，货币激励不利于减轻金融化对企业的有害影响，股权激励则对金融化的抑制作用有显著的弱化作用，这种现象在非国有企业中尤为明显；金融化对国有企业和非国有企业的技术创新都有抑制作用，对非国有企业的抑制作用更强。第四部分将基于以上分析，对政府和企业提出针对性建议与对未来研究的展望。

第一节
制造业企业金融化对技术创新影响的相关文献

一、企业金融化对企业技术创新影响的国外相关文献

企业金融化对技术创新的影响在国外学者当中尚未取得统一认识，部分学者认为通过企业金融化，企业可以通过变现金融产品来获取可用资金，从而为技术创新提供了资金的储备，避免了资金短缺的问题，进而提高企业的技术创新水平。金姆等（Kim et.al,1998）对大量美国工业企业流动资产的投资决策进行了实证分析。研究结果表明，通过配置适量的金融资产，企业可以为研发创新提供资金支持，从而避免了从外部融资的困难和从中产生费用。阿尔梅达等（Almeida et.al,2004）认为企业金融化可以提高企业的技术创新水平，金融资产可以通过变现提供现金流，增加企业的价值，为技术创新提供资金支持。Han 和 Qiu（2007）研究了非金融企业对金融资产的投资行为，发现非金融企业的金融化现象可以使企业的现金流趋于

平顺,具体的途径即为投资适量的流动性较强的短期金融资产,还可以通过金融工具来规避风险、套期保值,这些短期金融资产在需要时可以快速低成本的变现从而缓解外部融资约束问题。

也有部分学者认为金融化对研发创新有负面影响,表现出挤出效应。托里(Tori)和奥纳兰(Onaran,2018)通过实证研究,发现企业的金融化会对技术创新产生负面影响,主要途径是通过降低实体经济中的投资规模等手段来实现,这不利于实体经济产业资本的积累。戴维斯(Davis,2018)则通过研究美国非金融企业尤其是大型非金融企业金融化现象与固定资产投资之间的关系,在公司层面上揭示了价值最大的股东,会通过影响企业经营决策,增加对金融资产的投资,从而减少企业研发创新投入和固定资产的投资。

二、 企业金融化对企业技术创新影响的国内相关文献

国内学者对于非金融企业的金融化对技术创新的影响这一问题从不同角度进行多种研究,目前研究结论仍存在一定分歧。总结和归类其结论,可以分为3种主要类型:一是企业金融化会抑制企业的技术创新;二是企业金融化促进企业技术创新;三是企业金融化对技术创新的影响不是简单的线性特征,而是复杂的变化。

一些学者认为,企业的金融化有助于促进企业的技术创新。其原因在于,通过金融资产配置,企业可以对科技创新给予资金支持,缓解企业外部融资的高成本和困难,进而促进科技创新程度的提高。鞠晓生等(2013)认为,当持有货币资金等具有高流动性和高变现性的短期金融资产时,可以降低企业的财务风险,通过出售回笼资金可以获得稳定的现金流,缓解企业的外部融资约束。持有这些金融资产,可以有力提升企业的技术创新水平。胡奕明等(2017)指出企业金融化通过配置短期金融资产,可以在必要时将其抛售以回笼资金,从而使企业的现金流趋于平顺,并可获得一定的投资回报,能够对企业技术创新提供资金从而产生促进作用。

部分学者认为企业金融化会抑制企业的技术创新发展，原因在于企业内部资源是有限的，当企业将其配置到金融资产时势必会减少对生产经营和研发创新的投入。谢家智等（2014）通过实证研究发现企业金融化对技术创新有抑制作用，同时加入政府控制这一调节变量将加强这一负面效果。王红建等（2017）通过构建市场套利的研究框架，研究非金融企业金融化如何影响技术创新，发现其具有显著的抑制作用，并且这一抑制效果会随着套利动机的增强而被放大。

许罡和朱卫东（2017）分析了A股上市企业的数据，以确定金融化如何影响技术创新。研究结果表明，金融化将极大地阻碍企业的技术创新。此外，持有不同期限金融资产的公司对技术进步的限制程度也各不相同。持有长期投资性金融资产比持有短期投机性金融资产更能抑制技术进步。这种影响在加入市场竞争这一调节变量后有所缓解。亚琨等（2018）在企业金融化对技术创新影响的研究中加入了经济不确定性这一调节变量，研究其调节作用，研究结果表明非金融企业的金融化会抑制企业的技术创新，并且这种效果在经济不确定性强的环境中会被放大。在现代结构经济学的背景下，肖忠意（2020）研究发现金融化对非金融上市公司的持续创新有很大的抑制作用，尤其是在企业的成长期。随着企业生命周期的发展，这种抑制效果不断减弱。季小立等（2021）研究长三角制造业企业金融化现象，发现其对技术创新的挤出效应明显，而政府补助和市场竞争可以削弱这一效应。

另有部分学者认为，企业金融化对科技创新的影响受多种因素影响，包括企业持有的金融资产类型、经营业绩、外部融资约束等，两者不存在简单的线性关系。在非对称演化博弈模型的框架下，郭丽婷（2017）研究制造业企业的金融化和投资决策行为，实证结果显示制造企业的金融化行为将使其研发支出显著减少，从而削弱其技术创新水平。进一步调查显示，随着制造业经营业绩的改善和外部资金限制的放松，这种挤出效应会逐渐减弱，并会产生积极的影响。刘贯春（2017）通过实证研究发现非金融企业的金融化对企业技术创新的影响会随着时间的推移而变化，尤其是私有企业中，短期内会减少研发支出，抑制技术创新；从长远来看，增持的金融资产会长期促进技术创新，但金融渠道的收益将限制未来的创新能力。万旭仙（2019）研究发现，短期金融资产不会抑制技术创新，长期金融资产对技术创新表现出挤出效应，这一现象因产权性质不同而表现出差异，国有企业股权激励可以缓解长期金融资产的抑制效果。

根据以上对企业金融化的研究分析，国内外尚存在一定的差距，由于国外资本主义经济发展时间较长，市场较为完善，因此国外学者对金融化的研究更加深入和广泛，内容越来越翔实、研究方法也越来越多样。相较而言，国内金融市场发展较晚，发育还不很完善，国内对企业金融化的早期研究较少，近年来虽有所增加，但在研究内容等方面与国外尚有一定的差距，尤其是具体到制造业企业金融化对技术创新影响的研究方面，国内学者目前仍在研究结论上存在一定分歧，相对应的研究在对象、方法、思路上还存在较大差异。同时，由于目前金融化这一概念尚未在学术界获得一致认同的定义，因此，不同研究之间关于金融化内涵和指标规范的差异也可能导致研究结果的差异。因此，作者认为继续深入现有的研究结果实属必要，具体阐释如下所述：

首先，现有国内外文献对金融化内涵的界定并不统一。一方面，对于货币资金是否应纳入金融资产范畴，国内研究人员仍存在分歧。有专家认为，货币资金必须纳入金融资产的范畴，才能衡量企业的金融化程度（刘冠春，2018）；绝大多数学者认为货币资金不能够纳入金融资产的范畴，原因在于货币资金主要是用来满足企业日常的生产经营活动，并未处于投机获利或资本增值等目的，因此，不包含在金融化程度的度量指标内（彭俞超，2018；杜勇，2019）。另一方面，随着金融创新和新产品的不断出现，金融资产的定义也在不断地扩大和更新（谢家智，2014），在最近的十几年中，快速发展的国内金融市场出现了大量新型金融产品，企业参与金融市场的程度和持有金融产品的种类也更加深入和多样化。因此，现阶段的研究有必要更新对于企业金融资产的定义范畴，用更加完善的指标来衡量企业的金融化水平。

其次，国内学者研究企业金融化对技术创新的影响，多选择如经济不确定性、高管学历背景、政府管制和市场竞争作为调节变量，相对来说以高管激励作为调节变量的较少，而高管在企业的经营管理决策中发挥着重要作用，因此有必要对高管激励这一调节变量进一步研究。

最后，资本逐利的天性是金融化发展的本质原因，也反映了在金融市场深入发展背景下经济体对金融市场和金融产品不断增长的需求。可以肯定的是，过度的金融化会对经济造成负面影响，会导致实体经济的脱实向虚，增加经济风险甚至引发金融危机，然而要认识到的是，这种危机本身并不能否认金融的作用。这需要我们全面认识金融化及其带来的问题，资本逐利的天性是不可改变的，但是我们可以施加适当的引导，使金融发挥服务实体经济的职能。

当前微观领域对企业金融化的研究主要集中在投资效率和财务风险等领域，金融化在制造业企业中对其技术创新影响的学术研究相较其他领域较少，并且不同学者对这一问题的研究结果存在差异。本文对沪深A股制造业数据的研究，有助于丰富我国制造业企业金融化影响技术创新的相关研究。此外，对于企业金融化这一概念，学者之间还存在分歧，本文从金融资产持有的角度定义企业金融化并按照金融资产的流动性将其划分为短期金融资产和长期金融资产来分别研究其对企业技术创新的影响，研究结果有助于对制造业企业的金融资产配置提出更有针对性的对策建议。最后，当前对于制造业企业金融化的调节效应研究主要集中在经济不确定性、政府补贴和市场竞争、高管学历背景等方面，对高管激励方式的调节效应研究相对较少，由于高管作为企业经营管理和投资的决策者，其对于企业的金融化和技术创新均发挥重要作用，因此有必要深入研究不同高管激励方式在企业金融化对技术创新影响中的调节效应，从而丰富这一领域的研究实践。

此外，当前经济的金融化趋势在各国蔓延，在企业层面，金融化趋势占用了企业大量的资源配置金融资产，占用了主营业务和研发投入，而研发需要大量的资金投入，技术创新需要长周期的资金支持，因此也需要企业投入大量资金，这就与配置金融资产相矛盾，势必会不利于企业的创新活动，进而影响制造业企业的转型升级和我国实体经济的健康发展。在这个意义上，研究制造业企业的金融化如何影响企业的研发投入，进而影响企业的技术创新能力，一是能够帮助制造业企业认识到金融化的后果以及对企业创新的影响，二是可以帮助制造业企业向高端制造转型，防止过度金融化给实体企业和实体经济带来危害。

本章在参考国内外相关文献的基础上，首先厘清了以下几个问题：第一，金融化的内涵和企业金融化的定义；第二，企业金融化的动因；第三，学术界关于企业金融化对技术创新影响的现有研究结果。结合我国当前制造业发展存在的金融化趋势及行业发展前景，选取数据并构建模型，通过实证得到本章研究中心：即制造业企业金融化对技术创新的影响，并根据实证结果提出针对性建议。具体而言，本章首先从国内外文献出发，通过对重要文献资料的整理与阅读，归纳总结了企业金融化的定义、原因、影响及造成的危害。其次，本章将金融资本循环理论、预防性储蓄理论、委托代理理论和技术创新理论作为分析的理论基础，在此基础上提出关于制造业企业金融化的三条假设。再次，通过借鉴国内外文献进行变量选择与模型构建，实证研究了不同期限的金融资产导致的企业金融化对企业创新的影响是否存在差异，并且将样本数据进行分组回归，分析不同产权性质的企业金融化趋势对其技术创新影响的差异，在研究的基础上进一步引入了调节变量高管激励，研究其对金融化和技术创新的调节作用。最后，根据实证结果，得到研究内容的结论，并从宏观和企业两个视角提出不同的针对性建议。

第二节
制造业企业金融化对技术创新影响的理论分析

一、相关理论基础

（一）金融资本循环理论

金融是现代经济的核心。货币资本的引入是商业和贸易史上重要的一步。从职能的角度来看，这是金融的起点，它保留现值并将其用于未来的购买；货币资本还解决了跨时间存储价值的挑战，价值能够进行跨空间的转移，实现了跨时空的价值交换。根据这一理论，对早期金融的解决措施是将即时消费转化为对未来收益的索取以及价值跨越时间和空间的存储。金融活动参与最初的产业资本周期，并从最终剩余价值的分配中受益，主要是因为它们所拥有的货币所有权和索取未来收入的能力。金融是现代经济的核心和调节宏观经济的重要杠杆，金融的作用因此从性质来看仍然属于实体经济的范畴。然而，在新自由主义思潮的推波助澜下，伴随着世界经济的快速发展和金融活动的高度复杂化，尤其是在金融创新推动下的金融衍生产品的产生和证券化的快速发展，大量资本脱离传统的产业资本循环，流向虚拟经济领域，出现了经济的脱实向虚，表现出过度金融化的趋势，并产生了自身的运行规律。朱东波（2017）从马克思主义经济学和资本流通理论的角度，分析了金融化现象和金融资产运作的一般规律，发现金融化缓解了生产过剩，但也会导致更加严重的经济危机，因此需要对金融化现象严加监管。

在传统的产业资本循环周期中，货币资本家不参与产业资本周期，但通过转移货币所有权，进而获得本息，参与产业资本周期。产业资本家获得完成初始积累所需的货币资本。通过借贷这一手段,产业资本家将货币资本转化为进入产业循环的产业资本。产业资本家用所得货币资本购买原材料并雇佣劳工,从而将货币资本转变成参与生产的生产资本,通过劳工对原材料的加工生产,经过生产劳动最终加工成商品,即生产资本转化成商品资本,最后一步是在市场上出售最终产品,获得货币回报,最终又转化为货币资本,并偿还货币资本家出资金额和利息,剩余即为产业资本家扩大再生产服务。这个资本形态的转变过程就是产业资本的循环。

随着经济的不断发展,在上述传统的循环之外,金融表现出了一些新特征,发展出了一套独立的循环模式,从而在流通中脱离了传统的产业资本循环,是一种全新的形式。在越来越复杂的金融市场中,金融工具的创新尤其是衍生品的日新月异和日趋复杂,货币资本开始在流通领域大量积聚,通过交换来延长回流。在这种情况下,货币资本不再通过借贷资本的形式参与到产业资本的循环过程中进而分享剩余价值,而是通过在金融市场上买卖金融资产来赚取收益,在金融市场上通过赚取差价的形式实现资金的循环。金融企业家获取利润的方式并不是通过扩大再生产或通过生产有价值的商品,而是通过对其余金融资产投资者财富的转移,利用各种金融产品和金融衍生品将原始的货币资本不断放大,最终通过高价转移资产获得财富增值。该利润的产生本质上是一种价值的转移,不涉及任何增值过程。

总之,早期的金融活动通过实现收益和价值的跨时间、跨空间交换,通过为实体经济提供融资来促进实体经济的发展,发挥其"融通资金"的本源作用。目前金融市场呈现出多样化的金融产品、衍生品和资产证券化趋势,金融表现出过度发展的趋势,实体经济开始萎缩,虚拟化程度不断加深,企业的金融化程度越来越严重,表现为资产负债表中金融资产的不断增加;利润表中来自金融资产的投资回报占净利润的比重不断上升,而来自主营业务的回报比重逐渐下降。这种金融化的现象导致大量产业资本流向虚拟经济领域,不利于实体经济的健康发展。

（二）预防性储蓄理论

预防性储蓄理论最早由凯恩斯提出，其理论的主要内容为企业为了管理风险、保持流动性、获取一定收益等目的持有现金等货币性金融资产，以避免因流动性短缺引发资金链断裂或面临高额的外部融资成本，而将这些资产作为企业的预防性储蓄。因此，企业都会进行适当储蓄，将面临的不确定性风险降低并使得效用最大化。

托宾（Tobin,1956）和米列尔（Miller,1966）在早期的凯恩斯理论的基础上，进一步研究提出了企业持有现金资产的预防性动机，也被称为谨慎性动机，即为满足日常交易需求和预防性持有，为满足预防性动机的需求，企业会在资产中保有一部分货币资金等高流动性金融资产来应对日常生产经营活动所需要的支付和预防企业未来非预期损失时所需的货币资金，实现企业金融风险的分散，以此来作为应对经济不确定性的手段之一。

企业通过持有流动性强的金融资产的目的主要有两点：一是为了应对未来的不确定性，需要储存一部分资金以备不时之需；二是为了避免外部融资的高成本，在企业急需资金时，短期内的融资手段由于时间紧张、信息不对称的存在等原因，往往融资较为困难或成本高昂，因此相较于对企业信息非常敏感的外部资本企业更倾向于内源融资，这也导致企业会受到外部融资成本的压力，因此存在融资约束。这一现象在中小企业和非国有企业中更加严重，故需要企业自身尽可能通过内部融资来获取资金，通过从企业历年的利润中保留或通过持有高流动性金融资产，持有期内可以获得一定的收益并且能够在需要时快速变现以补充企业资金，由于短期金融资产变现时不会给企业带来损失，因此企业有预防性储蓄的需求，来满足日常交易和未来潜在投资机会的资金规模。根据预防性储蓄理论，金融资产相较于不可逆、变现能力差、期限长的无形资产和固定资产而言更易变现且变现成本低，因此企业持有金融资产以满足企业在未来可能出现的良好的投资机会，适时获取可用资金来缓解对于外部融资的依赖，从长期来看，增加企业的资金储备也可以提高企业的借款能力，满足企业日常交易和研发支出所需，这可以被看作是企业的一种前瞻性策略。仁瑞赖特等（Thenrillat et.al,2010）研究发现，金融化对于企业的发展也有一定的帮助，通过增加企业技术创新投资的可用资金，优化企业资源在时间和空间上的配置，良好的资产负债表也可以帮助企业建立良好的借款人形象，进而增加企业的融资能力并降低外部融资的成本。因此从长远的动机考虑企业会配置金融资产。

预防性储蓄理论为企业金融资产的配置和重组提供了坚实的理论基础。当宏观市场面临较大的不确定性风险时，根据预防性储蓄理论，审慎的企业管理者会通过保留一定的优质金融资产来规避潜在的未来风险。相对于固定资产和无形资产，金融资产更看重远期变现，这样也就相当于能为企业未来发展储藏资金，提供中长期资金支持，支持并缓解对外部融资的依赖，为企业内部的生产经营和研发创新提供资金支持。

（三）委托代理理论

现代公司制度对管理团队提出了更高的要求，即追求团队的专业，为实现企业和股东最大的经济价值，所有者聘请专业的管理者来提高经营效率，而公司的所有者则往往由于精力的限制或管理能力的欠缺无法满足要求，在这种情况的制约和公司经营追求的驱动下，两权开始分离，专业的管理团队获得企业的管理权，而股东转而通过股票价格或股息来获取收益，并通过股东大会等干预和监督企业的情况，而管理层则负责日常的管理经营决策并从中获取报酬的代理模式[罗丝（Ross）,1973]。这两种权利分离后，由于股东不参与企业的日常管理，因此不了解公司日常经营决策，这便存在着较为严重的信息不对称问题，而监管也存在着搭便车问题，并且实际上，股东和管理层的利益并不一致，股东关注企业的经营绩效、盈利能力和股票价值等，而职业经理人希望获得更多的薪酬回报，提高自身的收入水平或获得更大的权利、享受更好的待遇，委托代理问题在此背景下应运而生。

在企业金融化的现实背景下，加深了委托代理冲突，管理层因实际掌控公司的运行对于企业的各方面信息都更加了解，并且在激励的设计上，管理者的薪酬与股票价格愈发联系紧密，并与短期经营绩效挂钩，这些因素会导致管理层为获取薪酬激励而持有更多的金融资产以完成短期绩效目标。近年来，实体经济和制造业等产业的利润不断降低，而金融、保险、房地产等行业近几十年来是所谓的"暴利"行业，因此为了完成业绩考核目标，企业管理者将大量资金从实体经济转而投入收益更大的金融市场和房地产市场，通过金融资产的投机套利和房地产增值来获取高额回报，进而获得薪酬激励。这会导致企业管理者注重投机而忽略了主营业务的发展和研发创新的重要性。徐经长和曾雪云（2010）通过研究表明我国企业存在着对管理者投资金融市场的纵容，这种现象会导致管理者进入持有大量金融资产的恶性循环。这表现为若管理者投资的金融资产获得较好的收益，则会由于企业利润的增加和业绩的提升而达到考核目标从而获得高额薪酬；如果持有的金融资产出现亏损，管理层则推卸责任于金融市场的非预期波动和市场投资风险等外在因素，这减少了对管理者利益的损害并促使其增持金融资产。

委托问题的复杂性不仅存在于股东和管理层之间，大小股东之间也会发生类似问题，尤其是在我国这样的股权结构中，更容易发生大股东侵害小股东利益的事件。大小股东之间的委托代理问题会在金字塔式的持股结构下更加严重，大股东通过各种手段影响公司决策或通过关联交易转移公司资金。杜勇（2017）提出，随着委托代理问题的不断加剧，大股东通过控制公司决策投资金融资产获取收益，这将导致公司主营业务的萎缩，生产经营的比例不断下降，企业金融化程度不断加深。

综上所述，由于委托代理问题的存在，管理层会处于自身利益的考量而投资过量的金融产品，忽视主营业务的发展，通过投机套利来获取收益，导致企业金融化程度的不断加深，在一定程度上阻碍了企业主业的发展和技术创新水平的提高。

(四) 短视理论

市场短视理论和管理近视理论是本文选取的近视理论的主要理论支柱。管理近视理论主要是指，公司管理者会通过尽量减少对市场的长期投资，以防止股东资产流失。原因在于这些投资无法准确估计回报，同时采取措施增加公司当期的利润额，最终使公司的当前价值提高，但从长远来看有利于公司发展的一些优质长期投资被舍弃，不利于公司长远利益发展。机构投资者之类的市场参与者容易促使管理层短视行为，这些投资者非常看重企业短期营业指标，而造成管理者为迎合其要求采取短视行为，高估短期项目对公司价值的提升。而市场短视理论认为，在金融市场上对于长期投资的低估现象非常常见，在普遍追求短期利润的背景下，投资有风险的长期项目的管理层可能面临着更大的失业风险和压力。最终导致管理层选择回报期短、风险低的短期项目，这些项目能为企业带来短期价值的增加，但长远来看并不一定是最优的选择，也不利于企业主营业务的发展壮大。在短视行为的推动下，管理者开始转向金融市场将企业的资金和管理层的精力投入到证券市场中以期获取高额回报，而不是认真经营企业在实体经济的主营业务，这将导致企业的主业发展受到阻碍停滞不前。当金融市场风险增加或产品市场出现变革时，公司将承受巨大风险甚至在发展中被抛弃。

目前学者们提出了不同的假说来解释管理层的短视行为。管理者防御假说认为，企业管理层的短视行为是出于对自身的保护，管理者为了避免承担风险和投资失败的责任，以免被裁撤或替换，会选择一些收益小、回报期短的次优选项，以保护自身利益。这种防御性行为是出于管理者自身利益和业界声誉考量，而不是出于企业价值最大化的目的，由于管理者在企业的经营管理中拥有更大的信息优势，因此通过短期低风险的金融资产或项目投资获利，能够证明自身的管理才能。薪酬扭曲假说认为，管理层短视是由于信息的不对称所致，股东所获信息远远少于为企业生产经营决策的管理层，因此设计了薪酬激励制度，管理层为了获取报酬会努力提高当期业绩，从而选择了次优选项。这两种假说的共同点在于认为短视是为了保护管理层的私利。

所有权结构假说认为，企业股东的持股策略会影响到管理层短视的表现，如果大部分股东以投机为主，更关注企业短期的收益和股价波动，会促使管理者做出短视的行为以迎合他们的需求，而如果价值型投资的股东占绝大多数，则会有效抑制管理层的短视行为。敲竹杠假说认为，管理层在项目实施初期还未获取回报时可能以离职相威胁以获取更高的报酬或利益，因此，股东为了避免这种情况的出现，会更愿意投资于期限较短的项目，而管理层出于对股东意愿的遵循，其行为也会表现出短视情况。这两种假说共同点是认为股东导致了管理者的短视。

管理层短视理论对于企业的金融化即管理层通过投资大量金融资产以获取当期的超额收益给予了有效的解释，由于金融市场的高回报和管理层行为的短视，会更倾向于将资金从生产经营转向金融市场，而价值型投资股东和具备高水平分析能力的机构投资者可以缓解管理层的短视。

（五）技术创新理论

创新理论最早由熊彼特提出，基于深入地研究经济规律，他最终提出了创新在经济增长的作用——最重要的动力。在其创立的理论当中，经济发展最重要和最关键的就是创新，创新是一种内部动力，可以打破旧的秩序，建立起新的均衡。创新主要是通过打破新旧生产力之间的藩篱，打破旧生产力并引入新生产力，来为经济驱动提供新鲜血液，推动经济发展。熊彼特强调，经济发展是一个存在长期的过程，创新也必须从长期的视角来进行观察和研究，这样才能更好地解释创新的概念。

根据这些年的研究，经济学稳步整合技术创新的概念，将技术创新抽象化，并纳入以经济理论为基础的经济模型中。企业的技术创新不是单一维度的从投入到产出的直截了当的过程,而是综合了包括企业内部和外部环境在内的多种因素的影响,是一个不确定性和专业性的过程。

技术创新投入对企业要求很高,需要企业大量的资金支持和长期的研发投入,其面临的主要挑战是创新活动的高风险和信息不对称。在我国,支持企业创新活动的金融体系由注重审慎信贷投资的银行主导,外部融资环境的不稳定,会严格制约企业创新。一是创新活动面临外部风险,如制度环境严格、政府经济政策变化频繁等;二是研发投入周期长,资金量大,不可逆;三是创新产出具有高度不确定性,研发转化后能否获得专利技术转让收入或商业化利润,充满了不确定性。因此,企业技术创新往往会面临研发资金匮乏、环境不稳定、产出风险大的困境。由于与公司创新相关的高调整成本,从研发资金投入和研发成功转化、专利转让或商业运营之间的周期往往很长。资金链在这个周期内的任意一个或多个环节出现问题,前期投入的资金在整个研发投入过程中将无法收回;此外,由于研发投入的高风险和外部融资约束,企业技术创新资金来源大多为内源融资,较易受到企业财务状况和经营管理情况的影响。

二、 理论分析与假设

(一) 企业金融化与技术创新

技术创新是企业可持续发展的核心动力,我国一直将创新放在我国发展的战略高度上予以重视,党和政府的政策将创新置于我国建设现代化强国的核心位置,通过创新实现科技的自立自强。企业通过技术创新开发出新的产品和服务模式,可以提高企业的市场占有率,进而增加收益,促进企业的发展。然而,技术创新由于资金需求量大、面临的风险高、研发的时间周期长,对企业的管理与科技人才要求较高,导致部分企业不愿进行技术创新,转而将资源投入到回报率更高的金融资产当中,造成了企业金融投资对创新研发资金的占用,客观上限制了企业技术创新的发展。

由于企业存在资源有限的现实情况，在追逐利益动机的驱动下大概率会采取将自身风险降至最小化或使自身利益实现最大化的行为。目前我国实体经济利润下降，国内企业包括制造业在内的整体利润率近年来持续走低，与此相对，房地产和金融业在过去的 15 年内收益率不断攀升，被称为两大暴利行业。因此在资本逐利天性的驱动下，大量的产业资本开始从实体经济涌入金融市场，出现了"脱实向虚"的趋势，这种情况在制造业上的反映即为制造业企业配置了过量的金融资产从而减少了研发创新投入金额。技术投资所耗用的大量资金也让企业面临相当大的风险，对于企业短期经营收益的提高无法起到立竿见影的效果，因此很多企业的管理层为了获得短期的高额回报，同时也为了规避技术创新的高风险以免承担失败责任，会倾向于将企业资源从主营业务中抽离转而投入金融市场以持有大量金融资产获利。根据金融资本循环理论，此时货币资本已经脱离了产业资本循环过程而产生了独立的循环，这种现象导致企业的金融化程度不断提高，而这种过度的金融化趋势最终将对实体经济产生严重的负面影响。基于以上分析，本文提出如下假设：

假设：制造业企业金融化会抑制技术创新。

（二）企业持有不同期限结构金融资产与技术创新

金融资产按其流动性的不同可以划分为短期金融资产和长期金融资产。其中短期金融资产流动性强、期限短且风险较低，能够在需要的时候快速变现而又不给持有者招致过多的损失；而长期金融资产虽然收益更高，但存在着期限长、风险高和低流动性等缺点。由于短期金融资产相较于长期金融资产的特性，部分学者认为企业持有不同期限的金融资产的金融化对技术创新的影响也存在差异，这种观点集中体现在短期金融资产由于对企业资金的占用小，更多的是出于预防性储蓄的需求，对企业技术创新的影响较小，甚至可能会对企业的生产经营和研发创新起到促进作用。部分学者认为企业持有适量的短期金融资产可以促进企业的发展，缓解外部融资约束。王红建（2017）提出，企业持有交易性金融资产等短期非货币性金融资产不仅可以在企业现金流短缺的时候迅速变现以回笼资金，防止企业资金链断裂，缓解外部的融资约束，而且可以获得一定的持有收益，可以说是企业的一种二级储备，因此，持有短期金融资产可以通过变现为企业技术创新提供资金支持，这种短期金融资产的持有可以通过在需要时迅速变现来提供研发创新所需资金，避免外部高成本的融资或内部资金链的断裂，进而促进企业技术创新水平的提高。梁彤缨（2020）研究发现管理层对企业技术创新有重大影响，过度自信会促进创新水平提高。通过对管理层的股权激励，这种正向的促进效果会更加显著。根据预防性储蓄理论，本文认为企业通过持有适量的短期金融资产可以平滑企业的现金流，同时获得一定的收益，是企业保持流动性和规避非预期风险的有效举措，因此在一定程度上有利于企业技术创新水平的提高。

此外，在制造业企业尤其是高端制造业企业中，对于企业生产经营的设备、技术的要求很高且随着市场的不断变化和技术水平的提高，更新换代的频率也在不断地缩减，这就对企业的研发创新和资金投入提出了较高的要求，客观上需要企业保持合理的资金水平和技术创新强度。而在以上的分析中，长期金融资产并不符合预防性储蓄理论的要求。由于长期金融资产自身的特性，使其并不能在需要时快速变现且强行变现会给企业带来较大的损失，因此企业持有长期金融资产并非为了平滑现金流或在必要时变现以提供资金支持，而是为了获得长期金融资产带来的高额回报，因此，企业持有长期金融资产势必会挤占大规模的资金量，这部分资金在较长的一段时间内无法挪作他用，对企业资产的流动性带来较大的负面影响。从风险的角度来看，长期金融资产容易受到诸如信用风险、市场风险等因素的影响，使企业面临资金链断裂等财务风险。过多的长期资产配置占用的大量的资源，显然不利于企业的技术创新水平提高。蔡宗朝（2018）通过实证研究发现，过度持有长期金融资产会极大地降低企业内部的技术创新量。综上所述，长期金融资产的持有会对企业的技术创新产生阻碍作用。

基于上述研究，本文提出如下假设：

H1-1：企业持有短期金融资产会促进技术创新。

H1-2：企业持有长期金融资产会抑制技术创新。

（三）高管激励的调节作用

本文根据理论分析提出以上假设内容，但在现实环境中，除了以上分析的因素之外，还存在众多其他因素的干扰与影响，如政府补贴、市场竞争程度、经济环境的不确定性、企业融资约束等。除此之外，企业管理层也是重要的影响因素之一，所有权和管理权分离后，高管对企业的生产经营负有管理和决策职能，因此，在企业技术创新和金融投资方面有较大的话语权，故而发挥着非常重要的调节作用。而高管之间又会通过彼此之间的联系加深行为的传导。王营等（2020）研究发现，高管的关系网会助推企业金融化，造成传染效应，而这一效应又会被经济的不确定性所加剧，从而形成"倒U形"局面，影响企业价值。戴泽伟（2019）从微观层面考察了高管经验与实体企业金融化的关系。他发现高管的金融实践经验促进了实体企业的金融化，高管配置金融资产主要是为了套利，而不是储备资产的动机。杜勇等（2019）研究发现，CEO的金融背景，尤其是非银行的金融背景，会通过加强其自信和缓解融资约束而对金融化产生强烈的正向作用。

综合以上分析和多位学者的研究结果，可以得出，高管激励在企业金融化对技术创新的负面影响中可以起到适度的调节作用。部分研究也说明，当对高管采取股权或者现金等不同的激励方式可能会产生不一样的调节效果。饶静等人（2020）对非金融上市公司的研究表明，CEO激励可以减轻企业金融化对技术创新的负向影响。当前主要的激励手段有两种，其中薪酬激励在一般情况下会将高管的收入与公司当期的经营业绩指标挂钩，在高管完成一定量的经营业绩考核指标后提供给高管高额的货币薪酬回报，以此来激励高管努力工作，实现股东利益。但由于上文提到的委托代理问题的存在，高管和股东之间对于企业经营管理的信息存在很大程度的不对称，而监管又容易引发搭便车的行为，因此高管的决策很有可能与实现股东利益存在不一致。

这种问题反映在企业金融化上，表现为高管可能为了完成短期的业绩考核目标而采取短视行为，即为实现自身利益而牺牲企业的长远发展，将企业的大量资金投资于金融资产，通过金融资产收益而不是主营业务收入来实现公司的业绩提高，这在短期看确实可以提高公司的经营收入，同时完成业绩考核目标，高管获得高额的货币薪酬回报，一举两得。然而长期来看，企业将本该用于主营业务的技术创新资金投资于金融市场，一方面导致企业技术水平停滞不前，在市场的激烈竞争中处于劣势甚至被抢占市场份额，在革命性技术出现时，企业将进入衰退期；另一方面，大量持有金融资产会放大企业的风险，一旦出现金融市场的波动甚至金融危机，企业将承受巨大的亏损，从而损害了公司的长远利益。股权激励制度是企业拿出部分股权并带有附加条件来激励优秀的高级管理者的制度，会将高管的身份转变为企业管理者和所有人的双重身份。赵世芳等（2020）的研究表明，适当比例的股权激励手段是企业推动技术创新发展的有效机制。因此，在经营决策中除了要考虑到自身的利益，作为股东还需要考虑企业长远的发展，支撑企业的股价。作为企业的所有人，高管也可以从企业股价的上涨中获取回报，可以分享企业增值带来的收益，这样，企业的长远发展与高管休戚相关，在这种情况下，高管会做出更优质的投资决策，有利于企业长远发展，降低对金融资产的投资而加大技术创新研发投入，从而缓解企业金融化对技术创新的负向影响。晋胜武（2017）研究沪深 A 股上市公司，发现股权激励可以显著弱化金融化对研发投资的负向影响，且效果在国企和非国企都很明显。基于以上分析，本文提出如下假设：

H 2-1：高管薪酬激励会强化企业金融化对技术创新的抑制作用。

H 2-2：高管股权激励会减轻企业金融化对技术创新的抑制作用。

第三节
制造业企业金融化对技术创新影响的实证分析

一、变量选取与模型构建

（一）变量选取

1. 被解释变量

本文的被解释变量为企业的技术创新水平，对现有文献中不同学者的做法进行归纳总结，可以发现对此研究中现有学者主要是从技术创新的投入和产出这两个不同角度来进行衡量。从企业技术创新投入的角度看，目前学者所采用的衡量指标主要有研发费用支出占资产总额的比重（晋胜武，2017；郭丽婷，2018；饶静，2020）、研发投入总额取自然对数来衡量（刘婧，2019；季小立等，2021），也有学者采用研发密度，用企业研发投入比主营业务收入来衡量（王红建，2017）。从企业技术创新产出的角度看，主流的衡量指标选择包括如下变量：无形资产净额增量占总资产比重（刘贯春，2017；肖忠意，2019）、无形资产净额取自然对数（孙平，2019）、无形资产净额占总资产比重（郭丽婷，2017）。参考以上学者的做法，本文最终选择企业研发投入金额的自然对数来衡量企业的技术创新水平，企业研发投入金额的自然对数越大，企业进行技术创新的能力越强，而稳健性检验通过替换企业创新为无形资产净额占总资产的比重来进行。

2. 解释变量

本章的解释变量为企业金融化水平，目前对企业金融投资尚未得出统一的界定，已有的学术研究大多从资产配置和投资收益角度来衡量。有学者从投资收益角度评价企业金融化程度，以企业金融收入占总收益的比例为指标（吴军，2017），大部分研究中学者从资产配置角度进行衡量（宋军，2015；郭丽婷，2017；王红建，2017）。本研究关注于制造企业金融化对企业技术创新的影响，将制造企业金融化定义为制造业企业整合自身资源并进行相关资产特别是金融资产的配置。因此，本文借鉴谢家智（2014）、王红建（2017）等学者的工作，企业金融化水平用金融资产占资产总额比重衡量，并且根据张思成和郑宁（2018）的定义，金融资产的范围包括应收股利、应收利息、投资性房地产、持有至到期投资、衍生金融资产、衍生金融资产、长期股权投资、交易性金融资产、可供出售金融资产净额、发放贷款及垫款净额。企业金融化指标（Fin）= 金融资产占资产总额的比重。此外，金融资产根据其到期日进行分类，根据许罡（2017）、闫海洲（2018）等学者研究工作，本文将金融资产划分为短期金融资产和长期金融资产，短期金融资产为交易性金融资产，则短期金融资产持有比例（$Fins$）= 交易性金融资产/资产总额，定义企业持有金融资产中去除交易性金融资产即为长期金融资产，则长期金融资产持有比例（$Finl$）= 长期金融资产/资产总额。

3. 调节变量

本文选取的调节变量为高管激励，激励是企业为了发挥高管的潜能从而更好地为企业服务，使其为企业和股东创造最大的经济价值，是公司治理体系中相当重要的手段。在公司的内部控制结构中，高管激励是为了促使高管人员提高对企业的贡献程度，进而增加企业收益，防止高管采取严重的自利行为而损害企业和股东的利益，以此来缓解委托代理问题的重要制度方式。高管薪酬激励从根本上讲是对企业资源的优化再配置，通过不同的激励水平和方式，激励往往能起到促使高管更好地发挥作用的效果，高管薪酬作为激励高管的方式，对公司绩效的影响是一个长期的过程。然而薪酬激励难免会引起高管急功近利，从而导致做出长远来看不利于企业的决策。为了实现考核目标只注重当期的业绩指标而忽略了企业的长远发展，而股权激励则是更好的制度安排，可以鼓励高管做出更优质的投资决策，避免低效率的投资或投资不足和投资过度的行为。本文借鉴盛明泉（2018）的做法，高管薪酬激励（MI）用高管前三名薪酬总额取自然对数来衡量，高管股权激励（EI）采用管理层持股占公司总股数的比重来衡量。

4. 控制变量

参考殷夏铭（2018）、郭玥（2018）等的研究结果，本文的控制变量主要取自公司治理和财务信息两个领域，选取了10个控制变量：（1）企业规模（$Scale$）：企业总资产的自然对数；（2）企业负债水平（Lev）：企业资产负债率；（3）经营净现金流（$Cashflow$）：企业经营活动现金量占企业年末资产总额的比重；（4）股权集中度（$Shr1$）：第一大股东的持股比例；（5）盈利能力（Roa）：企业总资产收益率；（6）托宾 Q 值（$TobinQ$）：企业市值占资产总额的比重；（7）董事会规模（$Board$）：企业董事会人数取自然对数；（8）资本密集度（$Fixed$）：企业固定资产占资产总额的比重；（9）企业年龄（Age）：当前年份减去企业注册成立年份加一后取自然对数；（10）产权性质（Soe）：民营企业、外资企业等设置为0，国有企业设置为1。此外还引入年份虚拟变量。对变量的具体说明如表6-3-1所示。

表6-3-1 研究变量具体说明

变量类型	变量名称	变量符号	变量说明
被解释变量	技术创新	Rd	研发投入金额取自然对数
解释变量	金融资产持有比例	Fin	企业持有的金融资产/资产总额
	短期金融资产持有比例	$Fins$	交易性金融资产/资产总额
	长期金融资产持有比例	$Finl$	（企业持有的金融资产-交易性金融资产）/资产总额

续表

变量类型	变量名称	变量符号	变量说明
调节变量	高管薪酬激励	MI	高管前三名薪酬总额取自然对数
	高管股权激励	EI	管理层持股数/总股数
控制变量	企业规模	Scale	企业总资产取自然对数
	企业负债水平	Lev	负债总额/资产总额
	经营净现金流	Cashflow	营净现金流/资产总额
	股权集中度	Shr1	第一大股东持股比例
	盈利能力	Roa	净利润/资产总额
	托宾 Q 值	TobinQ	企业市值/资产总额
	董事会规模	Board	董事会人数取自然对数
	资本密集度	Fixed	固定资产/总资产
	企业年龄	Age	当前年份减去注册成立年份加一后取自然对数
	产权性质	Soe	国企为1，其余为0
	时间效应	Year	年份虚拟变量，属于该年取1，否则为0

（二）估计方法选择

通过对样本数据的筛选与处理，本章得到的观测数据是 n=1764，T=7，共计5708个观测数据的非平衡短面板数据，对于该面板数据具体选择哪种估计方法做如下分析：

首先对面板数据进行 F 检验，结果显示 F=536.70、P=0.0000，根据检验结果选择固定效应模型。其次进行 BP-LM 检验，结果显示 P=0.0000，根据检验结果选择随机效应模型。最后进行 Hausman 检验，表6-3-2显示了 Hausman 检验的详细结果，如表中数据所显示，由于 P=0.0000，因此本文最终选择采用固定效应模型进行估计。同时，在固定模型中需要考虑时间效应，因此本文最终选择双向固定效应模型。

表 6-3-2　Hausman 检验结果

	Fe	Re	Difference	S.E.
Fin	−0.5516	−0.4847	−0.0669	0.0582
Scale	0.8227	0.8951	−0.0723	0.0196
Lev	−0.3647	−0.4342	0.0695	0.0436
Cashflow	0.4401	0.7131	−0.2730	0.0298
Shr1	−0.0497	−0.1157	−0.0660	0.0979
Roa	0.2753	0.3707	−0.0954	0.0433
TobinQ	−0.0033	−0.0082	−0.0115	0.0018
Board	0.2683	0.0823	0.1860	0.0381
Fixed	0.5516	−0.1076	0.6592	0.0711
Age	0.7521	0.2981	0.4540	0.0586
Soe	−0.0255	−0.1867	0.1613	0.0657
	Prob>chi2 = 0.0000

注：表中保留四位小数。

（三）模型构建

为验证制造业企业金融化是否会抑制企业技术创新，从而检验假设1，本文借鉴晋盛武（2017）的研究，将企业技术创新（*Rd*）作为被解释变量，企业金融化程度即金融资产持有比例（*Fin*）作为解释变量，并加入相应控制变量从而构建出模型：

$$Rd_{it} = \alpha_0 + \beta_0 Fin_{it} + \beta_1 Lev_{it} + \beta_2 Roa_{it} + \beta_3 TobinQ_{it} + \beta_4 Cashflow_{it} + \beta_5 Shr1_{it} + \beta_6 Board_{it} + \beta_7 Scale_{it} + \beta_8 Fixed_{it} + \beta_9 Age_{it} + \beta_{10} Soe_{it} + \Sigma Year_{it} + \varepsilon_{it} \quad (6-3-1)$$

为验证假设 H1-1 和 H1-2，即制造业企业配置不同期限的金融资产对企业技术创新的影响是否不同，在模型(6-3-1)的基础上，分别用短期金融化指标(*Fins*)替换金融资产持有比例(*Fin*)构建出模型(6-3-2)，用长期金融化指标(*Finl*)替代金融资产持有比例(*Fin*)构建出模型(6-3-3)。

$$Rd_{it} = \alpha_0 + \beta_0 Fins_{it} + \beta_1 Lev_{it} + \beta_2 Roa_{it} + \beta_3 TobinQ_{it} + \beta_4 Cashflow_{it} + \beta_5 Shr1_{it} +$$
$$\beta_6 Board_{it} + \beta_7 Scale_{it} + \beta_8 Fixed_{it} + \beta_9 Age_{it} + \beta_{10} Soe_{it} + \Sigma Year_{it} + \varepsilon_{it} \qquad (6-3-2)$$

$$Rd_{it} = \alpha_0 + \beta_0 Finl_{it} + \beta_1 Lev_{it} + \beta_2 Roa_{it} + \beta_3 TobinQ_{it} + \beta_4 Cashflow_{it} + \beta_5 Shr1_{it} +$$
$$\beta_6 Board_{it} + \beta_8 Scale_{it} + \beta_9 Fixed_{it} + \alpha_{10} Age_{it} + \alpha_9 Soe_{it} + \Sigma Year_{it} + \varepsilon_{it} \qquad (6-3-3)$$

为验证 H2-1，本文在模型（6-3-1）的基础上引入高管薪酬激励（MI）及金融资产持有比例（Fin）与其的交互项。构建出模型：

$$Rd_{it} = \alpha_0 + \beta_0 Fin_{it} + \beta_1 Lev_{it} + \beta_2 Roa_{it} + \beta_3 TobinQ_{it} + \beta_4 Cashflow_{it} + \beta_5 Shr1_{it} +$$
$$\beta_6 Board_{it} + \beta_7 Scale_{it} + \beta_8 Soe_{it} + \beta_9 MI_{it} + \beta_{10} Fin*MI_{it} + \beta_{11} Fixed_{it} + \beta_{12} Age_{it} + \Sigma Year_{it} +$$
$$\varepsilon_{it} \qquad (6-3-4)$$

为验证 H2-2，本文在模型（6-3-1）的基础上引入高管股权激励（EI）及金融资产持有比例（Fin）与其的交互项。构建出模型（6-3-5）：

$$Rd_{it} = \alpha_0 + \beta_0 Fin_{it} + \beta_1 Lev_{it} + \beta_2 Roa_{it} + \beta_3 TobinQ_{it} + \beta_4 Cashflow_{it} + \beta_5 Shr1_{it} +$$
$$\beta_6 Board_{it} + \beta_7 Scale_{it} + \beta_8 Soe_{it} + \beta_9 EI_{it} + \beta_{10} Fin*EI_{it} + \beta_{11} Fixed_{it} + \beta_{11} Age_{it} + \Sigma Year_{it} + \varepsilon_{it}$$
$$(6-3-5)$$

二、实证与结果分析

（一）样本选取与数据来源

考虑到之前的公开年报披露的研发信息数据质量较低，本文选取了 2013 年—2019 年作为样本研究，其间根据最新的行业分类标准，研究对象选择为全部 A 股上市的制造业企业。对初始的样本数据进行以下处理，避免样本数据的不可靠影响实证结果的准确性：（1）将标识为 ST、*ST 的上市企业剔除；（2）将数据库中存在缺失和明显异常样本的数据剔除；（3）本文对所有连续性变量采用 Winsorize 方法进行 1% 和 99% 的截尾处理以克服极端值对回归结果的干扰。本文所使用的数据均来自国泰安数据库。

（二）描述性统计分析

表 6-3-3　变量描述性统计

Variable	Observations	Mean	Std.Dev	Min	Max
Rd	5708	17.9911	1.4148	14.1782	21.6939
Fin	5708	0.0602	0.0858	0	0.4286
Fins	5708	0.0144	0.0453	0	0.3043
Finl	5708	0.0455	0.0721	0	0.4081
Scale	5708	22.1157	1.1895	19.9509	25.5142
Lev	5708	0.3895	0.1919	0.5547	0.8732
Cashflow	5708	0.0527	0.0622	-0.1247	0.2304
Shr1	5708	0.3500	0.1400	0.0909	0.7296
Roa	5708	0.0436	0.0549	-0.2248	0.2001
TobinQ	5708	2.1723	1.2524	0.8925	7.7323
Board	5708	2.1235	0.1858	1.6094	2.5649
MI	5708	14.3595	0.6905	12.8421	16.2922
EI	5708	0.1619	0.2108	0	0.7070
Fixed	5708	0.2320	0.2320	0.0165	0.6220
Age	5708	2.8042	0.3240	1.9459	3.4657
Soe	5708	0.2901	0.2901	0	1

从表 6-3-3 的变量统计性描述结果中可以得到，制造业企业技术创新水平即开发投入金额取自然对数的均值为 17.99，标准差为 1.41。我国制造企业整体在研发上的投入并不大，企业之间存在明显差距。根据企业金融化指标，我国制造业企业持有金融资产的平均比例值为 6.02%，标准差为 8.58%，金融资产持有的最大值为 42.86%，表明我国上市制造企业持有大量金融资产。金融资产配置较多，金融资产占总资产的比重较高，说明我国制造业企业金融化趋势较为严重；更具体地说，在不同期限金融资产的持有方面，长期金融资产的持有比重较高，比起短期金融资产而言，标准

差和均值均有一定的增加，因此说明制造业企业更愿意并且较多地持有长期金融资产。

此外，如表 6-3-3 所示，不同企业的高管薪酬激励和股权激励差异很大，高管激励的最小值为 12.8421。从数据中看出，在制造业中，没有出现其他行业所出现的高管没有货币报酬的情况。从高管股权激励指标看，制造企业高管平均持股比例为 16.19%，最低持股比例为 0%，最高持股比例为 70.70%，说明在不同企业之间高管的持股比例也有较大的差别。在控制变量中，企业盈利能力呈现出较大的差别，最低的企业净资产收益率为 -22.48%，而增长最快的企业为 20.01%，说明在企业发展过程中存在着较大差异，在经营现金流和托宾 Q 值指标上，不同企业之间的差距较大，说明我国上市制造业发展过程中企业的成长性和经营能力之间很大的差距，这必然会对企业的经营和投资决策产生一定的影响。

（三）回归结果与分析

1. 企业金融化与技术创新

表 6-3-4 展示了本文构建的双向固定效应模型的回归结果。由模型 (6-3-1) 的回归结果可以得出，企业金融化指标（Fin）的回归系数为 -0.707，在 1% 的水平显著，证明制造业企业金融化会显著地抑制企业研发投入，从而不利于技术创新，作为制造业企业其控制的资源是有限的，选择投入到金融市场中配置金融资产就势必会挤占企业主营业务和研发创新的资金量，从而阻碍企业技术创新水平的提高。

进一步分析模型 (6-3-1) 回归结果中的控制变量，企业规模指标的回归系数为 0.891，在 1% 的水平上显著，说明企业规模扩大后会增加企业的技术创新投入，提高企业的科技创新水平。此时企业通过长期发展拥有一定的资源和市场地位，相对于企业初创期有更多的资金和更大的风险承受能力，愿意继续投入大量资金从事技术研发，以免在竞争激烈的市场中被对手超越。同时，可以看出公司经营净现金流与技术创新水平的系数在5%的水平上呈显著正相关，说明公司经营净现金流的增加有利于公司科技创新水平的提升。企业可用的最低成本资本是经营现金流，这受到企业的自由支配，也反映了内部资本在促进技术创新方面的重要性。此外，董事会规模的系数为0.256，在5%的水平上具有统计显著性，说明董事会规模在一定程度上可以鼓励制造企业的技术创新，同时托宾Q值对技术创新的回归系数为0.031，在1%的水平上显著，表明处于有利增长阶段的企业，会持续加大研发投入，从而增强企业的技术创新能力。最后，资本密集度的系数是0.572，在1%的水平上显著正相关，说明资本密集度高的企业对固定资产的依赖性更大，需要的生产设备相较而言数量更多、价值更大，因为企业会投入更多的研发资金进行创新活动，以此提高企业的创新水平。

由此，假设H1得到验证，即制造业企业的金融化会抑制其技术创新。

根据模型（6-3-2）和（6-3-3）的回归结果，可以推导出企业短期金融资产持有率（Fins）的系数为-0.630，即与技术创新在1%的水平负相关，说明企业持有的短期金融资产对技术创新的抑制作用显著，对技术创新的促进作用没有起到预期的作用；企业持有的长期金融资产比例（Finl）的系数为-0.733，在1%的水平上与技术创新显著负相关，表明企业持有长期金融资产与理论分析一致，由于对其投资挤占了企业的资源，导致用于研发创新的资金量减少，会显著地抑制企业创新水平的提高。需要注意的是，企业持有短期金融资产的比例系数为负，这与一些学者认为持有成本低、易于变现的短期金融资产能够降低流动性风险和融资约束，从而促进技术创新的观点是不一致的。本文的实证结果中，短期金融资产持有比率系数的符号为负，持有短期金融资产对企业的创新能力有抑制作用，与前文的假设不相符，说明短期金融资产并没有像一些学者所说，主要充当为企业储备资金的作用，从而促进企业技术创新投入，相反的，短期金融资产对技术创新更多的是抑制作用；长期金融资产的持有不利于企业技术创新能力的提高，整体上来看长短期金融资产的持有对技术创新均表现为挤出效应。

进一步分析模型（6-3-2）、（6-3-3）的控制变量，企业规模指标的系数为 0.824 和 0.822，均在 1% 的显著性水平上显著，说明随着企业规模的扩大，会增加研发投入，从而提高创新能力。而企业经营净现金流的系数分别为 0.364 和 0.372，董事会规模的系数分别为 0.265 和 0.257，均在 5% 的水平上显著，说明企业经营水平越高和董事会人数越多越有利于企业的技术创新投入水平。托宾 Q 值的系数分别为 0.029 和 0.030，均在 1% 的水平显著，说明成长性好的企业会增加研发投入从而推动技术创新水平的提高，企业的资产负债率的回归系数为 -0.364 和 -0.333，均在 1% 的显著性水平上显著，说明企业随着企业资产负债率的上升，企业自身的风险也在不断增加，越难以从外部融资进而导致企业可用资金减少，发生资金链断裂，此时企业的日常交易所需资金量已经不充足，更无法投入资金进行研发，因此会抑制企业的技术创新水平的提高。

综上所述，短期金融资产的持有不会有利于提高企业的技术创新水平，反而对企业技术创新水平的提高起到抑制作用，假设 1-1 没有得到验证；而制造业企业持有长期金融资产会占用企业资金进而抑制技术创新水平的提高，从而验证了假设 1-2。

表6-3-4　企业金融化与技术创新回归结果

	(6-3-1)	(6-3-2)	(6-3-3)
Fin	-0.707*** (-4.15)		
Fins		-0.630*** (-2.73)	
Finl			-0.733*** (-3.34)
Scale	0.819*** (18.01)	0.824*** (17.77)	0.822*** (18.05)
Lev	-0.344*** (-2.71)	-0.364*** (-2.83)	-0.333*** (-2.62)

续表

	(6-3-1)	(6-3-2)	(6-3-3)
Cashflow	0.356** (2.09)	0.364** (2.12)	0.372** (2.19)
Shr1	−0.082 (−0.36)	−0.059 (−0.26)	−0.095 (−0.42)
Roa	0.255 (1.00)	0.291 (1.14)	0.260 (1.01)
TobinQ	0.031*** (3.08)	0.029*** (2.88)	0.030*** (2.97)
Board	0.256** (2.51)	0.265** (2.58)	0.257** (2.52)
Fixed	0.572*** (2.94)	0.621*** (3.18)	0.586*** (2.99)
Age	−0.197 (−0.87)	−0.257 (−1.13)	−0.193 (−0.85)
Soe	−0.052 (−0.42)	−0.056 (−0.45)	−0.046 (−0.37)
Cons	−0.236 (−0.22)	−0.236 (−0.22)	−0.327 (−0.30)
Year	控制	控制	控制
F统计值	96.62	95.22	96.58
R2	0.5114	0.5058	0.5101
N	5708	5708	5708

注：括号中为t值，***、**、*分别表示在1%、5%、10%的统计意义下显著。

2. 高管激励的调节作用

在本节中，本位在模型（6-3-1）的基础上引入调节变量：高管薪酬激励（MI）和高管股权激励额（EI）及其与金融化的交互项，以考察不同的高管激励方式是否会产生不同的调节效果，加入了高管激励后的回归结果如表6-3-5所示。

从模型（6-3-4）调节效应的回归结果中可以看出，高管薪酬激励与金融化的交互项的系数为-0.045，系数为负但并不显著，而企业规模的回归系数为 0.796、托宾 Q 值的回归系数为 0.029、资本密集度的回归系数为 0.595，均在 1%的显著性水平上显著，这一结果与前文相同，说明企业实行高管薪酬激励机制在金融化的背景下会产生对技术创新提高进一步抑制，但效果并不显著。

从模型（6-3-5）调节效应回归结果中可以看出，企业金融化的系数为-1.080，在 1%的水平上显著；而企业规模的回归系数为 0.820、经营活动现金流的回归系数为 0.350、托宾 Q 值的回归系数为 0.031、董事会规模的回归系数为 0.239 和资本密度的回归系数为 0.535，这几大控制变量均在1%的显著性水平上显著，而企业资产负债率的回归系数为-0.351，在 1%的水平上显著，控制变量与前文的结论一致。并且，高管股权激励与金融化的交互项系数为 2.125，在 1%的水平上与技术创新显著正相关，说明制造业企业实行高管股权激励能够显著地降低金融化对技术创新的抑制作用。

表 6-3-5　高管激励的调节作用回归结果

	(6-3-4)	(6-3-5)
Fin	-0.048 (-0.02)	-1.080*** (-4.73)
MI	0.101*** (2.60)	
*Fin * MI*	-0.045 (-0.25)	
EI		0.248 (1.55)
*Fin * EI*		2.125*** (3.66)
Scale	0.796*** (17.39)	0.820*** (18.10)
Lev	-0.332*** (-2.61)	-0.351*** (-2.79)
Cashflow	0.347** (2.04)	0.350** (2.06)

续表

	(6-3-4)	(6-3-5)
Shr1	-0.071 (-0.32)	-0.108 (-0.48)
Roa	0.169 (0.66)	0.242 (0.95)
TobinQ	0.029*** (2.92)	0.031*** (3.12)
Board	0.248** (2.42)	0.239** (2.42)
Fixed	0.595*** (3.09)	0.535*** (2.76)
Age	-0.200 (-0.89)	-0.156 (-0.69)
Soe	-0.057 (-0.47)	-0.024 (-0.20)
Year	控制	控制
F 统计值	99.25	93.29
R2	0.5207	0.5166
N	5708	5708

注：括号中为 t 值，***、**、* 分别表示在 1%、5%、10% 的统计意义下显著。

（四）异质性分析

前文的研究结果表明制造业企业金融化无疑会通过挤占研发投入的方式阻碍研发，不利于企业技术创新水平的提高。然而产权性质的异质性在企业金融化对技术创新的影响研究中是否会起到关键作用，同时不同的激励方式在不同性质的企业中是否也存在着差异也有待实证分析。

从理论层面对不同产权性质企业的金融化影响进行分析，可以得出金融化在非国有企业中会出现更为严重的后果。主要原因有如下几点：首先，政府对国有企业掌握控制权，国有企业受到政府的领导和控制，直接受到政府的管辖，国有企业存在的目的不仅仅是为了获取利润，是我国社会性质的保证和推动改革开放事业的主要力量，是国家经济的支柱，需要贯彻施行我国的各种政策并承担国家和社会赋予国有企业的责任，因此盈利并非国有企业的最大和唯一目标；而非国有企业是市场化的产物，其各项活动的目的最终是为了实现企业价值的最大化，其目的是获取收益，因此其生产经营具有完全的自主权，根据市场的情况来制定企业发展的战略，其决策是为了实现收益的最大化，行为完全是市场化的。近年来，我国金融市场高速发展，金融领域的投资回报在速度和数量上远远高于实体经济，这种高收益率的诱惑会让非金融企业难以抗拒，将资金大量投入金融市场以赚取超额回报，从而减少了研发资金投入，抑制了技术创新的进步。而国有企业由于其特殊的地位和客观条件的限制，对于获取金融市场高回报的主观动机并不强烈。此外，非国有企业管理者的任命一般是以业绩作为考核的标准，而企业的经营状况又和管理者的薪酬挂钩，非国有企业的高管更看重企业的盈利指标，因此无法抗拒金融市场高额收益率的诱惑，获得高额薪酬激励满足管理者的个人利益，国有企业的高管大多并非来自市场化的选拔而是由政府来直接任命，这种任命的手段使得国有企业的高管不会受到类似非国有企业的激励方式。因此，非国有企业的高管为了获得高额的薪酬会不顾公司的长远利益，选择投身于金融市场以期短期内更容易地完成考核指标。以上理论分析可以得出，在非国有企业中，金融化的不利影响更加严重。

另外，政府不会干预非国有企业高管的考核和晋升标准，非国有企业高管的考核指标一般为短期业绩指标，如企业的利润，因此为了提高利润，管理层会更加偏好金融市场，由于金融资产期限短、超额回报高等特点，可以满足非国有企业的高管在任职期内快速增加企业的利润，从而完成业绩考核指标以获取更高薪酬，相较而言，增加研发投入以提高企业的技术创新水平不仅耗资巨大、耗时长且风险大，胜利的果实也可能会被下一任高管攫取。而国有企业的高管由于是由政府直接任命，其晋升和职位调动受到政府相关部门的干预，国有企业的高管为了实现职级的晋升需要积极响应和配合政府出台的政策。近年来，国家越来越强调创新的重要性，提出把创新摆在发展的第一位置，积极地鼓励企业创新，解决"卡脖子"难题，因此，国有企业的高管其工作需要获得政府的承认，会积极配合国家关于创新的政策，国有企业的高管会非常重视政府对他们的考核，2009年的改革中采用经济附加值来考核国有企业高管的业绩，这反映了政府对于国有企业所发挥作用的更准确定位和最新要求。经济增加值的考核标准会增加国有企业高管在企业内进行更多的技术创新，增加研发支出从而提高经济增加值，继而获得良好的考核评价。基于以上分析，为缓解金融化对技术创新的负面影响，股权激励是比薪酬激励更好的选择。

1. 基于产权异质性的企业金融化与技术创新

通过分组进一步研究不同性质的企业其金融化是否对技术创新的影响存在着差异，分组回归结果如图6-3-6所示。

由模型（6-3-1）的回归结果可以得出，国有企业金融化指标的回归系数为-1.268，在5%的显著性水平显著，而非国有企业金融化指标的回归系数为-0.485，在1%的显著性水平上显著，这说明无论是国企还是非国企，金融化都会对企业技术创新产生挤出效应且非国有企业金融化对技术创新的抑制效果更加显著。从控制变量来看，国企和非国企的企业规模都与技术创新在1%的水平上显著正相关，说明企业规模的扩大有利于企业技术创新水平的提高，并维持市场份额和竞争地位。在国企的回归结果中，资本密度与技术创新在1%的水平上显著正相关；而在非国企中，企业资产负债率的回归系数为-0.370，在5%的水平上显著，说明非国有企业的负债更会抑制企业的创新，而经营活动净现金流、董事会规模、托宾Q值和资本密度均在1%的水平上与技术创新正相关，以上分析结果与前文基本一致，总体而言，回归结果证实了假设 H1。

由模型（6-3-2）的回归结果可以得出，国有企业持有短期金融资产指标的系数为-1.635，在5%的显著性水平上显著，说明企业持有短期金融资产不利于技术创新水平的提高，在非国有企业中，短期金融资产的持有系数也为负，但与技术创新的关系在统计上不显著，说明短期金融资产无论是在国有企业还是非国有企业中持有，都没有起到资本储备的作用，也没有提高企业的技术创新水平。总之，H1-1 理论尚未得到证实。

从模型（6-3-3）的回归结果看，国有企业持有长期金融资产指标的系数为-0.856，在10%的水平上与技术创新负相关，而非国有企业持有长期金融资产指标的系数为-0.601，在5%的水平上与技术创新显著负相关，说明二者持有长期金融资产均会对技术创新产生抑制作用，而且这种抑制作用在非国有企业表现得更加严重。非国有企业融资相对困难，因此长期金融资产占用企业大量资金后，无法通过向外融资来为技术创新提供资金来源，只能削减研发投入，这不利于企业技术创新水平的提高；而国有企业由于较易获得银行信贷支持，因此资金较为充裕，长期金融资产的挤出效应较弱。同时，在控制变量中，企业规模在国企和非国企均在1%的水平上与技术创新显著正相关，说明规模扩大会增加研发投入，促进技术创新，资本密度均在5%的水平上与技术创新显著正相关；在非国有企业中，企业资产负债率的回归系数为-0.358，在1%的水平上与技术创新显著负相关，原因在于企业负债的增加一方面加大了企业还债的压力，占用了一部分资金，另一方面，过高的资产负债率使得企业的风险变大，更加难以从外部获得资金支持，这两种因素叠加抑制了企业技术创新水平的提高。企业经营现金流的回归系数为 0.509、托宾 Q 值的回归系数为 0.044、董事会规模的回归系数为 0.377，这三者均在1%的显著性水平上显著，说明企业充足的内部资金、良好的成长能力和合理的内部结构都有利于企业提高技术创新能力，与前文分析基本相同，综上所述，假设 1-2 得到验证。

表 6-3-6 基于产权异质性的企业金融化与技术创新回归结果

	(6-3-1)国有组	(6-3-1)非国有组	(6-3-2)国有组	(6-3-2)非国有组	(6-3-3)国有组	(6-3-3)非国有组
Fin	-1.268** (-2.57)	-0.485*** (-2.75)				
$Fins$			-1.635** (-2.15)	-0.335 (-1.44)		
$Finl$					-0.856* (-1.67)	-0.601** (-2.57)
$Scale$	0.847*** (6.51)	0.811*** (17.21)	0.872*** (6.71)	0.815*** (16.98)	0.862*** (6.61)	0.814*** (17.27)
Lev	0.041 (0.15)	-0.370** (-2.69)	0.022 (0.08)	-0.381*** (-2.75)	0.059 (0.21)	-0.358*** (-2.61)
$Cashflow$	-0.045 (-0.12)	0.488*** (2.70)	-0.012 (-0.03)	0.494*** (2.70)	-0.038 (-0.10)	0.509*** (2.81)
$Shr1$	0.149 (0.31)	-0.094 (-0.39)	0.189 (0.40)	-0.085 (-0.36)	0.115 (0.24)	-0.101 (-0.42)
Roa	0.629 (1.26)	0.161 (0.56)	0.519 (1.04)	0.207 (0.72)	0.652 (1.29)	0.142 (0.49)
$TobinQ$	-0.021 (1.07)	0.044*** (04.20)	0.022 (1.12)	0.042*** (4.06)	0.020 (1.00)	0.044*** (4.14)
$Board$	-0.101 (-0.57)	0.376*** (3.07)	-0.109 (-0.59)	0.387*** (3.14)	-0.117 (-0.65)	0.377*** (3.07)
Age	0.494 (0.92)	-0.328 (-1.28)	0.295 (0.55)	-0.342 (-1.31)	0.444 (0.81)	-0.315 (-1.23)
$Fixed$	0.937*** (2.06)	0.528*** (2.52)	1.016** (2.27)	0.568*** (2.68)	2.026** (2.26)	0.528** (2.51)
$Cons$	-2.419 (-0.73)	0.0270 (0.03)	-2.511 (-0.75)	-0.066 (-0.06)	-2.638 (-0.79)	-0.058 (-0.05)
$Year$	控制	控制	控制	控制	控制	控制
F统计值	15.43	87.14	15.40	86.77	15.35	86.83
$R2$	0.4490	0.4834	0.4584	0.4747	0.4491	0.4842
N	1637	3855	1637	3855	1637	3855

注:括号中为 t 值,***、**、*分别表示在1%、5%、10%的统计意义下显著。

2. 基于产权异质性的高管激励调节作用

在根据产权性质进行分组后，继续引入高管激励这一调节变量，以考察高管激励在国企和非国企中是否存在差异，分组回归结果如表 6-3-7 所示。

从模型（6-3-4）的回归结果可以看出，国有组的企业金融化（Fin）的系数是正值，但不显著，而在前文的分析中这一系数始终是负值。出现这样的结果原因在于模型（6-3-4）中引入了交互项，通过求导可以将企业金融化对技术创新的边际效果写成：

$$ME_{Fin} = \frac{\Delta Inno}{\Delta Fin} + \beta_0 + \beta_{10} Msp \tag{6-3-6}$$

由上述公式可知，企业金融化对技术创新的边际影响会受到高管薪酬激励（MI）的影响，因此若只用企业金融化指标 β_0 来代表其对技术创新的影响是不全面的，应综合考虑边际效果。由于 $\beta_{10}=-0.584<0$，因此企业金融化对技术创新的影响会随着高管薪酬激励的增加而减弱，并不是简单的正相关关系。

国企与非国企的金融化与高管薪酬激励的交互项均未通过显著性检验，说明无论在国企还是非国企，高管的薪酬激励对制造业企业金融化对技术创新的抑制作用并不能发挥显著的调节效应。假设 H2-1 并未得到验证。

从模型（6-3-5）的回归结果可以看出，非国有企业金融化与高管股权激励的交互项回归系数为 1.763，在 1% 的显著性水平上显著；说明股权激励在非国有企业可以显著削弱金融化的不利影响，而在国有企业中金融化与高管股权激励的交互项系数为 1.301，虽然不显著但系数为正，说明也可以在一定程度上促进国有企业的技术创新水平，通过上述结论可以得出，股权激励可以削弱企业的金融化抑制技术创新的程度，验证了假设 2-2。

表6-3-7 基于产权异质性并引入高管激励的回归结果

	(6-3-4) 国有组	(6-3-4) 非国有组	(6-3-5) 国有组	(6-3-5) 非国有组
Fin	7.238 (0.98)	−0.717 (−0.28)	−1.341*** (−2.62)	−0.873*** (−3.52)
MI	0.044 (0.48)	0.135*** (3.56)		
$Fin\ast MI$	−0.584 (−1.14)	0.018 (0.10)		
EI			−1.327 (−0.56)	0.241 (1.51)
$Fin\ast EI$			1.301 (0.53)	1.763*** (2.91)
$Scale$	0.852*** (6.56)	0.777*** (16.54)	0.840*** (6.67)	0.814*** (17.36)
Lev	0.044 (0.16)	−0.345** (−2.51)	0.014 (0.05)	−0.385*** (−2.81)
$Cashflow$	−0.060 (−0.16)	0.491*** (2.70)	−0.053 (−0.14)	0.481*** (2.68)
$Shr1$	0.175 (0.37)	−0.131 (−0.56)	0.111 (0.24)	−0.127 (−0.52)
Roa	0.590 (1.14)	0.068 (0.24)	0.657 (1.36)	0.136 (0.47)
$TobinQ$	0.021 (1.08)	0.043*** (4.10)	0.018 (0.96)	0.044*** (4.19)
$Board$	−0.104 (−0.58)	0.371*** (3.03)	−0.098 (−0.55)	0.335*** (2.98)
Age	0.488 (0.91)	−0.326 (−1.26)	0.409 (0.71)	−0.299 (−1.16)
$Fixed$	0.956*** (2.10)	0.561*** (2.73)	0.935** (2.08)	0.492** (2.38)
$Year$	控制	控制	控制	控制
F统计值	13.65	77.76	13.66	79.58
$R2$	0.4503	0.4961	0.4470	0.4930
N	1637	3855	1637	3855

注:括号中为t值,***、**、*分别表示在1%、5%、10%的统计意义下显著。

（五）稳健性检验

1. 主效应检验

为了使研究结果更具可靠性和稳健性，本文通过替换技术创新这一被解释变量的衡量指标，对构建的模型进行重新回归以考察本文研究结果的稳健性，技术创新的整个过程包括从投入到产出，而前文所选择的企业研发投入金额的自然对数为从投入角度来衡量企业的技术创新水平，因此，在稳健性检验中，选择替换其为技术创新的产出指标来进行衡量，采用无形资产净额占总资产的比重对前文所有模型重新回归进行检验，表6-3-8显示了替换被解释变量后，基于全样本的稳健性检验结果。结果显示与前文的结论基本一致。从稳健性检验的模型（6-3-1）可以看出，替换被解释变量后企业金融化仍在1%的水平上与技术创新显著负相关，说明企业金融化确实会对技术创新的提升存在显著的抑制作用。根据模型（6-3-2）、（6-3-3）对不同期限金融资产进行回归，证明企业无论长短期的金融资产，都会显著地抑制企业的技术创新水平，稳健性检验的结论与前文一致，说明本文的研究结果具有一定的稳健性。

表6-3-8 基于全样本的稳健性检验结果

	(6-3-1)	(6-3-2)	(6-3-3)
Fin	−0.028*** (−3.59)		
Fins		−0.031*** (−3.46)	
Finl			−0.022** (−2.02)
Scale	−0.001 (−0.44)	−0.001 (−0.39)	−0.001 (−0.38)
Lev	0.007 (0.76)	0.006 (0.66)	0.007 (0.78)

续表

	(6-3-1)	(6-3-2)	(6-3-3)
$Cashflow$	0.008 (1.34)	0.009 (1.34)	0.009 (1.42)
$Shr1$	0.024* (1.81)	0.025* (1.89)	0.023* (1.77)
Roa	−0.034*** (−3.25)	−0.033*** (−3.09)	−0.034*** (−3.21)
$TobinQ$	0.001 (1.43)	0.001 (1.29)	0.001 (1.31)
$Board$	−0.006 (−1.37)	−0.008 (−1.69)	−0.006 (−1.34)
$Fixed$	0.026*** (3.20)	0.028*** (3.44)	0.027*** (3.32)
Age	0.004 (0.48)	0.002 (0.22)	0.004 (0.44)
Soe	−0.008 (−1.64)	−0.008* (−1.69)	−0.008 (−1.58)
$Year$	控制	控制	控制
F统计值	5.72	4.81	5.05
$R2$	0.0145	0.0123	0.0119
N	5708	5708	5708

注：括号中为t值，***、**、*分别表示在1%、5%、10%的统计意义下显著。

为对上文的回归结果做进一步的分析检验，本文继续替换被解释变量为无形资产净额/资产总额并带入模型（6-3-4）和模型（6-3-5）中进行稳健性检验。根据模型（6-3-4）的稳健性检验结果，高管薪酬激励与金融化的交互项的系数为−0.023，在5%的显著性水平上显著，说明高管薪酬激励会放大金融化对技术创新的抑制作用，前文中高管薪酬激励的系数并不显著但也表现为负。

表6-3-9 加入高管激励的稳健性检验结果

	(6-3-4)	(6-3-5)
Fin	0.305** (2.24)	−0.028*** (−2.52)
MI	−0.001 (−0.35)	
$Fin*MI$	−0.023** (−2.40)	
EI		−0.015* (−1.92)
$Fin*EI$		−0.002 (−0.54)
$Scale$	−0.001 (−0.28)	−0.002 (−0.54)
Lev	0.006 (0.72)	0.007 (0.78)
$Cashflow$	0.008 (1.26)	0.008 (1.33)
$Shr1$	0.024* (1.88)	0.024* (1.85)
Roa	−0.033*** (−3.05)	−0.033*** (−3.13)
$TobinQ$	0.001 (1.46)	0.001 (1.31)
$Board$	−0.006 (−1.39)	−0.005 (−1.25)
$Fixed$	0.026*** (3.18)	0.026*** (3.14)
Age	0.003 (0.28)	0.002 (0.20)
Soe	−0.057 (−0.47)	−0.009* (−1.91)
Year	控制	控制
F统计值	5.68	5.21
R2	0.0151	0.0154
N	5708	5708

注：括号中为t值，***、**、*分别表示在1%、5%、10%的统计意义下显著。

2. 产权异质性分组检验

为验证替换被解释变量后，企业金融化与技术创新的关系是否依然会受到产权性质的影响，同样对样本数据按照产权性质的不同分为两组，分别进行稳健性检验，表6-3-10展示了基于产权异质性的稳健性检验结果。

从模型（6-3-1）的回归结果看，国有组样本企业的金融化系数为-0.035，在5%的显著性水平上显著，而非国有组样本企业的的金融化的系数为-0.025，在1%的显著性水平上显著，说明替换被解释变量后，企业金融化仍然会对技术创新产生显著的负向影响，并且验证了本文关于非国有企业金融化对技术创新的负向影响更加严重这一结论。从模型（6-3-2）、（6-3-3）的回归结果看，短期金融资产对于国有组和非国有组均产生了抑制作用，其中国有组短期金融资产持有比的系数为-0.037，在10%的水平上显著，而非国有组相应的系数为-0.026，在5%的显著性水平上显著，说明短期金融资产并未发挥出有利于金融创新的作用，而起到了抑制作用，这与前文结果相符。综合来看，金融化对技术创新的影响仍然是负面的，验证了前文的结论，说明本文的结果具有一定的稳健性。

表6-3-10 基于产权异质性分组的稳健性检验结果

	(6-3-1) 国有组	(6-3-1) 非国有组	(6-3-2) 国有组	(6-3-2) 非国有组	(6-3-3) 国有组	(6-3-3) 非国有组
Fin	-0.035** (-2.46)	-0.025*** (-2.75)				
$Fins$			-0.037* (-2.06)	-0.026** (-2.50)		
$Finl$					-0.026 (-1.50)	-0.022 (-1.63)
$Scale$	0.006 (1.35)	-0.003 (-0.72)	0.007 (1.53)	-0.003 (-0.69)	0.007 (1.42)	-0.003 (-0.68)
Lev	-0.005 (-0.05)	0.010 (0.90)	-0.010 (-0.09)	0.009 (0.83)	-0.000 (0.00)	0.010 (0.93)

续表

	(6-3-1) 国有组	(6-3-1) 非国有组	(6-3-2) 国有组	(6-3-2) 非国有组	(6-3-3) 国有组	(6-3-3) 非国有组
Cashflow	-0.004 (-0.40)	0.015** (1.85)	-0.003 (-0.31)	0.015* (1.82)	-0.003 (-0.39)	0.016** (1.97)
Shr1	0.012 (0.51)	0.022 (1.45)	0.013 (0.55)	0.022 (1.49)	0.011 (0.47)	0.022 (1.44)
Roa	-0.009 (-0.72)	-0.045*** (-3.30)	-0.012 (-0.92)	-0.043*** (-3.07)	-0.009 (-0.65)	-0.045*** (-3.34)
TobinQ	-0.001 (-0.98)	0.001* (1.86)	-0.001 (-0.98)	0.001* (1.73)	-0.001 (-1.01)	0.001 (1.77)
Board	0.001 (0.33)	-0.009 (-1.62)	0.001 (0.26)	-0.009 (-1.54)	0.001 (0.24)	-0.009 (-1.58)
Age	0.033** (2.00)	0.002 (0.16)	0.028* (1.65)	0.001 (0.08)	0.032* (1.94)	0.002 (0.20)
Fixed	0.029 (1.58)	0.022*** (2.47)	0.029* (1.78)	0.024*** (2.67)	0.029* (1.74)	0.023** (2.56)
Year	控制	控制	控制	控制	控制	控制
F 统计值	1.84	5.43	1.36	4.77	1.40	5.16
R2	0.0005	0.0203	0.0012	0.0178	0.0008	0.0167
N	1637	3855	1637	3855	1637	3855

注：括号中为 t 值，***、**、* 分别表示在 1%、5%、10% 的统计意义下显著。

最后，在替换被解释变量后，再次分组并验证高管激励在企业金融化对技术创新的影响中的调节作用，实证结果如表 6-3-11 所示。

由模型（6-3-4）的稳健性检验结果可以得出，国有组和非国有组中高管薪酬激励与企业金融化的回归系数分别为 -0.019 和 -0.027，均为负数，这表明对高管实行薪酬激励会在一定程度上强化金融化抑制技术创新的效果；非国有企业中，这一系数在 5% 的显著水平上显著，说明非国有企业的高管为了完成业绩考核得到货币薪酬激励，有更大的动机通过金融化行为满足个人利益，与前文的分析结果一致，说明结果具有一定的稳健性。

表 6-3-11 基于产权异质性分组的稳健性检验结果

	(6-3-4) 国有组	(6-3-4) 非国有组	(6-3-5) 国有组	(6-3-5) 非国有组
Fin	0.244 (1.01)	0.361** (2.20)	−0.035** (−2.41)	−0.018 (−1.32)
MI	0.002 (1.03)	−0.001 (−0.37)		
$Fin*MI$	−0.019 (−1.16)	−0.027** (−2.31)		
EI			0.034 (1.11)	−0.017** (−2.14)
$Fin*EI$			0.077 (1.40)	−0.008 (−0.19)
$Scale$	0.006 (1.34)	−0.002 (−0.58)	0.006 (1.35)	−0.003 (−0.82)
Lev	−0.004 (−0.03)	0.009 (0.86)	−0.000 (−0.01)	0.010 (0.96)
$Cashflow$	−0.004 (−0.49)	0.014* (1.76)	−0.004 (−0.39)	0.015* (1.88)
$Shr1$	0.014 (0.59)	0.023 (1.56)	0.013 (0.54)	0.023 (1.49)
Roa	−0.012 (−0.91)	−0.043*** (−3.08)	−0.010 (−0.75)	−0.043*** (−3.17)
$TobinQ$	−0.001 (−1.03)	0.001* (1.84)	−0.001 (−0.97)	0.001* (1.76)
$Board$	0.001 (0.26)	−0.009* (−1.66)	0.001 (0.32)	−0.008 (−1.49)
Age	0.033** (2.02)	−0.001 (−0.05)	0.035** (2.07)	−0.001 (−0.06)
$Fixed$	0.028 (1.61)	0.022** (2.42)	0.027 (1.57)	0.018** (2.44)
$Year$	控制	控制	控制	控制
F 统计值	1.77	5.28	1.67	4.89
$R2$	0.0007	0.0190	0.0009	0.0194
N	1637	3855	1637	3855

注：括号中为 t 值，***、**、* 分别表示在 1%、5%、10%的统计意义下显著。

3. 内生性检验

制造业企业所采取的创新战略也可能会影响企业的金融资产配置的种类和规模，因此可能导致内生性问题，为了排除这种情况的干扰，本文选择将解释变量滞后一期进行内生性检验，检验结果如表6-3-12所示。

从回归结果可以看出，解释变量即企业金融资产持有比例滞后一期排除当期影响后仍与被解释变量技术创新显著负相关，一定程度上排除了内生性的影响。

表6-3-12 解释变量滞后一期回归结果

	(6-3-1)	(6-3-2)	(6-3-3)
Fin_lag	−0.861*** (−3.09)		
$Fins\_lag$		−0.686 (−1.37)	
$Finl\_lag$			−0.996*** (−2.98)
$Scale$	0.774*** (9.03)	0.777*** (8.98)	0.775*** (9.04)
Lev	−0.339* (−1.79)	−0.375* (−1.94)	−0.335*** (−1.78)
$Cashflow$	0.599*** (2.58)	0.625*** (2.67)	0.602*** (2.59)
$Shr1$	−0.221 (−0.66)	−0.202 (−0.60)	−0.227 (−0.68)
Roa	0.341 (1.16)	0.371 (1.26)	0.347 (1.18)
$TobinQ$	0.015 (1.32)	0.015 (1.32)	0.016 (1.37)
$Board$	0.252** (2.10)	0.259** (2.12)	0.253** (2.12)
$Fixed$	0.791*** (2.62)	0.858*** (2.76)	0.785*** (2.60)

续表

	(6-3-1)	(6-3-2)	(6-3-3)
Age	−0.186 (−0.47)	−0.247 (−0.60)	−0.155 (−0.39)
Soe	−0.013 (−0.07)	−0.008 (−0.01)	−0.014 (−0.08)
Cons	0.771 (0.41)	0.788 (0.42)	0.663 (0.35)
Year	控制	控制	控制
F 统计值	32.41	32.25	32.26
R2	0.5134	0.5057	0.5132
N	5708	5708	5708

注：括号中为 t 值，***、**、* 分别表示在 1%、5%、10% 的统计意义下显著。

第四节
结论与展望

一、研究结论

本章选取了 2013 年—2019 的年度区间，研究对象为沪深 A 股上市的制造业企业，金融化对技术创新的影响进行实证研究。首先，本文在借鉴前人研究的基础上，以研发投入金额的自然对数来衡量企业的技术创新水平，以企业持有的金融资产比例作为指标来衡量企业的金融化程度，通过引入相关控制变量，构建出个体—时间双向固定效应模型，验证假设 1；其次，由于不同期限的金融资产对企业的影响也不尽相同，因此通过将企业持有的金融资产，根据其流动性和期限对金融资产进行分类，分为短期和长期两类，进一步分析不同类型的金融化对企业的技术创新影响是否存在差异。即对假设 1-1、1-2 进行了检验；再次，本文引入高管激励方式这一视角，通过构建企业金融化与高管薪酬激励、高管股权激励的交互项，以考察高管激励方式的不同是否会影响其调节效果，即对假设 2-1、2-2 进行验证；最后，本文基于产权异质性将研究样本分为国有组和非国有组，实证研究了企业金融化对技术创新的影响是否会因企业性质的不同而有所差异，也就是假设 1、1-1、1-2、2-1、2-2 全部重新进行了验证。根据实证结果，本文的主要结论如下：

第一，通过对本文选取的全部样本数据进行回归的结果表明，制造业企业的金融化会显著抑制企业技术创新水平的提高。当今国内外形势对我国来说都是一个不小的挑战，我国在国际上面临着无端的指责和打压，国内也进入了新的发展阶段，面临着诸如人口结构变化等诸多问题，制造业历来是我国重点发展的产业之一，在多年的发展过程中，我国已经从低端的加工出口逐渐转向高端精密技术制造，制造业的技术有了很大的提升，然而在目前的市场环境中，制造业市场的竞争更加激烈，因此企业在实体经济中能够获取的利润降低且难度增大，在全球化受到冲击的当下，我国进一步开放金融市场，在发展过程中丰富了各种金融工具，大大增加了我国居民和企业的投资选择。由于金融市场的投资回报率高于制造业企业产品市场，导致不少的制造业企业开始逐渐脱离主业转而进入金融市场，通过投资金融产品或低买高卖赚取差价来获取收益，因此而忽视了企业主营业务的发展和技术水平的提高，而金融市场的收益并不需要在产品市场上付出努力，因此会让制造业企业对金融资产的投资和获益产生依赖性，逐渐形成恶性循环，这也造成了目前制造业企业金融化的现状，最终导致制造业企业主营业务的萎缩和技术创新能力的下降。

第二，通过对企业持有的金融资产按照其流动性进行分类并分别回归后的结果显示，制造业企业在金融化过程中在长短期金融资产的配置均会抑制企业技术创新水平的提高，这与部分学者此前的研究出现差异。在之前的分析中，有观点认为短期金融资产由于其流动性强、变现速度快、成本低，因此可以在需要时快速变现以补充企业的现金流，防止资金链断裂，可以为企业的技术创新提供资金支持，但也有研究结果表明企业配置短期金融资产只是获取收益而并非为了作为企业的资产储备，通过将短期金融资产持有比例来作为金融化的衡量指标进行回归分析，实证结果表明本文的结论支持上述分析的后者，即企业持有短期金融资产不能促进其技术创新，而是会抑制企业的技术创新水平。至于制造业企业的长期金融资产持有则与理论分析结果一致，长期金融资产流动性差、不易变现且变现成本高，企业持有长期金融资产的目的是为了获取更多的投资收益，因此大量的长期金融资产占用了企业的资源，导致投入主营业务和技术创新的资金量减少，进而抑制企业技术创新水平的提高。同时，根据本文的回归结果，由于长期金融资产对制造业企业的资金占用更久，因此企业持有长期金融资产的金融化行为比短期金融资产对技术创新的抑制效果更强。

第三，在不同产权性质的企业数据中引入高管激励来研究其在金融化过程中发挥的调节作用，结果显示，高管薪酬激励作为一种传统的激励手段，在金融化的环境下其作用较弱，会在一定程度上使金融化对技术创新的负向影响更加严重，但是放大的效果并不显著。货币薪酬激励由于往往与短期业绩指标挂钩，易造成高管的短视，只顾眼前利益和个人利益，因此对高管实行货币薪酬激励在金融化的层面上并未发挥良好的功效。而在回归结果中，通过股权激励的方式可以显著地减弱金融化对技术创新的抑制作用，从缓解金融化带来的不利影响的角度出发，高管股权激励作为能够激发管理者潜力和才能的模式，是一种更好的制度安排。因此作为企业的所有者，高管会更多地考虑企业的长远发展和利益，会减少对金融资产的投资以避免企业对金融渠道获利的依赖，重新回到创新引领制造业发展的轨道上来，建设高质量的制造业企业，从而获得长远的发展优势。

第四，根据产权性质对样本数据分组回归后发现，非国有企业的金融化对其技术创新有更加严重的抑制效果。根据金融资产的细分指标回归结果来看，国有企业持有短期金融资产会抑制其技术创新水平的提高，说明短期金融资产尽管具有流动性强等特性，然而并未发挥出促进技术创新的作用，持有并非是为技术创新提供资金支持，而是出于金融资产获利的需求，这种抑制作用在非国有企业中并不显著，非国有企业持有短期金融资产可以发挥一定的储备资产的作用，有资金蓄水池的效果。由于短期金融资产可以快速变现，因此对其企业资源的占用并不严重，而国有企业持有短期金融资产并非是为了储备资产而是获取收益。相对的，在国有组和非国有组的回归结果中，企业持有长期金融资产都对其研发创新水平的提高呈现出了负向关系，长期金融资产由于其自身特性，对企业资金的占用比短期金融资产更多也更久，而回归结果表明，这种抑制作用在非国有企业中更加显著，原因可能是非国有企业面临着更大的融资约束，因此持有大量的长期金融资产挤占了企业的资源，而又无法通过外部融资来获得资金支持，而国有企业由于其特殊的性质和地位，较易从银行体系内获得资金支持。在两组中加入高管激励的调节变量后可以发现，高管薪酬激励在国有组和非国有组中均表现出负面影响，然而回归结果系数并不显著；在非国有组中，回归结果显示出高管股权激励能够显著降低由于金融化造成的对企业技术创新的抑制。由于国企和非国企在高管的任命、考核、晋升等领域的方式和激励完全不同，造成了高管激励这一调节变量在两组中不同的回归结果。

二、对策建议

随着我国金融市场的快速发展和实体经济与金融市场回报率差异不断增加，制造业企业纷纷选择进入金融市场投资金融产品以获取超额回报，这导致我国制造业企业的金融化程度不断提高。面对这种趋势，本章认为需要全面而理性地看待企业金融化，一方面，金融可以服务实体经济，企业可以通过金融市场来实现资产的保值增值或运用金融工具和衍生品来控制风险，客观上可以帮助企业的发展；另一方面，金融化又会挤占企业的研发资金，导致企业忽视了主营业务的发展和技术创新水平的提高，导致经济"脱实向虚"，不利于实体经济的健康发展。因此，基于本章的研究结论，有必要采取措施来趋利避害，发挥金融在实体经济和企业发展中的裨益并努力规避过度金融化带来的不利影响。基于此本章提出以下对策建议。

(一) 宏观层面的对策建议

1. 加强对过度金融化行为的监管

本文的研究结果表明制造业企业的过度金融化会对技术创新产生显著的抑制作用，而从描述性统计的分析中可以看出我国制造业企业目前已经开始有过度金融化的趋势，制造业是立国之本、强国之基，大力发展制造业的理念永不过时，需要我国的监管机构加强对制造业企业金融化行为的有力监管，通过制定监管规则来规范制造业企业的金融市场参与行为，合理的利用金融市场融资和规避风险，避免投机行为和过度金融化行为，保证我国实体经济和实体企业的健康有序发展。

2. 为制造业企业提供资金支持

从分组回归的结果中可以得出，非国有企业的金融化抑制技术创新更强，部分原因在于二者之间的融资约束不同，国有企业更容易获得银行的融资，因此尽管配置金融资产会占用企业大量的资金，但由于可以从银行获得廉价的资金支持，企业仍有余力进行技术创新；而非国有企业由于自身实力和信息不对称等原因，难以获得银行体系的支持，并且在本文和学者们的研究中，企业经营净现金流对技术创新的系数显著为正，说明经营现金流对于企业的技术创新来说非常重要，现金流是企业的血液，是企业利益的创造者，在款项支付、研发创新等都具有非常重要的作用。因此，综合这几点因素，需要提高商业银行服务制造业企业的能力，增加对发展良好的非国有制造业企业和中小制造业的融资帮助促进其技术创新。

3. 创新和完善资本市场

提高直接融资的比重是我国也是整个世界金融市场融资发展的趋势。提高直接融资比重也是一个涉及面广的系统工程。近年来我国资本市场建设取得了丰硕成果，市场基础制度不断完善，科创板的设立和改革对于资本市场的完善意义重大，我国应持续推动多层次资本市场的完善，尽快建立完善的转板制度，为不同类型、不同规模、不同发展阶段的企业营造完善的融资环境。此外，政府应通过各种举措，完善私募股权投资和债券的发展，拓展证券资产化业务，积极创新开发如知识产权证券化等业务，加强对数据资产和碳资产的金融工具的创新，对于衍生品市场和场外市场也加以规范，增强资本市场的包容性、完备性，为制造业企业的差异化需求打造全周期的金融生态圈，为制造业企业提供更多的融资渠道和选择。

4. 营造良好的创新生态环境

创新生态对技术创新具有重要作用，营造良好的创新生态有助于在全社会形成创新氛围，激发创新动力，而不良的创新生态环境则会成为创新的障碍。因此，要想充分地激发经济主体的创新动力和热情，应该从法律和制度的层面入手，为创新主体提供足够的支持和保障，一是要有开放包容的创新环境，由于创新本身就具有相当大的风险，失败是研发创新的常态，应该对创新失败采取包容的态度才能在社会和企业形成敢于创新、不怕失败的氛围；二是要提供政策保障，为创新做好后勤服务，通过各种补贴和激励政策，确保各项政策落到实处，给予创新实体真正的好处，才能与创新主体同风险、共收益；三是要建立创新机制，通过突破传统的部门设置，按照功能一体化一站式服务创新主体，简政放权、深化改革，服务创新主体；四是做好成果转化的服务工作，做好服务的对接工作，简化手续办理流程，帮助企业实现成果的转化和应用，创造经济价值，将技术创新转化为经济收益，促进成果转化。

(二) 企业层面的对策建议

1. 注重提高技术创新水平

金融赋能推动制造业企业转型升级的一大优势即通过金融支持制造业企业扩大研发支出进而提高技术创新能力，而当前制造业企业进入金融市场多是为了获得超额回报。因此，企业应该正确看待对金融机构的投资行为，在想要分享金融资本所带来的巨额利润的同时，也要认识到金融活动高收益背后的高风险性，立足本业，认识到创新才是企业发展的内驱动力，将提高创新能力作为企业发展长期的追求，不断提高企业管理层和企业职工对技术创新的重视和追求。此外，企业内部应该完善创新体制机制，推动创新、激励创新，通过对企业内外资源的有效整合，形成有利于企业研发创新的内部管理和奖励机制。最后，制造业企业应当正确对待金融市场。一方面，企业需要合理利用金融市场获取资金融通及分散规避风险，发挥金融服务实体经济的作用；另一方面，企业也要正确认识到金融资产的高收益只是眼前利益，既要管控风险也要激发创新，注重企业的长远发展，方能避免过度金融化带来的不利影响。

2. 实施有效的激励措施

市场化的企业对高管的激励手段存在很大的不同，如何激励高管，充分发挥高管的潜能，成了董事会关心的问题，本文的研究可以为高管激励的方式提供一定的借鉴。高管货币薪酬激励通过将高管的报酬与企业业绩目标挂钩，可能导致高管为实现自身利益而采取金融化手段，忽视企业长远的发展，会使得企业的技术创新环境更加恶劣。而高管股权激励是一种良好的制度安排，作为一种新的治理模式，使高管愿意承担创新带来的风险，使高管能够从企业长远发展的角度减少或遏制过度金融化的趋势，企业在设定高管激励方式的时候应综合考虑，采取高管股权激励。

3. 建立有效的内部治理体系

从本文的结果中可以看到，董事会规模会显著促进企业的技术创新水平的提高，而企业第一大股东则并未对技术创新有显著影响。这一结果表明，企业的董事会的正确决策有助于企业避免过度金融化的弊病，相反大股东并未发挥出应有的作用。因此，制造业企业应该通过完善优化股权结果和内部治理体系，建立董事会并且适当的提高独立董事的比例，设立监事会以发挥监督作用。做好对高管权力的制衡，引导管理者从企业的长远利益出发，重视主营业务的发展和技术创新的重要性，从而缓解委托代理问题和短视行为，优化企业决策以最大化企业价值，从而促进企业的可持续发展。

三、未来研究展望

本章采用 2013 年—2019 年 A 股上市制造业企业数据，研究了微观层面制造业企业金融化对技术创新的影响，并根据流动性将金融资产分为短期与长期，分别探究了其对技术创新影响的差异。同时，引入高管激励这一调节变量，分析对企业高管不同的激励方式对于金融化对技术创新的调节作用。在此基础上，对国有组和非国有组分别进行回归分析来研究其金融化影响的差异性。未来尚有许多可以进一步完善和深入探究的问题。

第一，出于对数据质量和要求及样本数据的可得性，本章分析了上市的制造业企业，范围上没有包含一些未上市的中小制造业企业，随着监管的严格和市场环境的不断完善，企业披露的财务质量会继续提高，而非上市企业数据获取的难度也会下降，届时可通过扩大样本量和时间区间来对问题进行更大范围的研究和检验。

第二，本章没有对金融化具体是通过何种渠道和方式来影响企业的技术创新做出研究，为了更好地控制过度金融化，并且能够更有针对性地监管，在未来金融化对技术创新具体的作用路径还有待进一步深化探究。

第三，本章选取变量中并未将来自经营资产的利润和来自金融资产的利润区分开，在后期的研究中，可以从企业财务报表中的经营活动和金融活动剥离出来，从而计算出的财务指标能够更好地研究金融化的要求。

第四，本章主要从微观视角研究企业金融化，并未将宏观因素加入企业金融化影响的研究中，而货币政策和整体宏观经济环境等无疑也会对企业的投资决策产生较大的外部影响，在未来的研究中，有必要将宏观经济因素及政府行为纳入金融化分析框架中。

—— 第七章 ——

结　语

【本章小结】

本书系统阐述并深入探究了企业金融化的内涵、缘起、发展模式及其对企业的有关影响。本章的第一节简要概括了本书的主要研究内容与结果，第二节对未来可能的研究方向加以展望和总结。

第一节
主要研究内容与结果

企业金融化是企业采取的一种资本运营导向的资源配置方式，表现为企业资产更多地用于金融交易而非传统生产经营活动。本书系统阐述并深入探究了企业金融化的内涵、缘起、发展模式及其对企业经营活动的有关影响。对企业金融化的深入研究将有助于对其内涵的清晰界定，以及对其具体发展模式和影响效果的厘清与测度。特别是企业金融化所涉及的实体行业与金融部门日渐广泛、深远，将必然对经济整体与金融系统产生影响，加强对企业金融化的研究，能够更进一步为所涉及的企业、行业和政府管制政策提供有针对性的建议。

本书的第一章主要阐述了企业金融化研究的有关背景，并重点总结回顾了企业金融化的缘起与发展进程。在本书的第二章中，我们强调了企业金融化是由金融化衍生而来的一个派生性概念，其发展离不开经济、金融理论的支撑。为了进一步明确企业金融化的内涵，该章分别阐述了国内与国外对企业金融化内涵认知的深化和发展，继而总结了企业金融化的起源动机和影响因素，并讨论了企业金融化所带来的部分相关影响。

企业金融化的缘起与发展模式呈现出多元化的特点。第三章的第一节阐述了企业金融化的起源和发展模式。第二节将国内外企业金融化的发展历程归结为一个融合—分离—融合的过程。第三节介绍了一种典型的企业金融化模式。第四节列举了我国多个企业金融化实践中的常见模式。最后，对新兴资产金融化的发展进行了展望。

近年来，我国的实体企业投资于金融资产、房地产市场的资金越来越多，金融化程度不断加深，经济运行风险也因此而不断增加。金融、房地产和实体经济的失衡已经成为我国面临的重要结构性失衡问题，"脱实向虚"使得企业的主业发展难免受到影响。基于这一背景，第四章对金融化和企业主业发展之间关系进行了研究分析。实证结果显示，企业金融化的"挤出"效应占主导地位，金融化会严重抑制企业主业的发展；政府干预程度的增加和宏观经济政策不确定性的上升会强化企业金融化的挤出效应；相比于东部地区，中部和西部地区金融化程度的提高对企业主业发展的抑制作用更强；从产业差异角度，第二产业的企业金融化对主业业绩的负向作用最为强烈；第三产业的金融化对企业主业业绩的负面影响较小。基于上述分析，该章为政府引导金融化合理发展、促进金融服务实体经济提出了相应的政策建议。

此外，产融结合是企业金融化的阶段性代表形式之一。自国资委明确支持具备条件的企业进行产融结合后，随着我国经济的发展和政策支持，许多企业开始引入金融资本，通过持有金融机构股权等形式实现企业金融化。现阶段，我国企业普遍具有融资难、融资贵问题，引起企业偏离有效投资水平，投资效率低下，而产业资本与金融资本结合最直接的影响在于给企业带来了融资便利，有利于缓解企业存在的融资约束，基于此，第五章深入剖析了企业金融化对企业投资效率的影响。实证结果表明：产融结合可以显著提高企业的投资效率，一方面有助于缓解企业的投资不足，另一方面可以抑制其过度投资；只有持股银行可以改善非效率投资，但是持股其他类型金融机构无显著性影响；与国企相比，企业金融化更能提高民营等非国有企业的投资效率；与市场化水平较高的地区相比，市场化水平较低地区的实体企业引入金融资本更有利于提高投资效率。根据研究结果，该章从企业和政府两个角度提出了相关政策建议。

最后，随着实体经济与金融行业出现了发展的失衡，面对低迷的实体经济较低的收益率，部分实体企业通过将资金投入到金融资产配置中来追求金融市场的超额回报。导致金融资产在企业总资产的比重不断上升，挤占了企业用于发展主业和技术创新的资源，实体企业开始出现金融化的趋势。制造业企业在我国经济中举足轻重，制造业转型在复杂的国内外背景下刻不容缓，转型须依靠创新，创新引领企业的发展。一方面金融化带来的"脱实向虚"会挤占企业研发创新的资金；另一方面，企业研发风险大、周期长，需要大量的资金支持，在此背景下，第六章就制造业企业金融化对技术创新的影响进行了研究。实证结果表明：制造业企业金融化会抑制技术创新水平的提高，产生挤出效应；制造业企业持有短期金融资产并未促进企业的技术创新水平的提高，相反是抑制作用；长期金融资产会更加强烈地抑制企业的技术创新；对企业高管不同的激励方式对金融化的后果有调节作用，合理的激励制度安排可以有效降低金融化对技术创新的抑制作用，货币激励不利于减弱企业金融化的负面影响，而股权激励则对金融化的抑制作用有显著的削弱效果，这一点在非国有企业尤为明显；在国有企业和非国有企业中，金融化均抑制了技术创新，且这一抑制效果在非国有企业中更加显著。基于以上分析，该章对政府和企业提出了具有针对性的政策建议。

第二节
未来研究展望

本书在企业金融化的影响方面主要围绕其对企业主业、企业投资效率，以及企业技术创新的影响展开理论探讨与实证分析。主业发展、投资效率与技术创新都是当前研究实体经济中企业高质量发展的重要议题。未来可以结合企业金融化新模式的演化发展，继续深入探讨其对企业投融资活动、转型成长、企业社会责任承担、可持续发展等其他方面的影响作用。即使仍旧聚焦于本书涉及的研究主题，未来也依然有需要继续深入分析之处，具体总结归纳如下：

第一，可以进一步分析企业金融化的动机，并分析企业金融化对宏观经济的影响。现有的研究表明企业金融化存在不同的动机，而处于不同动机的金融化对企业的影响也是不同的。但现有的研究并未提出如何识别企业金融化的动机，而识别出企业金融化的动机有助于国家制定政策去引导企业合理进行金融化，未来的研究可以从这个方面入手进行研究。此外，现有研究大多是研究企业金融化对企业的影响，很少有学者研究企业金融化对宏观经济的影响，后续的研究可以通过构建宏观经济学模型研究企业金融化对宏观经济的作用。

第二，进一步研究企业金融化和主业发展关系的调节因素和中介传导机制。目前对于企业金融化和主业发展之间关系的研究较少，对于二者关系可能存在的调节因素以及中介传导渠道的研究也并不充分，未来的研究可以将更多企业发展的内外部因素纳入研究中，这有助于加深我们对企业金融化的认识。

第三，研究企业金融化的最优程度。从理论上来说，企业金融化既有积极影响，也有消极影响，但现有的研究却大都表明金融化的抑制作用更强，这可能是因为我国的非金融企业金融化程度过高。未来的研究可以探索企业金融化的最优水平，通过构建包括平方项的模型、门槛回归模型等非线性模型探索企业金融化的最优区间，为企业金融化决策提供理论基础。

第四，出于对数据质量和要求及样本数据的可得性，本书主要分析了上市的制造业企业，较少包含一些未上市的中小型制造业企业，随着监管的日趋严格和市场环境的不断完善，企业披露的财务质量会继续提高，而非上市企业数据获取的难度也会下降，届时可通过扩大样本量和时间区间来对问题进行更大范围的研究和检验。

第五，本书没有对金融化具体是通过何种渠道和方式来影响企业的技术创新做出研究，为了更好地控制过度金融化，并且能够更有针对性地对其进行监管，在未来，金融化对技术创新具体的作用路径还有待进一步深化探究。

第六，在未来的研究中，有必要将数据资产金融化等新型企业金融化发展的影响纳入企业金融化分析的理论与实证框架中，以不断拓展企业金融化问题研究的外延。

参考文献

[1] AI时代前沿.数据货币化的三种途径[EB/OL].(2022-06-20)[2022-09-07].https://baijiahao.baidu.com/s?id=1736116429910977741&wfr=spider&for=pc.

[2] 柏亮.新势力崛起——全球数字资产研究报告(2021)[R].珠海:琴澳数字金融春季峰会,2021.

[3] 伯利,米恩斯.现代公司与私有财产[M].甘华鸣,罗锐韧,蔡如海译.上海:商务印书馆,2005.

[4] 蔡明荣,任世驰.企业金融化:一项研究综述[J].财经科学,2014(7):41-51.

[5] 蔡强,田歆,胡毅,乔晗,杨一帆,汪寿阳.产融结合模式的演化路径研究——以GE、联想控股为例[J].科技促进发展,2017,13(3):145-153.

[6] 蔡宗朝,吴非,李华民.金融资产配置激励与企业创新[J].金融理论与实践,2018(11):1-6.

[7] 柴博悦.基于区块链技术的企业数据资产管理模式研究[J].商场现代化,2021(5):106-108.

[8] 陈波.经济金融化:涵义、发生机制及影响[J].复旦学报(社会科学版),2018,60(5):159-169.

[9] 陈栋,陈运森.银行股权关联、货币政策变更与上市公司现金管理[J].金融研究,2012(12):122-136.

[10] 陈国进,王少谦.经济政策不确定性如何影响企业投资行为[J].财贸经济,2016(5):5-21.

[11] 陈国进,张润泽,赵向琴.政策不确定性、消费行为与股票资产定价[J].世界经济,2017,40(1):116-141.

[12] 陈享光.金融化与现代金融资本的积累[J].当代经济研究,2016,(1):5-15,97.

[13] 陈亚芹,别智.商业银行绿色金融产品体系与业务创新[J].金融纵横,2021(3):46-52.

[14] 陈燕玲.产融结合的风险及其防范对策研究[J].生产力研究,2005(5):130-132,243.

[15] 陈永伟.他山之石:美国的Web 3.0政策评价[N].经济观察报,2022-07-29.

[16] 陈云峰.全球区块链、数字资产监管政策及实践——美国篇[EB/OL].(2019-04-01)[2022-12-02].https://www.01caijing.com/finds/details/38531.htm.

[17] 陈云峰.全球区块链、数字资产监管政策及实践——欧洲地区[EB/OL].(2019-04-29)[2022-12-02].https://www.01caijing.com/b330987.htm.

[18] 陈运森,李培馨,陈栋.银行股权关联、融资约束与资本投资行为[J].中国会计评论,2015,13(2):205-228.

[19] 大卫·格雷伯.债:5000年债务史[M].孙碳,董子云,译.北京:中信出版集团,2020.

[20] 戴泽伟,潘松剑.高管金融经历与实体企业金融化[J].世界经济汇,2019(2):76-99.

[21] 戴赜,彭俞超,马思超.从微观视角理解经济"脱实向虚"——企业金融化相关研究述评[J].外国经济与管理,2018,40(11):31-43.

[22] 邓超,张梅,唐莹.中国非金融企业金融化的影响因素分析[J].财

经理论与实践,2017,38(2):2-8.

[23] 翟连升.企业资产金融化趋势简析[J].经济研究,1992(5):55-56.

[24] 翟胜宝,许浩然,唐玮,高康,曹蕾.银行关联与企业创新——基于我国制造业上市公司的经验证据[J].会计研究,2018(7):50-56.

[25] 丁溧,丁宁,杨乐."双碳"目标驱动下商业银行绿色信贷业务高质量发展的思考[N].金融时报,2022-03-21.

[26] 窦炜,刘星,安灵.股权集中、控制权配置与公司非效率投资行为——兼论大股东的监督抑或合谋[J].管理科学学报,2011,14(11):81-96.

[27] 杜传忠,王飞,蒋伊菲.中国工业上市公司产融结合的动因及效率分析——基于参股上市金融机构的视角[J].经济与管理研究,2014(4):84-90.

[28] 杜厚文,伞锋.虚拟经济与实体经济关系中的几个问题[J].世界经济,2003(7):74-79.

[29] 杜勇,张欢,陈建英.金融化对实体企业未来主业发展的影响:促进还是抑制[J].中国工业经济,2017(12):113-131.

[30] 范曳杉.告别纸币,央行数字货币来了[J].投资与理财,2020(7):63-65.

[31] 封怀诚.关于去中心化金融(DeFi)的主要应用[EB/OL].(2021-02-05)[2022-12-02].https://www.163.com/dy/article/G23IBHFL0543OQGL.html.

[32] 冯玉梅.我国碳金融体系构建与运作模式探讨[J].投资研究,2010(7):13-17.

[33] 付晓岩,于宏志.数字经济时代关键技术对银行转型的影响[J].银行家,2020(9):114-117.

[34] 高盛研究部.中国走向净零碳排放之路:清洁能源技术革新[R].

北京:高盛集团,2021:(2021-01-20).

[35] 葛宝山,何瑾.产融结合与企业创新投资[J].求是学刊,2019,46(2):99-110.

[36] 龚芳,袁宇泽.创新绿色信贷产品 加大政策引导支持[EB/OL].(2022-01-06)[2022-12-02].https://www.cnfin.com/yb-lb/detail/20220106/3506766_1.html.

[37] 谷小金.上海发布全国首份数字资产,定义数字资产"四不五可六类"[EB/OL].(2022-10-29)[2022-12-02].http://cn.cczzc.com/zixun/52013.html.

[38] 顾海峰,张欢欢.企业金融化、融资约束与企业创新——货币政策的调节作用[J].当代经济科学,2020,42(5):74-89.

[39] 顾雷雷,郭建鸾,王鸿宇.企业社会责任、融资约束与企业金融化[J].金融研究,2020(2):109-127.

[40] 郭丽婷.制造业金融化对创新投资的影响:"挤出效应"or"蓄水池效应"?[J].现代经济探讨,2017(12):49-59.

[41] 郭牧炫,廖慧.民营企业参股银行的动机与效果研究——以上市民营企业为例[J].经济评论,2013(2):85-92.

[42] 郭毅可.铸就人工智能重器 赋能金融产业升级[R].江苏:苏宁金融研究院,2020:(2020-12-11).

[43] 韩丹,王磊.产融结合、股权集中度与公司投资效率——基于上市公司参股银行的面板数据分析[J].企业经济,2016,35(11):162-171.

[44] 韩民,高戍煦.产融结合型银行开展供应链金融业务的策略研究[J].南方金融,2016(3):87-93.

[45] 郝菁,丁雅雯.数字人民币静待破壳的支付界"王者"[J].金融世界,2020(9):92-93.

[46] 胡进.上市公司从事影子银行业务模式、问题与应对思路[J].长江大学学报(社会科学版),2012,35(5):52-55,191-192.

[47] 胡彦鑫,刘娅茹,杨有振.产融结合能否提升企业投资效率?——基于上市公司持股金融机构的经验证据[J].经济问题,2019(3):39-46.

[48] 胡奕明,王雪婷,张瑾.金融资产配置动机:"蓄水池"或"替代"?——来自中国上市公司的证据[J].经济研究,2017,52(1):181-194.

[49] 胡宇新."资本市场绿色化"正当其时[J].中国金融家,2016(11):39-40.

[50] 黄昌富,徐亚琴.产融结合、投资效率与企业经营绩效——基于制造业上市公司面板数据的实证研究[J].现代财经(天津财经大学学报),2016,36(9):16-26,36.

[51] 黄金曦,张玲涛.股权集中度、地区差异与企业金融化[J].重庆理工大学学报(社会科学),2021,35(2):83-92.

[52] 黄奇帆.供给侧改革关键在落地[J].资本市场,2016(Z2):10.

[53] 黄奇帆.落实供给侧结构性改革,推动重庆经济转型升级[J].中国经贸导刊,2016(25):7-10.

[54] 黄诗华.制造业企业投资金融资产的业绩后果[J].财会通讯,2016(12):96-100.

[55] 黄贤环,王瑶,王少华.谁更过度金融化:业绩上升企业还是业绩下滑企业?[J].上海财经大学学报,2019,21(1):80-94,138.

[56] 黄贤环,吴秋生,王瑶.金融资产配置与企业财务风险:"未雨绸缪"还是"舍本逐末"[J].财经研究,2018,44(12):100-112,125.

[57] 黄贤环,吴秋生,王瑶.实体企业资金"脱实向虚":风险、动因及治理[J].财经科学,2018(11):83-94.

[58] 霍远,王琳颖.产融结合影响了企业投资效率么?——基于制造业上市公司数据的实证研究[J].会计之友,2020(18):49-53.

[59] 纪敏,严宝玉,李宏瑾.杠杆率结构、水平和金融稳定——理论分析框架和中国经验[J].金融研究,2017(2):11-25.

[60] 季小立,金洁.长三角制造企业金融化对创新投入的影响研究[J].

会计之友,2021(4):100-107.

[61] 晋盛武,何珊珊.企业金融化、高管股权激励与研发投资[J].科技进步与对策,2017,34(22):78-84.

[62] 景奎,王磊,徐凤敏.产融结合、股权结构与公司投资效率[J].经济管理,2019,41(11):174-192.

[63] 康文峰.金融资本与实体经济:"脱实向虚"引发的思考[J].当代经济管理,2013,35(1):84-88.

[64] 宽客在线.数字资产的三个维度[EB/OL].(2018-07-24)[2022-12-02].https://www.quantinfo.com/Article/View/1052.html.

[65] 雷新途,朱容成,黄盈莹.企业金融化程度、诱发因素与经济后果研究[J].华东经济管理,2020,34(1):76-85.

[66] 黎文靖,李茫茫."实体+金融":融资约束、政策迎合还是市场竞争?——基于不同产权性质视角的经验研究[J].金融研究,2017(8):100-116.

[67] 黎峥.中国地方绿色金融政策体系构建情况及发展建议[EB/OL].(2021-01-29)[2022-12-02].https://mp.weixin.qq.com/s?__biz=MzI0MjU3Njg5MA==&mid=2247499761&idx=1&sn=67d5f63c6e127484a0fbf72ddedf82cf&chksm=e9788364de0f0a72a630404fb03f27cd4978e61010f557de0b03cdde076a64279710347d7129&scene=27.

[68] 李革森.我国产融结合的绩效检验——来自证券市场的证据[J].开放导报,2004(2):101-103.

[69] 李建军,胡凤云.中国中小企业融资结构、融资成本与影子信贷市场发展[J].宏观经济研究,2013(5):7-11.

[70] 李善民,朱滔.多元化并购能给股东创造价值吗?——兼论影响多元化并购长期绩效的因素[J].管理世界,2006(3):129-137.

[71] 李天钰,辛宇,徐莉萍,等.产融结合与企业风险承担[J].管理学季刊,2018,3(2):36-67,147-148.

[72] 李天钰,辛宇,徐莉萍,等.持股金融机构异质性与上市公司投资效率[J].财贸研究,2020,31(7):85-99.

[73] 李维安,姜涛.公司治理与企业过度投资行为研究——来自中国上市公司的证据[J].财贸经济,2007(12):56-61,141.

[74] 李维安,马超."实业+金融"的产融结合模式与企业投资效率——基于中国上市公司控股金融机构的研究[J].金融研究,2014(11)109-126.

[75] 李文贵.银行关联关系、市场发育程度与资本配置效率[J].财经论丛,2013(6):68-74.

[76] 李鑫,佟岩,钟凯.管理层股权激励与实体企业金融化[J].北京工商大学学报(社会科学版),2021,36(4):54-66.

[77] 李延喜,曾伟强,马壮,等.外部治理环境、产权性质与上市公司投资效率[J].南开管理评论,2015,18(1):25-36.

[78] 李艺铭,安晖.数字经济:新时代再起航[M].北京:人民邮电出版社,2017.

[79] 李援亚.粮食金融化:界定、背景及特征[J].经济论坛,2012(9):105-109.

[80] 李志骞.资产配置金融化上市公司股票价格风险研究[J].价格理论与实践,2018(10):97-100.

[81] 链达天下传媒.区块链必读:什么是代币化?[EB/OL].(2021-09-01)[2022-09-01].https://www.jinse.com/news/blockchain/1152266.html.

[82] 链游资讯.打破边界 数字资产与传统金融市场逐渐融合[EB/OL].(2021-08-23)[2022-12-02].https://www.jinse.com/news/blockchain/1147610.html.

[83] 梁彤缨,陈昌杰.管理者过度自信与企业创新投资:融资约束和股权激励的作用[J].工业技术经济,2020,39(1):23-32.

[84] 林楠.当代国际经济金融化的现状、动因及其对经济发展的影响[J].西南金融,2015(2):36-40.

[85] 蔺元. 我国上市公司产融结合效果分析——基于参股非上市金融机构视角的实证研究[J]. 南开管理评论,2010,13(5):153-160.

[86] 刘昌黎. 关于投资概念的理论思考[J]. 东北财经大学学报,2009(2):13-18.

[87] 刘超,祝琨璘. 论以网络组织为基础的产融结合[J]. 经济与管理研究,2016,37(4):92-101.

[88] 刘笃池,贺玉平,王曦. 企业金融化对实体企业生产效率的影响研究[J]. 上海经济研究,2016(8):74-83.

[89] 刘贯春. 金融资产配置与企业研发创新:"挤出"还是"挤入"[J]. 统计研究,2017,34(7):49-61.

[90] 刘骏明. 从虚拟资本到虚拟经济[M]. 济南:山东人民出版社,1998:272-273.

[91] 刘珺,盛宏清,马岩. 企业部门参与影子银行业务机制及社会福利损失模型分析[J]. 金融研究,2014(5):96-109.

[92] 刘鹏林. 数字资产:资产数字化还是数字资产化?[J]. 中国信用卡,2021(8):33-35.

[93] 刘新民. 深刻认识、抢先抓住全球央行数字货币快速崛起的动因和机遇[J]. 学习与研究,2021(4):26-28.

[94] 刘燕. 产融结合对企业投资效率的影响研究[D]. 南昌:江西财经大学,2020:12-13[2022-12-02].

[95] 刘颖格,韩瀚. 重磅!美国拜登政府发表针对数字资产的行政命令[EB/OL].(2022-03-11)[2022-12-02]. https://zhuanlan.zhihu.com/p/479300120.

[96] 刘玥莹,李阳,孔东民. 产权、市场化与非上市企业的融资困境[J]. 商业经济研究,2015(9):93-95.

[97] 刘智涛. 海航集团产融结合分析[J]. 中国集体经济,2018(32):91-92.

[98] 娄淑珍,吴俊杰,黄玉英.民营企业股权型产融结合的财务风险研究——来自上市公司的经验证据[J].科技进步与对策,2014,31(23):93-98.

[99] 卢轲,张日纳.可持续发展金融概念全景报告[R].深圳:社会价值投资联盟,2020:1-15[2022-12-02].

[100] 鲁政委,方琦,钱立华.促进绿色信贷资产证券化发展的制度研究[J].西安交通大学学报(社会科学版),2020,40(3):1-6.

[101] 陆岷峰,王婷婷.基于数字经济背景下的数字资产经营与管理战略研究——以商业银行为例[J].西南金融,2019(11):80-87.

[102] 罗明琦.企业产权、代理成本与企业投资效率——基于中国上市公司的经验证据[J].中国软科学,2014(7):172-184.

[103] 罗炜,朱春艳.代理成本与公司自愿性披露[J].经济研究,2010,45(10):143-155.

[104] 吕福智.集团公司产融结合的协同效应分析——以上海电气为例[J].财会通讯,2021(10):125-128.

[105] 马源.数字资产世界[M].北京:企业管理出版社,2019:110-180.

[106] 毛球科技.去中心化金融(DEFI)到底是什么?[EB/OL].(2021-10-11)[2022-12-01].https://business.sohu.com/a/494443272_100217347.

[107] 尼葛洛庞帝.数字化生存[M].胡泳,范海燕,译.海口:海南出版社,1996.

[108] 倪志良,张开志,宗亚辉.实体企业金融化与企业创新能力[J].商业研究,2019(10):31-42.

[109] 倪志良,宗亚辉,张开志,等.金融化是否制约了实体企业主营业务的发展?[J].经济问题探索,2019(3):51-62.

[110] 盘古数科.从边缘到未来,概述数字资产演变史[EB/OL].(2021-09-29)[2022-12-02].https://www.163.com/dy/article/GL39Q5MT0552K5U1.html.

[111] 彭若弘,于文超.环境不确定性、代理成本与投资效率[J].投资研究,2018,37(10):41-52.

[112] 彭俞超,韩珣,李建军.经济政策不确定性与企业金融化[J].中国工业经济,2018(1):137-155.

[113] 彭俞超,黄志刚.经济"脱实向虚"的成因与治理:理解十九大金融体制改革[J].世界经济,2018,41(9):3-25.

[114] 彭俞超,刘代民,顾雷雷.减税能缓解经济"脱实向虚"吗?——来自上市公司的证据[J].税务研究,2017(8):93-97.

[115] 彭俞超,倪骁然,沈吉.企业"脱实向虚"与金融市场稳定——基于股价崩盘风险的视角[J].经济研究,2018,53(10):50-66.

[116] 彭中遥."碳中和"背景下我国绿色信贷的制度机理与立法完善[J].经济法论丛,2022,39(1):194-206.

[117] 戚聿东,张任之.金融资产配置对企业价值影响的实证研究[J].财贸经济,2018,39(5):38-52.

[118] 前瞻经济学人.2022年全球数字经济行业市场规模及发展前景分析[EB/OL].(2021-12-01)[2022-09-17].https://baijiahao.baidu.com/s?id=1717938650885334206&wfr=spider&for=pc.

[119] 钱立华.中国绿色金融的演进与发展[J].中国银行业,2018(2):54-56.

[120] 清华大学气候变化与可持续发展研究院.中国长期低碳发展战略与转型路径研究[M].北京:中国环境出版集团,2021.

[121] 丘思敏.GE产融结合在次贷危机中的脆弱性案例分析[J].会计之友,2012(18):89-92.

[122] 邱慈观.可持续金融[M].上海:上海交通大学出版社,2019.

[123] 邱兆祥,刘永元.发挥数字金融在支持经济增长中的重要作用[N].光明日报,2022-06-09.

[124] 屈文洲,谢雅璐,叶玉妹.信息不对称、融资约束与投资—现金流

敏感性——基于市场微观结构理论的实证研究[J].经济研究,2011,46(6):105-117.

[125]饶静,曾丽欢.实体企业金融化、高管激励与技术创新[J].会计之友,2020(18):35-41.

[126]邵军,刘志远."系族企业"内部资本市场有效率吗？基于中国"系族企业"的实证检验[J].中国会计评论,2009,7(3):271-282.

[127]申旺.房地产金融化:资本化、证券化、货币化[EB/OL].(2020-09-06)[2022-08-31].https://maimai.cn/article/detail?fid=1527159653&efid=B4wpJ3RoDX5LQfKtUYbTyg.

[128]沈红波,寇宏,张川.金融发展、融资约束与企业投资的实证研究[J].中国工业经济,2010(6):55-64.

[129]盛安琪,汪顺,盛明泉.产融结合与实体企业竞争力——来自制造业样本的实证分析[J].广东财经大学学报,2018,33(1):15-26.

[130]盛明泉,汪顺,商玉萍.金融资产配置与实体企业全要素生产率:"产融相长"还是"脱实向虚"[J].财贸研究,2018,29(10):87-97,110.

[131]司林威.信任与隐私问题如何同时解决？区块链+隐私计算或许是元宇宙交互的解决方案[N].界面新闻,2022-09-02.

[132]宋军,陆旸.非货币金融资产和经营收益率的U形关系——来自我国上市非金融公司的金融化证据[J].金融研究,2015(6):111-127.

[133]苏坤.实体企业金融化、货币政策与股价崩盘风险[J].云南财经大学学报,2018,34(9):59-67.

[134]孙平,侯风云.非金融企业金融化对劳动就业的影响——基于沪深A股上市公司数据的研究[J].当代经济研究,2019(9):94-102.

[135]孙平.中国非金融企业金融化对企业创新的影响[J].科技进步与对策,2019,36(14):85-92.

[136]孙焱林,何振宇.卖空机制与上市公司非效率投资——基于信息不对称和委托代理视角[J].金融与经济,2020(8):34-41.

[137] 唐雪松,周晓苏,马如静.上市公司过度投资行为及其制约机制的实证研究[J].会计研究,2007(7):44-52,96.

[138] 田梓青,李胜楠,杜洋洋.制造业金融化与企业创新——基于宏观经济政策不确定性与产权性质视角[J].宏观经济研究,2020(3):32-40.

[139] 万良勇,查媛媛,饶静.实体企业金融化与企业创新产出——有调节的中介效应[J].会计研究,2020(11):98-111.

[140] 万良勇,廖明情,胡璟.产融结合与企业融资约束——基于上市公司参股银行的实证研究[J].南开管理评论,2015,18(2):64-72,91.

[141] 万年财经.金融资产的特性和种类[EB/OL].(2022-01-22)[2022-09-08].https://baijiahao.baidu.com/s?id=1722625341615133178&wfr=spider&for=pc.

[142] 万旭仙,王虹,何佳.企业金融资产配置对双元创新的影响——高管激励的调节效应[J].科技进步与对策,2019,36(4):124-132.

[143] 王芳.经济金融化与经济结构调整[J].金融研究,2004(8):120-128.

[144] 王广谦.经济发展中的金融化趋势[J].经济研究,1996(9):32-37.

[145] 王国刚."去杠杆":范畴界定、操作重心和可选之策[J].经济学动态,2017(7):16-25.

[146] 王红建,曹瑜强,杨庆,等.实体企业金融化促进还是抑制了企业创新——基于中国制造业上市公司的经验研究[J].南开管理评论,2017,20(1):155-166.

[147] 王红建,李茫茫,汤泰劼.实体企业跨行业套利的驱动因素及其对创新的影响[J].中国工业经济,2016(11):73-89.

[148] 王怀明,王成琛.主业盈利能力、高管激励与企业金融化[J].商业研究,2020(8):99-106.

[149] 王莉,马玲,郭立宏.产业资本与金融资本结合的相关理论综述

[J].经济学动态,2010(11):88-91.

[150]王年咏,张甜迪.不同程度金融化水平对功能性收入分配的影响分析——基于中国省际面板门限回归模型的研究[J].上海金融,2013(5):28-33,117.

[151]王倩,张小东.企业金融化的经济效应及风险防范[J].中国商界(上半月),2009(10):17-19.

[152]王婷,石道金,刘梅娟.产融结合、政府补助与农业上市企业投资效率[J].齐齐哈尔大学学报(哲学社会科学版),2018(9):35-40,59.

[153]王遥,徐洪峰.中国绿色金融研究报告(2020)[M].北京:中国金融出版社,2020.

[154]王遥,云祉婷,崔莹.绿色资产证券化创新的问题和进路[J].团结,2020(3):33-36.

[155]王营,曹廷求.企业金融化的传染效应研究[J].财经研究,2020,46(12):152-166.

[156]王永钦,刘紫寒,李嫦,等.识别中国非金融企业的影子银行活动——来自合并资产负债表的证据[J].管理世界,2015(12):24-40.

[157]王昱,夏君诺,刘思钰.产融结合与研发投资的非线性关系及异质性影响[J].财经科学,2019(6):42-56.

[158]王云龙.2020年国内ESG基金规模超过1200亿[N].中国基金报,2021-01-18.

[159]文春晖,李思龙,郭丽虹,等.过度融资、挤出效应与资本脱实向虚——中国实体上市公司2007—2015年的证据[J].经济管理,2018,40(7):39-55.

[160]翁智雄,葛察忠,段显明,等.国内外绿色金融产品对比研究[J].中国人口·资源与环境,2015,25(6):17-22.

[161]吴超鹏,吴世农,程静雅,等.风险投资对上市公司投融资行为影响的实证研究[J].经济研究,2012,47(1):105-119,160.

[162] 吴海兵.上市公司负债融资与投资决策的关系研究[J].统计与决策,2011(9):140-142.

[163] 吴军,陈丽萍.非金融企业金融化程度与杠杆率变动的关系——来自A股上市公司和发债非上市公司的证据[J].金融论坛,2018,23(01):3-15,51.

[164] 肖珉,任春艳,张芬芳.信息不对称、制度约束与投资效率——基于不同产权安排的实证研究[J].投资研究,2014,33(1):24-34.

[165] 肖崎,廖鸿燕.企业金融化对宏观经济波动的影响——基于杠杆率的中介效应研究[J].国际金融研究,2020(8):13-23.

[166] 肖忠意,林琳.企业金融化、生命周期与持续性创新——基于行业分类的实证研究[J].财经研究,2019,45(8):43-57.

[167] 谢德谋.我国法定数字货币发行法律问题研究[D].兰州:兰州大学,2021:42-48[2022-09-08].

[168] 谢富胜,匡晓璐.制造业企业扩大金融活动能够提升利润率吗?——以中国A股上市制造业企业为例[J].管理世界,2020,36(12):13-28.

[169] 谢获宝,张玮玮,李祎.产融结合与实体企业投资效率——基于上市公司持股金融机构的经验研究[J].珞珈管理评论,2017(3):63-83.

[170] 谢家智,江源,王文涛.什么驱动了制造业金融化投资行为——基于A股上市公司的经验证据[J].湖南大学学报(社会科学版),2014,28(4):23-29.

[171] 谢家智,王文涛,江源.制造业金融化、政府控制与技术创新[J].经济学动态,2014(11):78-88.

[172] 辛清泉,郑国坚,杨德明.企业集团、政府控制与投资效率[J].金融研究,2007(10):123-142.

[173] 熊家财,桂荷发.产融结合能促进企业技术创新吗?——来自上市公司参股非上市银行的证据[J].当代财经,2019(3):48-57.

[174] 徐晟.产融结合:我国市场经济中要素优化的途径选择[J].上海金融,1997(11):13-16.

[175] 徐辉,周孝华.制度环境、产融结合对企业创新绩效的影响研究[J].科学学研究,2020,38(1):158-168.

[176] 徐军辉.中国式影子银行的发展与中小企业融资[J].武汉金融,2013(3):13-16.

[177] 徐诺,王代新.碳中和目标下的绿色金融创新路径探讨[J].市场周刊:商务营销,2021(21):154-155.

[178] 徐晓东,张天西.公司治理、自由现金流与非效率投资[J].财经研究,2009,35(10):47-58.

[179] 徐云松,王怡媛.企业金融化的研究进程与前沿展望[J].贵州师范大学学报(社会科学版),2021(1):75-82.

[180] 徐云松.非金融企业高杠杆率的机制与动因——基于融资结构视角的分析[J].金融理论与教学,2017(5):1-5.

[181] 许罡,朱卫东.金融化方式、市场竞争与研发投资挤占——来自非金融上市公司的经验证据[J].科学学研究,2017,35(5):709-719,728.

[182] 许天信,沈小波.产融结合的原因、方式及效应[J].厦门大学学报(哲学社会科学版),2003(5):107-112.

[183] 严继超,刘瑞涵.管理者持股与公司价值的研究综述——基于伯利和米恩斯研究范式[J].首都经济贸易大学学报,2013,15(6):96-102.

[184] 杨德明,林斌,王彦超.内部控制、审计质量与代理成本[J].财经研究,2009,35(12):40-49,60.

[185] 杨帆.中国数字经济全景白皮书[R].上海:易观千帆,2021:4-18[2022-09-08].

[186] 杨华军,胡奕明.制度环境与自由现金流的过度投资[J].管理世界,2007(9):99-106,116,172.

[187] 杨济菡,窦艳杰.我国央行数字货币的技术演进和实践探索[J].

新经济导刊,2021(3):50-57.

[188] 杨兴全,申艳艳,尹兴强.外资银行进入与公司投资效率:缓解融资约束抑或抑制代理冲突[J].财经研究,2017,43(2):98-109.

[189] 杨怡明.绿色金融政策体系日趋完善[N].农村金融时报,2022-08-15(A01).

[190] 杨筝,刘放,王红建.企业交易性金融资产配置:资金储备还是投机行为?[J].管理评论,2017,29(2):13-25,34.

[191] 杨竹清.企业研发创新、多元化经营与产融结合——来自中国上市公司的经验证据[J].当代经济管理,2018,40(11):15-22.

[192] 姚德权,王帅.产融结合型上市公司运营效率评价研究[J].财经问题研究,2011(5):81-86.

[193] 姚立杰,陈雪颖,周颖,等.管理层能力与投资效率[J].会计研究,2020(4):100-118.

[194] 姚前,陈华.数字货币经济分析[M].北京:中国金融出版社,2018.

[195] 姚前.数字资产和数字金融:数字新时代的货币金融变革[M].北京:人民日报出版社,2019.

[196] 佚名.花旗银行CEO认为,数字资产将成为金融服务的一部分[EB/OL].(2021-10-27)[2022-12-02].https://www.jinse.com/news/blockchain/1169847.html.

[197] 佚名.华夏银行签署"京津冀大气污染防治融资创新"项目[J].金融科技时代,2016,24(6):1.

[198] 佚名.绿色资产是什么意思?[EB/OL].(2022-05-27)[2022-12-02].https://www.sgpjbg.com/info/34385.html.

[199] 佚名.浅析去中心化金融的未来发展如何?[EB/OL].(2022-07-20)[2022-12-02].https://www.120btc.com/baike/qukuai/272439812.html.

[200] 佚名.区块链与价值互联网[EB/OL].(2021-09-07)[2022-08-

30]. https://baijiahao.baidu.com/s? id=1710248686696060070&wfr=spider&for=pc.

[201]佚名. 什么是数字资产?一文看懂数字资产化和资产数字化[EB/OL]. (2021-02-28)[2022-08-28]. https://zhuanlan.zhihu.com/p/468981936.

[202]尹传儒,金涛,张鹏,等. 数据资产价值评估与定价:研究综述和展望[J]. 大数据,2021,7(4):14-27.

[203]尹国平. 我国集团企业产融结合发展研究[J]. 北京交通大学学报(社会科学版),2011,10(3):61-65.

[204]尹志超. 数字货币将为经济社会带来哪些变化[N]. 经济日报,2021-09-07.

[205]袁园,杨永忠. 走向元宇宙:一种新型数字经济的机理与逻辑[J]. 深圳大学学报(人文社会科学版),2022,39(1):84-94.

[206]臧秀清,张赛君,陈思. 非金融企业金融化对财务风险影响研究——基于内部控制的实证检验[J]. 会计之友,2020(21):32-38.

[207]张成思,张步昙. 再论金融与实体经济:经济金融化视角[J]. 经济学动态,2015(6):56-66.

[208]张成思,张步昙. 中国实业投资率下降之谜:经济金融化视角[J]. 经济研究,2016,51(12):32-46.

[209]张成思,郑宁. 中国实体企业金融化:货币扩张、资本逐利还是风险规避?[J]. 金融研究,2020(9):1-19.

[210]张成思. 金融化的逻辑与反思[J]. 经济研究,2019,54(11):4-20.

[211]张晋元. 企业行为金融化——市场经济的大趋势[J]. 特区经济,1993(12):20-22.

[212]张慕濒,孙亚琼. 金融资源配置效率与经济金融化的成因——基于中国上市公司的经验分析[J]. 经济学家,2014(4):81-90.

[213]张慕濒,诸葛恒中. 全球化背景下中国经济的金融化:涵义与实证检验[J]. 世界经济与政治论坛,2013(1):122-138.

[214] 张慕濒.非金融部门金融化与我国产业结构升级[N].光明日报,2010-06-22.

[215] 张庆亮,孙景同.我国产融结合有效性的企业绩效分析[J].中国工业经济,2007(7):96-102.

[216] 张伟,齐睿.资源领域绿色金融的实践意义和学术价值[N].光明日报.2021-10-19(1).

[217] 张文.经济货币化进程与内生性货币供给——关于中国高 M2/GDP 比率的货币分析[J].金融研究,2008(2):13-32.

[218] 张文中.企业金融化:动机、影响及控制[J].新疆财经,2004(3):20-22.

[219] 张昭,朱峻萱,李安渝.企业金融化是否降低了投资效率[J].金融经济学研究,2018,33(1):104-116.

[220] 张忠整理.关于数字人民币若干问题的解读[J].中国品牌与防伪,2020(4):36-41.

[221] 赵海清.打造绿色金融"上海样本",助力建设上海国际绿色金融枢纽——《上海市浦东新区绿色金融发展若干规定》亮点解读[EB/OL].(2022-07-05)[2022-12-02].https://www.allbrightlaw.com/CN/10475/4af566f070544591.aspx.

[222] 赵世芳,江旭,应千伟,等.股权激励能抑制高管的急功近利倾向吗?——基于企业创新的视角[J].南开管理评论,2020,23(6):76-87.

[223] 证监会.中国证监会召开2021年系统工作会议[EB/OL].(2021-01-28)[2022-12-02].http://www.csrc.gov.cn/csrc/c100028/c1444696/content.shtml.

[224] 郑爽.绿色资产证券化融资模式及效果研究[D].呼和浩特:内蒙古财经大学,2021:19-34[2022-12-02].

[225] 支燕,吴河北.动态竞争环境下的产融结合动因——基于竞争优势内生论的视角[J].会计研究,2011(11)72-77,93.

[226]中国金融案例中心.数字资产监管路在何方？美国国会研究局对此展开研究[EB/OL].(2022-03-18)[2022-12-02].https://www.weiyangx.com/402559.html.

[227]中国人民银行成都分行营业管理部青年课题组,叶代鹏.产业链价值金融化:成因、效应及适度边界[J].西南金融,2021(6):36-49.

[228]中国人民银行湘潭市中心支行课题组,陈翊高.欧盟、英国绿色金融体系建设的国际经验及启示[J].金融经济,2021(12):62-68.

[229]中国信息通信研究院.全球数字经济白皮书[R].北京:全球数字经济大会,2021:45-79.

[230]中国银协.2021年中国银保监会工作会议召开[EB/OL].(2021-01-28)[2022-12-02].https://baijiahao.baidu.com/s?id=16901342656862555445&wfr=spider&for=pc.

[231]中金公司.碳中和经济学:新约束下的宏观与行业分析[R].北京:"碳中和2060"论坛,2021:17-21[2022-12-02].

[232]周彬,谢佳松.虚拟经济的发展抑制了实体经济吗？——来自中国上市公司的微观证据[J].财经研究,2018,44(11):74-89.

[233]周弘,张成思,唐火青.融资约束与实体企业金融化[J].管理科学学报,2020,23(12):91-109.

[234]周卉,谭跃.产业政策、产融结合与企业融资约束[J].华东经济管理,2018,32(11):83-89.

[235]周卉.产融结合对企业风险承担的影响[J].财会月刊,2019(12):36-43.

[236]周济.智能制造——"中国制造2025"的主攻方向[J].中国机械工程,2015,26(17):2273-2284.

[237]周游,张成思.经济金融化分析[J].中国金融,2016(4):33-34.

[238]周子衡.账户:新经济与新金融之路[M].北京:社会科学文献出版社,2017.

[239] 朱春艳,张昕. 控股股东——中小股东冲突、公司治理对非效率投资的交互影响[J]. 上海对外经贸大学学报,2019,26(2):69-83.

[240] 朱东波,任力."金融化"的马克思主义经济学研究[J]. 经济学家,2017(12):17-26.

[241] 朱晖,张进铭. 略论当前我国的产融结合[J]. 现代财经:天津财经学院学报,2003(3):16-19.

[242] 朱嘉明. 未来决定现在:区块链数字货币数字经济[M]. 太原:山西人民出版社,2020.

[243] 朱民. 数据资产时代[EB/OL].(2021-10-14)[2022-12-02]. https://m the paper.cn/.

[244] 邹振旅. 经济活动国际惯例大辞典[M]. 北京:当代世界出版社,1995:896.

[245] AALBERS M B. Corporate financialization [J]. International Encyclopedia of Geography: People, the Earth, Environment and Technology, 2016,1: 1-11.

[246] ALVAREZ I. Financialization, non-financial corporations and income inequality: the case of France[J]. Socio-economic Review, 2015, 13(3): 449-475.

[247] BANERJEE A V, DUFLO E. Growth theory through the lens of development economics[J]. Handbook of Economic Growth, 2005, 1: 473-552.

[248] BARRADAS R. Financialisation and real investment in the European Union: beneficial or prejudicial effects? [J]. Review of Political Economy, 2017, 29(3): 376-413.

[249] BERNANKE B S, GERTLER M, GILCHRIST S. The financial accelerator in a quantitative business cycle framework [J]. Handbook of Macroeconomics, 1999, 1: 1341-1393.

[250] BOOT AWA. Relationship banking: What do we know? [J]. Journal

of Financial Internation, 2000(9):7-25.

[251]CAO W, CHEN C, JIANG D, et al. Industrial policy and non-financial corporations' financialization: evidence from China[J]. The European Journal of Finance, 2021,28(4-5): 397-415.

[252] CARDELLA L, FAIRHURST D, KLASA S. What determines the composition of a firm's cash reserves? [J]. Journal of Corporate Finance, 2021, 68:101924.

[253] CHANEY T, SRAER D, THESMAR D. The collateral channel: how real estate shocks affect corporate investment[J]. American Economic Review, 2012, 102(6):2381-2409.

[254] CHEN F, HOPE O K, Li Q, et al. Financial reporting quality and investment efficiency of private firms in emerging markets[J]. The Accounting Review, 2011, 86(4): 1255-1288.

[255] CLEARY S. The relationship between firm investment and financial status[J]. The Journal of Finance, 1999, 54(2): 673-692.

[256] CROTTY, J. The effect of increased product market competition and change in financial markets on the performance of nonfinancial corporations in the neoliberal era[D]. University of Massachuselts Amherst, 2002.

[257] DA LUZ A R, BITTENCOURT J T, TAIOKA T. Wealth Financialization: Operating profit as conditioning of financial revenue[J]. Journal of Financial Innovation, 2015, 1(1): 1-5.

[258] DAVIS L E. Financialization and investment: A survey of the empirical literature[J]. Journal of Economic Surveys, 2017, 31(5): 1332-1358.

[259] DAVIS L E. Financialization and the non-financial corporation: An investigation of firm-level investment behavior in the United States [J]. Metroeconomica, 2018, 69(1): 270-307.

[260] DAVIS L E. Identifying the "financialization" of the nonfinancial

corporation in the US economy: A decomposition of firm-level balance sheets[J]. Journal of Post Keynesian Economics, 2016, 39(1): 115-141.

[261] DEMIR F. Capital market imperfections and financialization of real sectors in emerging markets: Private investment and cash flow relationship revisited[J]. World Development, 2009, 37(5): 953-964.

[262] DEMIR F. Financial liberalization, private investment and portfolio choice: Financialization of real sectors in emerging markets [J]. Journal of Development Economics, 2009, 88(2): 314-324.

[263] DEMIR F. The rise of rentier capitalism and the financialization of real sectors in developing countries[J]. Review of Radical Political Economics, 2007, 39(3): 351-359.

[264] DENIS D J, SIBILKOV V. Financial constraints, investment, and the value of cash holdings[J]. The Review of Financial Studies, 2010, 23(1): 247-269.

[265] DING S, GUARIGLIA A, KNIGHT J. Investment and financing constraints in China: does working capital management make a difference? [J]. Journal of Banking & Finance, 2013, 37(5): 1490-1507.

[266] DORE R. Stock market capitalism vs. welfare capitalism-Stock market capitalism and its diffusion[J]. New Political Economy, 2002, 7(1): 115-115.

[267] DU J, LI C, WANG Y. A comparative study of shadow banking activities of non-financial firms in transition economies [J]. China Economic Review, 2017, 46: S35-S49.

[268] DUMENIL G, LEVY D. The real and financial components of profitability (United States, 1952 - 2000) [J]. Review of Radical Political Economics, 2004, 36(1): 82-110.

[269] EPSTEIN G A. Financialization and the world economy [M]. Northampton:Edward Elgar Publishing, 2005.

[270] FAMA E F, JENSN M C. Agency problems and residual claims[J]. The Journal of Law and Economics, 1983, 26(2): 327-349.

[271] FAZZARI S, HUBBARD R G, PETERSEN B C. Financing constraints and corporate investment[R]. NBER Working Papers, No.2387, 1987: 1-45.

[272] FIEBIGER B. Rethinking the financialisation of non-financial corporations: A reappraisal of US empirical data[J]. Review of Political Economy, 2016, 28(3): 354-379.

[273] FOSTER J B. The financialization of capitalism[J]. Monthly Review, 2007, 58(11): 1-12.

[274] Gerschenkron A. Economic backwardness in historical perspective: a book of essays[R]. Cambridge, MA: Belknap Press of Harvard University Press, 1962.

[275] GONZALEZ I, SALA H. Investment Crowding-Out and Labor Market Effects of Financialization in the U.S.[J]. Scottish Journal of Political Economy, 2014, 61(5): 589-613.

[276] GULEN H, ION M. Policy uncertainty and corporate investment[J]. The Review of Financial Studies, 2016, 29(3): 523-564.

[277] HAN S, QIU J. Corporate precautionary cash holdings[J]. Journal of Corporate Finance, 2007, 13(1): 43-57.

[278] HARVEY D. A Brief History of Neoliberalism[M]. New Yokrk: Oxford University Press, 2005:114-115.

[279] HATTORI M, SHIN H S. Yen carry trade and the subprime crisis[J]. IMF Staff Papers, 2009, 56(2): 384-409.

[280] HSIEH C T, KLENOW P J. Misallocation and manufacturing TFP in China and India[J]. The Quarterly Journal of Economics, 2009, 124(4): 1403-1448.

[281] IACOVIELLO M. Private debt and income inequality: a business cycle analysis [EB/OL]. (2005-05-23) [2022-12-20]. https://www.ecb.europa.eu/events/pdf/conferences/ecbimop/PRIVATE_DEBT.pdf.

[282] JENSEN M C, MECKLING W H. Theory of the firm: Managerial behavior, agency costs and ownership structure [J]. Journal of Financial Economics, 1976, 3(4): 305-360.

[283] JIANG F, CAI W, WANG X, et al. Multiple large shareholders and corporate investment: Evidence from China[J]. Journal of Corporate Finance, 2018, 50: 66-83.

[284] KIM C S, MAUER D C, SHERMAN A E. The determinants of corporate liquidity: Theory and evidence [J]. Journal of Financial and Quantitative Analysis, 1998, 33(3): 335-359.

[285] KLING G. A theory of operational cash holding, endogenous financial constraints, and credit rationing[J]. The European Journal of Finance, 2018, 24(1): 59-75.

[286] KRIPPNER G R. The financialization of the American economy[J]. Socio-Economic Review, 2005, 3(2): 173-208.

[287] KWON R. Turn the Bull Loose: A test of the moderating effect of economic liberalization on the link between financialization and income inequality in developed economies[J]. Social Science Quarterly, 2019, 100(3): 808-824.

[288] LAKERVI E, HOLMES E J. Economic principles[M]. IET Digital Library, 2003.

[289] LAPAVITSAS C. Theorizing financialization[J]. Work, Employment and Society, 2011, 25(4): 611-626.

[290] LAZONICK W. Innovative business models and varieties of capitalism: Financialization of the US corporation[J]. Business History Review, 2010, 84(4): 675-702.

[291] LAZONICK W. The financialization of the US corporation: What has been lost, and how it can be regained[J]. Seattle University Law Review, 2012, 20(36):857.

[292] LE Q V, ZAK P J. Political risk and capital flight[J]. Journal of International Money and Finance, 2006, 25(2): 308-329.

[293] LI S X, GREENWOOD R. The effect of within-industry diversification on firm performance: synergy creation, multi-market contact and market structuration[J]. Strategic Management Journal, 2004, 25(12): 1131-1153.

[294] LIN K-H, TOMASKOVIC-DEVEY D. Financialization and US income inequality, 1970—2008[J]. American Journal of Sociology, 2013, 118(5): 1284-1329.

[295] LIU D, XU N, ZHAO T, et al. Identifying the nonlinear correlation between business cycle and monetary policy rule: Evidence from China and the US[J]. Economic Modelling, 2018, 73: 45-54.

[296] LU Z, ZHU J, ZHANG W. Bank discrimination, holding bank ownership, and economic consequences: Evidence from China[J]. Journal of Banking & Finance, 2012, 36(2):341-354.

[297] MCKINNON R, SHAW E. Financial deepening in economic development[J]. Finance and Development, 1973, 10(4):42-43.

[298] MIAO J, WANG P, ZHOU J. Asset bubbles, collateral, and policy analysis[J]. Journal of Monetary Economics, 2015, 76: S57-S70.

[299] MILBERG W. Shifting sources and uses of profits: sustaining US financialization with global value chains[J]. Economy and Society, 2008, 37(3): 420-451.

[300] MORGAN D P. Bank commitment relationships, cash flow constraints, and liquidity management[J]. FRBNY Staff Reports, No.108, 1999:1-26.

[301] MYERS S C, MAJLUF N S. Corporate financing and investment

decisions when firms have information that investors do not have[J]. Journal of Financial Economics, 1984,13(2): 187-221.

[302] MYERS S C. The capital structure puzzle [J]. The Journal of Finance,1984,39(3):574-592.

[303] NEMLIOGLU I, MALLICK S K. Do managerial practices matter in innovation and firm performance relations? New evidence from the UK [J]. European Financial Management, 2017, 23(5): 1016-1061.

[304] OKABE M. Cross shareholdings in Japan: a new unified perspective of the economic System[M]. Northampton:Edward Elgar Publishing,2002.

[305] ORHANGAZI Ö. Financialisation and capital accumulation in the non-financial corporate sector: A theoretical and empirical investigation on the u.s. economy: 1973—2003[J]. Cambridge Journal of Economics, 2008, 32(6): 863-886.

[306] ORHANGAZI Ö. Financialization of the United States economy and its effects on capital accumulation: A theoretical and empirical investigation[D]. Amherst:Pro Quest Dissertations Publishing,No. 3242371,2006:1-138.

[307] PALLEY T I. Financialization: what it is and why it matters[M]. London: Palgrave Macmillan, 2013: 17-40.

[308] PARENTE S L, PRESCOTT E C. Barriers to riches[M]. Cambridge, MA:MIT press, 2002.

[309] PASTOR L, VERONESI P. Uncertainty about government policy and stock prices[J]. The Journal of Finance, 2012, 67(4): 1219-1264.

[310] PINDADO J, DE lA TORRE C. A complementary approach to the financial and strategy views of capital structure: theory and evidence from the ownership structure[J]. SSRN Electronic Jouenal 2005:1-51.

[311] RICHARDSON S. Over-investment of free cash flow[J]. Review of Accounting Studies, 2006, 11(2): 159-189.

[312] SEO H J, KIM H S, KIM Y C. Financialization and the slowdown in Korean firms' R&D investment[J]. Asian Economic Papers, 2012, 11(3): 35-49.

[313] SHIN H S, ZHAO L. Firms as surrogate intermediaries: evidence from emerging economies [R]. Asian Development Bank, working paper, December, 2013.

[314] SHLEIFER A, VISHNY R W. Large shareholders and corporate control[J]. Journal of Political Economy, 1986, 94(3): 461-488.

[315] STEIN J C. Agency, information and corporate investment [J]. Handbook of the Economics of Finance, 2003, 1: 111-165.

[316] STOCKHAMMER E, GRAFL L. Financial uncertainty and business investment[J]. Review of Political Economy, 2010, 22(4): 551-568.

[317] STOCKHAMMER E. Financialisation and the slowdown of accumulation[J]. Cambridge Journal of Economics, 2004, 28(5): 719-741.

[318] 美国数字资产行业的合规之路[EB/OL]. (2020-12-01)[2022-12-02]. https://baijiahao.baidu.com/s?id=1684878377806781619&wfr=spider&for=pc.

[319] TORI D, ONARAN Ö. The effects of financialization on investment: Evidence from firm-level data for the u.k.[J]. Cambridge Journal of Economics, 2018, 42(5): 1393-1416.

[320] TRIVEDI S R. Financialisation and Accumulation: A Firm-Level Study in the Indian Context[J]. Procedia Economics and Finance, 2014, 11: 348-359.

[321] VAN DER ZWAN N. Making sense of financialization[J]. Socio-Economic Review, 2014, 12(1): 99-129.

[322] XIE Z, DU J, WU Y. Does financialization of non-financial corporations promote the persistence of innovation: evidence from A-share listed manufacturing

corporations in China[J]. Eurasian Business Review, 2022(12):229-250.

[323] XU X, XUAN C. A study on the motivation of financialization in emerging markets: The case of Chinese nonfinancial corporations [J]. International Review of Economics & Finance, 2021, 72: 606-623.

[324] ZHANG D, VIGNE S A. How does innovation efficiency contribute to green productivity? A financial constraint perspective [J]. Journal of Cleaner Production, 2021, 280: 124000.

[325] ZHANG X. A method to measure the efficiency of industry finance integration of manufacturing enterprises based on SFA model [J]. Journal of Intelligent & Fuzzy Systems, 2020, 38(6): 6895-6903.

> 后记

    针对企业金融化问题进行相关研究有助于从微观视角出发增进对于经济金融化具体形态及其影响的了解和认知。同时，实体经济与虚拟经济活动之间应保持结构性平衡，微观经济主体的"脱实向虚"问题如果未被密切关注和及时引导，就可能造成系统性风险的积聚，进而妨害到一国经济的可持续发展。党的二十大报告提出："坚持把发展经济的着力点放在实体经济上。"这就需要进一步坚持金融服务实体经济的宗旨，提升金融服务与实体经济的匹配性，引导金融资源更好地支持经济社会发展的重点领域和薄弱环节。

    本书旨在深入探究企业金融化的缘起、模式与影响，书中相关问题的分析和研究对于构建实体经济与现代金融协同发展的产业经济体系、有效促进金融服务实体经济的能力，以及助力国民经济的高质量、可持续发展等，都具有一定的理论参考价值和现实借鉴意义。在企业金融化影响的实证分析方面，围绕党的二十大报告中提出的"坚持把发展经济的着力点放在实体经济上"的要求，以及历次中央经济工作会议强调的"要改进金融服务质效，发挥金融在支持实体经济高质量发展"方面重要作用的会议精神，本书主要就金融化与企业主业发展、金融化对企业投资效率的影响及企业金融化对技术创新的影响这三个层面展开了分析与讨论。

  本书得以顺利完成并出版要特别感谢西安交通大学党委副书记孙早教授、西安交通大学经济与金融学院李成教授、西安交通大学管理学院李婉丽教授、人民银行西安分行金融稳定处的王青博士，以及西安交通大学金禾经济研究中心的周翔翼副教授和赵媛副教授等，感谢他们多年来对相关研究工作的鼓励、支持与帮助。此外，西安交通大学金融学相关课程选修学生在课堂内外同笔者的交流与讨论对本书的构思与研究工作也颇有助益，在此一并对他（她）们表示感谢（恕不一一列举姓名）。

  理论是灰色的，实践之树常青。企业金融化仍是一个正处在不断演变发展中的动态系统化过程，未来仍有许多问题需要审慎对待、严肃思考。本书不揣冒昧，本着抛砖引玉的意图，将一些研究结果梳理、总结并报告出来，欢迎并衷心感谢有兴趣的读者朋友提出宝贵意见与学术批评。

侯晓辉
2023 年 6 月